JN222646

千々岩宏晃 著

記憶のことばの使い方

雑談における記憶の心的述語の相互行為分析的研究

和泉書院

目　次

凡例 1：本書で用いられるトランスクリプト（転写）記号………………… iv

凡例 2：ウィトゲンシュタインの仕事と省略記号との対応 ………………… ix

第 1 章　序論　記憶の言葉と行為 …………………………………………1

1. 言葉の意味と行為　　1

2. 述語と言葉の使い方　　　3

3. 懐疑への回答　　5

4. 伝統的な「記憶概念」で理解することの不精確性　　6

5. 「思い出す」ということ、「覚えている」ということ　　　9

6. 精確ではない記述がもたらすもの　　　11

7. 本書の構成　　12

第 2 章　記憶現象の取り扱いの変遷……………………………………16

1. 会話研究における「記憶」概念の取り扱い　　　17

2. 認知主義的記憶観への抵抗　　　18

　　2.1　認知主義的記憶観の流行　　　19

　　2.2　日常言語学派による言語的転回とデカルト的二元論への抵抗　　　22

　　2.3　記憶の痕跡に対する批判　　　29

　　2.4　機能的意味論および相互行為相貌論　　　34

　　2.5　概念の論理文法分析とエスノメソドロジーにおける「記憶」概念　　　39

3. 日本語会話を対象とした記憶概念に関わる研究　　　46

　　3.1　レリヴァンス（有意性：relevance）　　　47

　　3.2　言説心理学とエスノメソドロジーの「認知」に関する論争　　　54

　　3.3　記憶概念に関する会話の研究と、会話分析の穏健路線　　　60

4. 先行研究のインパクトと本研究での「記憶」概念の取り扱い　　　73

ii

 5. 第 2 章の小括 75

第 3 章 研究目的と分析対象・方法 ……………………………………81

 1. 本研究の目的 81

 2. 分析対象となるデータ 82

 3. 分析方法 87

 4. 第 3 章の小括 102

第 4 章 会話の進行を調整する記憶のことば ……………………104

 1. 進行性に関する先行研究 105

 2. 話題開始を適切にする 107

 3. 噂話の話題の導入を確認する 115

 4. 追加説明の参照点を確認する 130

 5. 充分な情報を与えたことを示す 137

 6. 第 4 章の小括 145

第 5 章 同じことを示す記憶のことば …………………………………150

 1. 記憶と参与フレームに関する先行研究 150

 2. 言い換えによって同定する 156

 3. 同調する 164

 4. 語りの終了を示し同調する 175

 5. 第 5 章の小括 191

第 6 章 抵抗する記憶のことば ………………………………………195

 1. 抵抗のための記憶に関する先行研究 195

 2. 根拠提示で抵抗する 197

 3. 根拠のプレースホルダーを立てて抵抗する 218

 4. 第 6 章の小括 229

目　次　iii

第7章　不可能を示す記憶のことば ……………………………………232

1. 記憶と能力、その前提に関する先行研究　　233
2. 状況的不能・部分的可能を示す　　238
3. 規範的可能を指摘する　　257
4. 弁解する　　264
5. 撤回可能な場を作る、および話題を再開する　　272
6. 第7章の小括　　286

第8章　結論　分析と記述からわかる記憶のことばの使い方 ………290

1. 分析・記述の総括　　290
2. 本研究の成果の位置づけ　　296
3. まとめ—記憶のことばの使い方　　300
4. 本研究の課題と今後の展開　　301

参考文献 ……………………………………………………………………305

初出一覧 ……………………………………………………………………323

謝辞……………………………………………………………………………325

索引……………………………………………………………………………328

凡例1：本書で用いられるトランスクリプト（転写）記号

　本研究は雑談を録音・録画したものによって行われる。しかし、時間とともに流れゆく音声・動画を、①視覚可能な文字情報なしに分析することは困難であり、また、②論文という紙媒体の形式にそのまま掲載することはできないために、トランスクリプトという形で転記される事になる。ただし、あくまで分析の対象は音声・動画データであり、トランスクリプトは補助として用いられることに注意されたい。

　音声・動画データ中、雑談で参与者の発音はよく変わったり、重なったりと変化に富む。その変化を日本語の一般的な音の変化に対する表記「ー」「。」「、」「!」等のみで現すことには限界があるために、トランスクリプト記号が用いられる。

　会話分析で昨今用いられるトランスクリプト記号は、Gail Jefferson（Jefferson, 2004）が開発したものを踏襲している。確かに、この表記方法では、音声や動画を完全に文字化することはできない。しかし、音声学のように発音記号で表記すると読者が限られてしまう。また、これよりも記号を減らすと、その場で参与者が行っていることが分かりにくくなってしまう。そのため、様々な制約下では必要充分であると言える。以下、注意事項、トランスクリプト記号の順に列記する。

注意事項
① Jefferson（2004）を踏襲する。ただし、トランスクリプト上において従来の書き方では不都合があると考えたものについては、稿者の判断で随時変更を行った。変更は適時説明を施した。
②会話分析の慣習に従い、トランスクリプトの日本語フォントには明朝体を、英語表記には「Courier New」を用いた。
③相対的な程度を表すものは2回記して使う場合がある。例えば「>早い話速<」に対して、「>>さらに早い話速<<」という具合である。
④上下で利用する記号は、行の区別のために2回記す場合がある。これは程度とは異なるので注意されたい。例えば発話の重複を表す記号 [の場合、このようになる。

凡例1　v

001．　A：　[この発話は 002 行目 B と重なっている
002．　B：　[この発話は 001 行目 A と重なっている
003．　A：　[[この発話は 004 行目 B と重なっている
004．　B：　[[この発話は 003 行目 A と重なっている

一般的なトランスクリプト記号

記号	説明
((コメント))	転記の際に、上記記号で表せない事柄や、事情の説明などに用いられる。
(.) (s.ms)	(.)は 0.2 秒以下の間、s は秒数、ms はミリセカンドを表す。例えば(1.2)であれば、直前と直後の音の間に 1.2 秒の沈黙があるということを表す。測定はコンピューター上のキーの押し離しで行ったため、±0.07 秒程度の誤差がある。
→発話	ターゲットライン(記憶の心的述語の発話・ターン)を示す。
⇒発話	ターゲットラインではないが分析に重要な箇所を示す。
<u>発声</u>	発声の声量(volume)が他と相対的に大きいことを表す。
°発声°	発声の声量(volume)が他と相対的に小さいことを表す。
↑発声	直前より高い声(high pitch)で話されている箇所を示す。ただし、通常会話分析においては「直前より高い 1 モーラの音」を表すのに対し、本書では高い「範囲」をも示す目的で、連続して用いる場合がある。(e.g.「これは↑高↑い↑声」では、音声/takaikoe/すべてが、「これは」よりも相対的に高い音である事を表す。)
↓発声	直前より低い声(low pitch)で話されている箇所を示す。ただし、通常会話分析が「直前より低い 1 モーラの音」を表すのに対し、本書では低い「範囲」をも示す目的で、連続して用いる場合がある。(e.g.「これは↓低↓い↓声」では、音声/hikuikoe/すべてが、「これは」よりも相対的に低い音である事を表す。)
発話!	発話の終わりが跳ねるような音で終わっていることを表す。
発話.	発話の終わりが下降調であることを表す。
発話_	発話の終わりが平板な音であることを表す。
発話?	発話の終わりが上昇調であることを表す。

発話¿	発話の終わりの音の高さが下上動することを表す。
発せ：：い	日本語表記では通常「はっせーい」と表記されるような、直前の音が引き延ばされていることを表す時に用いる。重ねて使うことでより長いことを示す。通常、長さの基準はトランスクライバーによってまちまちだが、本書ではおおよそ1モーラの音の長さに対して、二つ重ねて使われている。ただし、表記上、長音記号「ー」が慣習において用いられる場合はその限りではない。「e.g. ○チョコレート ×チョコレ：：ト」
<発声>	発声が直前よりゆっくりと話されていることを表す。<<発声>>でさらに遅い話速を表す。
>発声<	発声が直前より早く話されていることを表す。>>発声<<でさらに早い話速を表す。
発–	発声が突然終わるような音である事を表す(カットオフ：cutoff)。
発話A=発話B 発話A= =発話B	発話Aのすぐに間髪おかず発話Bが続いている事を表す(ラッチング：latching)。 ラッチング箇所が、他の参与者につながっているなどで上下にわたった場合は、上下で2回記す。
hhhh	聞き取り可能な呼気に用いられる。音量が大きい場合はHHHHと表す。
.hhhh	聞き取り可能な吸気に用いられる。音量が小さい場合は.HHHHと表す。
.sss	吸気だが、s音を含んだいわゆるすすり音(slurping)を表す。
tch .zzz 等の子音連続	舌打ち(tch)のような音や、鼻すすり(.zzz)など聞き取れた音を表す。特殊な場合は直後に((コメント))を用いて、説明がなされる。
発h声	発声に呼気が混じっていることを表す。
hahaha hehehe	hの後ろに母音a/i/u/e/oを伴ったものは、「ふふふ」「へへへ」等の笑いを表す。大きい場合はHAHAHAのように大文字で表される。
¥発声¥	笑いを含んだニヤニヤ、あるいはニコニコした音で発声されている(smily voice)ことを表す。
発(h)声	笑いながら発声されていることを表す。
[発話A]	発話AとBが、[で示された位置で同時に始まっていることを

凡例1　vii

| [発話B] | 表す。分析上重要な場合、]によって、終了された位置が示されることもある。 |

本書で用いられる特別な記号

記号	説明
FPP/SPP	それぞれ第一連鎖成分（First Pair Part）、第二連鎖成分（Second Pair Part）のこと。
-Ins/-Pre/-Post	上と共に用いられ、その行の連鎖が挿入連鎖（Insertion Sequence）、前方拡張連鎖（Pre Sequence）、後方拡張（Post Expansion）であることをそれぞれ表す。
NMPE/MPE	行の連鎖が非最小の後方拡張（Non-Minimal Post Expansion）、最小の後方拡張（Minimal Post Expansion）であることを表す。
SCT	連鎖を閉じる第三成分（Sequence Closing Third）を表す。
#発声#	かすれ声である事を表す。（Jefferson2004では「すでに使わない」とされており、しかも英語では甲高い声（creaky voice）に用いられていたことから、注意されたい。）
00h：00m：00s	データ中の時間を表す。分析上はほとんど有用ではないが、コーパスデータの場合はその位置を容易に特定できると考え、今後の議論のために残しておいた。場合によっては他の発話と区別するために［00h：00m：00s］とかっこでくくられる場合もある。
【行為】	記述で書かれている、発話行で行われている行為を表す。ただし、全ての発話に記述されているわけではない。また、一つの発話が複数の行為を行っている場合もあるので、その中でも分析・記述に最も重要なものを代表させた。また、「修正実行」等のむしろ行為ではなく実践（practice）と呼ぶようなものも含まれている。また、【?】は、参与者にとって（分析者にとっても）その行為が何であるか（その発話時点で）判断できないものを表す。
@動作	2行で用いられ、上の行の動作完了の個所を示す際に用いられる。その際、行番号は示されない。また、文字列は発話ではなく動作である。例えば、以下の場合、001行目の@の位置で、直下の行の動作が行われたことを示す。ただし、分析上タイミングの記述が不要だと判断したものは、（（コメント））によって示す。以下の場合、Aが「おは」まで言い終わった際に、Aが

viii

	Bの方を向き終わったことが示されている。 e.g. 001.　　　A：　　おは@よう！ 　　　　　　　　　　　　@Bのほうを向く 002.　　　B：　　おはよう！
*発声	日本語の50音が人間の発することのできる音すべてを表記できるわけではないため、50音で表記できないような音に対しては最も近い音の直前にこの記号を附した。
英語表記の bang/cough	日本語で「ドン!」「コンコン」と表記した際に、実際に発話した音声との混同が生じることから、オノマトペとして利用した。

トランスクリプトに付記される画像内の記号

記号	説明	例
アルファベット	アルファベットは参与者を表す(例の場合、この人物はNE)。	
太い直線の矢印	太い矢印は参与者の視線の先を表す(例の場合、下方を見ている)。	
細い矢印とそれに続く説明	細い矢印とそれに続く説明は、物の説明を表す(例の場合、参与者の手元にある「弁当」を指している)。	
湾曲した太い矢印	湾曲した太い矢印は、直前に行われた頭や腕の動きの軌道を表している(例の場合、頭が上から始まり、弁当のほうに向かって動きが起こったことを示している)。	

凡例2　ix

凡例2：ウィトゲンシュタインの仕事と省略記号との対応

　ウィトゲンシュタインの仕事は慣習的にローマ字の略称で表され、その後に各命題に対して付与された番号（節番号）を§の後に（e.g. PI1§1）示す。本書も引用の際、その慣習に則った。記号は Kuusela and McGinn（2011）*The Oxford Handbook of Wittgenstein*, Oxford University Press. に依った。

省略記号	対応する仕事	掲載されている図書、および本書の引用ページ数の元の翻訳書
Z	『断片』	Wittgenstein, L.（1967）*Zettel*, Basil Blackwell（= 1975, 菅豊彦[訳]『確実性の問題・断片』, 大修館書店：171-394）
PG	『哲学的文法』	Wittgenstein, L.（1969）*Philosophsche Grammatik, Teil I*, Basil Blackwell（=1975, 山本信[訳],『哲学的文法—1』, 大修館書店）
PI1	『哲学探究』第1部	Wittgenstein, L.（1953=2003）*Philosophische Untersuchungen : Kritisch-genetischen Edition*, von Joachim Schulte（eds.）Suhrkamp Verlag（=2013, 丘沢静也[訳]『哲学探究』岩波書店）
PI2	『哲学探究』第2部	
OC	『確実性の問題』 *On Certainty*	Wittgenstein, L.（1969）, "*Über Gewißheit*", Basil Blackwell（=1975, 黒田亘[訳],『確実性の問題・断片』, 大修館書店：1-169）
CV	『反哲学的断章』 *Culture and Value*	Wittgenstein, L.（1977）"*Vermischte Bemerkungen*", Suhrkamp Verlag.（=1999, 丘沢静也[訳]『反哲学的断章—文化と価値』, 青土社）
RPP1	『心理学の哲学』第1巻	Wittgenstein, L.（1980）"*Bemerkungen iiber die Philosophieder Psychologie*", Basic Blackwell（=1985, 佐藤徹郎[訳]『ウィトゲンシュタイン全集・補巻1　心理学の哲学1』, 大修館書店）.
RPP2	『心理学の哲学』第2巻	Wittgenstein, L.（1988）"*Bemerkungen iiber die Philosophieder Psychologie Band II*", Basic Blackwell（= 1988, 野家啓一[訳]『ウィトゲンシュタイン全集・補巻1　心理学の哲学2』, 大修館書店）.
LW1	『ラスト・ライティングス』第1部	Wittgenstein, L.（1982）"*Last Writings On the Philosophy of Psychology*", Volume 1 and 2, Basil Blackwell（=2016, 古田哲也[訳],『ラスト・ライティングス』, 講談社）
LW2	『ラスト・ライティングス』第2部	

第1章　序論　記憶の言葉と行為

「助けて！」という言葉と「私は助けを必要とする」という言葉とは異なる意味を持つ。ではわれわれがそれを同じ意味とみなすのはわれわれの理解の未熟さにすぎないのか。「厳密に言えば私の言おうとした意味は〈助けて！〉ということではなく、〈私は助けがほしい〉ということだった。」―こう言うことはつねになんらかの意味をもつか。

　ここではわれわれの理解を妨げる最悪の敵は、われわれが語ることの〈意味〉がわれわれの心の中にある、という観念、もしくは像である。

RPP1§497：193[1]

1.　言葉の意味と行為

　私には以下のような鮮烈な記憶が残っている。私が大学生だった頃、ある教授が「『これは何ですか？』をどういう時に使うか」と学部生たちに授業で尋ねたことがあった[2]。私を含めた学生らはみな「あるものを指してその名前を聞く【質問】に用いられる」などと答えていた。しかし、その教授が「試験監督が、許可していない携帯電話が机の上に置かれていたことを【問いただす】というときにもつかうのではないか」と問うと、みな一様に「確かにそうだ」と答えた。

　我々は、ある特定の文脈抜きには表現や語を観察できないはずなのに、「表現/語 X の意味はなにか」という問いを立ててしまい、文脈から引き離す形で1つの "答え" があるように感じてしまう。また、辞書的な記述が唯一の正解である、と感じてしまう。あの大学の授業は、その「直観」が崩れた瞬間であったのである。しかし、この表現と行為の関係が多様に複雑だと

2

いうこと、そしてその総体がどのように記述可能かということは自明ではない。

　本書はこの「表現―行為」の関係について、記憶に紐づけられた述語である「覚えている」「忘れる」「思い出した」等の、記憶のいわゆる「心的述語（mental predicate : McHoul & Rapley, 2003）」に対して分析・記述を行おう、というものである。なぜ特別に記憶の心的述語を研究しなければならないかという動機・目的については後ほど詳しく述べるとして、まずは本研究の立場が以上のようなことを出発点にしているということは重要である。

　本書にたびたび登場する「思い出した」という表現を例に話そう。おそらく、多くの人は「思い出した」という語はどういう意味か、と問われたとき、それを「何かを心の中で思い浮かべること」などと述べるかもしれない。実際に辞書を引いてみると、このように書いてある。

　おもい－だ・す〔おもひ－〕【思い出】
　〔動サ五（四）〕
　1　過去のこと、忘れていたことを心によみがえらせる。「青春時代を
　　　―・す」「急用を―・す」
　2　思いはじめる。「彼のほうが正しいのではないかと―・してきた」
　　　　　　　　　　　　　　　　　　　　　　　　デジタル大辞泉（2019）

　ここで注目したい意味は用法の1だとしても、未だに表現（「これは何ですか」）に対して、行為（携帯電話を【問いただす】）という関係に類似することは、ここでは記述されていないことに注意したい[3]。ここで「心によみがえらせる」という記述は、人とのやり取りの中の行為（＝相互行為 : interaction）については何も記述していない。私たちが実際に言語を用いたコミュニケーションで実際に行っているのは、なんらかの相互行為であるにもかかわらず、である[4]。

2. 述語と言葉の使い方

「思い出す」は「記憶」概念と結びつきの強い動詞である。他にも、意識する・望む・想像する・期待するなどの述語は、なにか心の中にあることを前提とし、それを発話者自身に帰属させ、それを報告しているようにも見える。これらは総じて「心的述語 mental predicate」と呼ばれてきており、議論の対象となってきた（例えば、Ryle, 1949＝1987；Coulter, 1979＝1998；McHoul & Rapley, 2003 等）。しかし、ある表現が多様な行為の資源になるとすれば、「意識する」・「望む」・「想像する」・「期待する」そして「記憶する」「覚える」「思い出す」などの"心的な"述語も、表現の一部である以上、なんらかの行為に、しかも場面に応じて多様な行為の資源に用いられていると想定することは、自然かつ合理的であると言える。

さて、これら"心的な"語は、人の精神や心にかかわるという意味で神秘的な響きを帯びていると考えがちである。しかし、それは相互行為の資源としての「言葉」である、という前提で、議論を進めると、さらにさまざまなことに気づかされる。

ずいぶん前にテレビで見た怪談番組の例を出そう。2つのチームに分かれ怪談を行い、審査員がそれを判定するものである。その中で、ある怪談師の講評として、審査員が「思い出しながら語っている感じがすごく怖くて」と好評価していた。

この場合、視聴者は、審査員がこの怪談師の「内面」について話しているのではない、ということを即座に理解するだろう。怪談師の語りは（もちろん）、あらかじめ入念に練習されたものであるはずだ。特にコンテストの番組であるならなおさらである。それにも関わらず、怪談の前後が混同していたり、「えー」とか「あー」とか言ったり、言い直したり、戸惑ったり、中空を仰いだりする言い方・しぐさが「思い出しながら語っている感じ」で、「真実味があって怖い」ことを言っているのである。

ここでは、実際に怪談師の頭の中を外科的手術で切り開いて脳を観察した

り、電極パッドを貼り付けてその思い出したことと語られたことの対応を調べる必要があるとは、我々は思わない（Ryle, 1949＝1987：39）。さらに、そもそも怪談という活動自体が、そのことが「実際に起こったか」を丁寧に（あたかも刑事が事実を確認するように）問うのであれば、それは怪談という活動を大きく損なってしまう。加えて、例えば私たちは、彼の語りをスマートフォンに録音して再生した際、それを「スマートフォンが思い出した」とは言わない（Wittgenstein, 1980＝1985；RPP1§220：92）。となれば、「思い出しながら語っている感じ」ということは、怪談師が怪談を行うその振る舞いの様子を形容するものであり、心の中や脳内の過程、痕跡の再生そのものを示しているわけではないのである。

　上の場合、「思い出しながら語っている感じがすごく怖くて」と述べることは、テレビ番組の怪談を審査する場面において【高評価する】という局所的な行為に用いられているのである。

　記憶概念は生活に身近な概念でありながら、それを研究しようとする人を、引き返すことが難しい２つの岐路に立たせてきた。ひとつは、記憶を自然科学に基づき、心理学的・生理学的な実験的研究を行うか（実験室や質問紙、脳波計や解剖学の類：ルリヤ, 1982）、あるいは記憶概念をめぐる質的・人文科学的研究を行うかのどちらかである。後者について言えば、文学作品における主題としての研究（松浦, 2005）、医療場面（前田, 2008）、裁判での証言（Drew, 1992）、警察での目撃証言（菊野, 2000）、戦争の記憶の語り（Murakami, 2012[5]）、ナチス－ホロコーストの記憶に関する研究（Whitehead, 2009）などがある。

　しかし、直感的に生活者としての我々は、「記憶というのは脳の中のメカニズムなのだから、前者の研究のほうがなんだか説得力がありそうだし、さらに数字なんかがあるからきっと正しいんだろう」と思うことを否定できない。それは実証科学、特に認知科学が広範に流布されている強力な研究手法であるということであり、かつ、人文科学的な研究者もまたそれを疑うべき理由を持たないからだ。一方で、これは、それ以外の視点から、様々な現象を見ることが出来なくなっている、ということでもある[6]。

3. 懐疑への回答

　さて、この提言に懐疑的な人は、たとえばこう挑戦するだろう。「でもじゃあ今、私が思い出したものを当ててみることができる？」と。そして、稿者がそれに答えられなかったとき（どうして答えられるだろう？）、こう答えるだろう。「ほらやっぱり、私の「記憶」は単なる言葉じゃないし、心の中に「思い出したもの」というイメージとしてあるじゃないか。内的イメージや、その過程があるじゃないか！」と。

　しかし、そのような挑戦によって、言葉が相互行為を構成しているという提言が否定されることはない。なぜなら、「思い出したものを当ててみることができる？」というその心的述語を用いた発話は、まさに【挑戦】という行為を構成しており、かつ、記憶の概念の「議論」という公的な活動の中で捉えられるからである。たとえば議論中に、相手が容易に論駁できる提言や問いかけをする人はいないだろう。それは論駁・反論不可能の「ぐうの音も出ない」ものであるべきである。また、この場合の「思い出す」は、「想像する」に近い。その意味で、「思い出した（＝想像した）ものを当ててみることができる？」という反論は、反論として有効という意味でやはり人間の相互行為の中に埋め込まれており、反論という行為を構成する「単なる言葉」なのである。

　さらに、私がくだんの状況において、偶然にも相手が「思い出した（＝想像した）」ある場景だったりモノだったりを見事当てたとする。そのとき、相手は驚くに違いない。彼は著者に「君は読心術が使えるのか」などと言うかもしれない。しかし、彼は心が読まれたということに驚いているわけではないだろう。彼は、論駁されるはずがないと思っていた反論が有効ではなかったことに【驚いて】いるのである。

　ここまでで、多くの場合、言葉は相互行為上の資源として用いられていることが明らかになった。そのため、いかなる神秘的に聞こえる言葉もまずは、判断を保留し、相互行為の水準で考えてみるべきだ、という提言は合理的で

あるだろう。

　では、なぜわざわざ我々が持ついわゆる「常識」から引きはがされた形で、そのようなことを述べる必要があるのか。なぜ単に「思い出した」という語を、伝統的な心理学でいう記銘・保持・忘却/想起という過程の概念に基づいて、痕跡や心的過程を持つ〈思い出した〉という意味として理解してはいけないのか。

4.　伝統的な「記憶概念」で理解することの不精確性

　なぜ単に「思い出した」という語を、伝統的な心理学でいう記銘・保持・忘却/想起という過程の概念に基づいて過程を持つ〈思い出した〉という意味として理解してはいけないのか。その端的な答えは、それがその場で起こった出来事を精確に表していないからである。

　我々は、「記憶」が個人に閉ざされ、そしてその個人によって特権的にアクセスできるものであると言う事に慣れている(西阪, 1997 : 108)。しかしすでに述べたように、そのような神秘的に聞こえる語も、まずは日常的に行為に用いられる単なる語にすぎない。記憶を心的述語として捉えなおし、実際のデータを見ていくと、気づかされることがある。

　次の断片 1[7] は著者が録音し、文字起こしを行った雑談のデータである。断片中の音の調子やタイミングなどを表すジェファーソン式転写記号(Jefferson, 2004)については、凡例 1 の一覧を参照されたい。

　この断片では、013 行目で「思い出してくれ！」という形で記憶の心的述語が使用されている。この断片で話している大学生二人(以下、「参与者 : participants」)の A と B は、久しぶりに会った高校の同級生である。この中で、B が「来年、仕事で X 国に行く」ということに対し、A が X 国の位置がどこだか分からないが、仕事自体はいいのではないか、と【評価】する(009 行目)。

第1章　序論　記憶の言葉と行為　　7

断片1.　［思い出してくれ！］

```
009  A:  Xがどこか分からへんけどいいや[ん.
010  B:                        [ehehehe[.hh.hh!
011  A:                               [>もうそれし
012      か言われへんけど.<=
013  B:→=思い出してくれ！
014      (.)
015  B:  hehehahaha
016  A:  ¥どこかなぁ.¥
017  B:→°思い出してくれ！°
018  A:  ¥えどっかh¥
019      (1.5)
020  A:  .hh イーユー((EU))ってことはそっちのほうやろう::?eheheh
021  B:  °そうそうそ−あの:::,°(2.0)ロシアがあるやろぉ?
022      ((X国の位置の説明を他国との位置関係で行う))
```

　013行目でBがAにX国の位置を「思い出す」ように言う。しかし、020でAは、EU（欧州連合）という、断片以前に述べられた、限られた情報以上の位置を特定できない事を示す。

　さて、013行目でBは何をしているのか。「BがAに【「思い出す」ことを要求】している」とするのがもっとも単純な記述だろう。確かに、この断片を「記憶が頭の中に入り（記銘）、それが「保持」され、それを「想起」しているという認知心理学における心的過程を行使することを求められている」、というように説明することもできる。

　しかし、注目すべきは、この013行目の「思い出してくれ！」が、思い出すことそのものを要求しているわけではないということだ。というのも、この返答として「A：思い出した.」といって会話を終えることは出来ないからだ。

作例1.　断片1を改変したもので、<u>不自然だ</u>と我々が感じるもの

```
013  B:→ =思い出してくれ！
014  A:  ((心的に思い出した後))思い出した.
```

8

　ここでBもAも（そして我々も）、この後、何らかの説明がその後続くことが期待されているのである。

　では、この13行目の発話は何を行っているのか。詳しく見ると、次の6つの観察が可能である。

　第一に、13行目の発話は9行目と、それに付け足された11行目と12行目の直後に発話されている。その意味で、この発話は前の文脈contextによる影響を受けている。

　第二に、009行目の「Xがどこかわからへんけどいいやん[8]」は「どこかわからへんけど」という評価の限定条件を表す表現が用いられており、単なる「いいやん」ではない。

　第三に、011-012行目の「もうそれしかいわれへんけど」は、統語的に、「それ」によって指示先、「けど」によって接続先の9行目に逆接的に連接されている。このことから、Aの011-012行目の発話は、Xという国に対して詳細な評価ができないことの理由を示していることがわかる。これは、理由を示すことによって「この理由が解消されれば、すなわちBが国の位置を説明してくれれば、よりそのことを評価できる」と言う意味で、「国の位置を説明する」ようにAからBに【情報要求】している、と理解できる。

　第四に、13行目の「思い出してくれ！」は国の位置を「わからない」という相手に対して、その位置を「説明しない」ことをしている。言い換えれば、013行目は011行目-012行目による説明の要求を【拒否】あるいは【保留】している。

　第五に、当然に思えるかもしれないが、Bは、Aを「本来、国の位置の説明ができる能力を持つ人」として取り扱っていることが、13行目からわかる[9]。そしてそれは【拒否】あるいは【保留】の“理由”として成り立っている。言い換えれば「私が位置を説明しないのは、あなたがそれを知っているはずだからだ」というように聞こえる。

　第六に、繰り返しになるがAは「ああ思い出した」と宣言するだけで発話を終えることは出来ない。たとえば「Y国の東にある国でしょ？」などと言う必要があるだろう。実際に、Aは020行目で「そっちのほう」と大ま

かなの位置を説明しようと試みている。

　以上の6点を総合すると、ここで「思い出してくれ！」が行っている行為は、「Aの9、11、12行目の位置の【説明の要求】を、その理由を相手の能力に帰属しつつ【拒否/保留】しながら、AにX国の【位置説明を要求】すること」であり、「相手に思い出すことを要求すること」では収まらない、より会話上の、言い換えれば相互行為的な性質を有していることがわかる。

5.　「思い出す」ということ、「覚えている」ということ

　我々は「思い出す」ことを、以上の記述とは対極的に「頭に映像が浮かぶ」「個人的で」、「内的な」ものであると考えることが多いだろう。しかし、もし「思い出す」ことが個人的な、かつ内面の(これは「認知的」あるいは「私秘的」と呼ばれてきた)現象であるとすれば、「思い出してくれ！」と要求すること自体が不当であるはずであり、そもそも意味をなさない発話でもよいはずだ。また、問われたほうも「ああ思い出した」だけで良いはずである。その点から考えれば、この「思い出してくれ！」が行うことは、第一義的に相互行為的なものではないか、という仮説が成り立つ。

　また、次のような例もある。このような例は非常に珍しいものではあるが、論点を確実にするために有用であるように思う。LとRは電話で会話をしており、Rが最近産んだ第2子の名前をどのように名付けたかを尋ねている(000行目)。

断片2.　CallFriend japn0617「ジョージがまだ覚えててさあ」

```
000 L:   ↑な↑んでぇおん-(.)名前-(.)な-(.)どうやってつけたのぉ？   11:37
((13行中略:名前を付けた経緯が語られる))
014 L:   誰がつけたのぉ？
015 R:   .hhhhh
016      (0.5)
017 R:   あのぉ::::>サリーナはぁ::::<ジョージがつけ[てぇ？
018 L:                                        [ジョージがつけ-=
```

```
019        =ユカリは-
020        (0.5)
021 R:     .hhhh まぁ私がいろいろリストをアップしてたんだ前[に.ブライアン
022 L:                                                    [うん.
023 R:     生まれる前に[さぁ.  ((ブライアンはRの第一子))
024 L:                 [うぅ-うぅ:::ん_
025 R:→   その時のことをまだ覚えててさぁ,[ジョージがぁ.=ジョージが気にい
026 L:                                   [うぅ:::ん.
027 R:     ってるのこの[名前.
028 L:                 [あぁ!
029        (.)
030 L:     ほんとにぃ!
031 R:     うぅ:::ん.
032 L:     ふぅ::::ん_
```

　もし仮に、「記憶」が原理的に認知的で私秘的なものであるとすれば、な
ぜRは夫である「ジョージ」が「覚えていた」ことを報告できるのか。こ
の場合の「その時のこと」はジョージの内在化された記憶に帰せられ、ジョー
ジのみがアクセスできるのではないか。

　しかし無論、このように考えることは直観に反する。ここでRが言いた
いことは、ジョージの認知プロセスについてではなく、ジョージの精神的な
活動についてでもなく、ジョージの記憶についてでもない。Rは「ジョージ
が第2子に日本風の名前を付けることができたのは、Rが作成した第一子の
名前リストを参照したからだ」というジョージの名づけに際して行った一連
の行為の説明であるのだ。

　このように、記憶の心的述語が用いられるデータはしばしば見ることがで
きる[10]。データ以前では、直観的に、認知心理学(やそれを適応した実に多
くの多分野)で言われている常識を下地に据え、記憶に関わる心的述語の使
用は個人に秘められた心的状態 mental state にのみ言及しているように理
解する。しかし、データを観察することは、それが記憶概念のほんの一部で
しかないこと・その直観的な記述が、実際に起こっていることの精確な記述
でないことに気づかせてくれる。

6.　精確ではない記述がもたらすもの

　では、このような精確ではない記述は何をもたらすのか。最も単純な例は、いわゆる「機械的一元論」である。

　個人的なことになるが、2014 年、私の祖父が死去した。転倒による脳溢血だった。しかしその直接の原因となる死因の前に、祖父はやはり脳溢血で「うまく思い出せない」「当然のことを忘れている」状態であった。例えば今住んでいるところは「覚えていない」が、しかしその前に住んでいた集合住宅のことは「覚えている」、しかしその後に起こった出来事である私の妹の顔は「覚えている」…などなどと、記憶の齟齬が起こっていたのである。

　この事実に平均的な日本の家族である我々は（そして私は特に）大いに混乱した。医療的な説明がなされたが、私がその混乱を収束させようとした結論は「祖父の脳が壊れてしまった」という冷漠とした感覚だったのである。そのようにして祖父は死んだ。それ以降、この科学的説明によって生まれた感覚は、私を不幸にし続けていた。そして私のような生活者が、同様に不幸になっているのではないか、と直感したのである。

　いや、直感しただけではない。朝日新聞に掲載された脳科学者の恩蔵絢子氏の記事が示唆的である[11]。同氏は母がアルツハイマー型認知症と診断された際に、脳科学者でありながら家族が認知症になることを防げるわけではないことに「無力さも感じた」としている。あの冷漠とした感覚を、恩蔵氏も当初感じていたのではないか。我々は科学的生活と同時に、精神的な生活、すなわち記号的・言語的な生活を営んでいるのである。

　では、著者が祖父に感じたあの冷漠とした「人‒機械的感覚」はなんだったのだろうか。これは、いわば世界を理解する様相のひとつ（「機械的一元論」：古田, 2013、「心脳同一説」：土屋, 2009）である、といえるだろう。そしてこの感覚が生じるのは、我々が記憶概念に関する語の使い方を知っているにも関わらずそれが精確に見られていないためである、と考えられる。

　古田（2013）は、現代の身体—脳の関係を「機械の中の機械」という言葉で

あらわしつつ、批判的に検討している[12]。いわゆる「物的一元論（全ての現象は脳神経で説明できる主張）」である。古田によれば、心身問題は古くアリストテレスより体−魂の二元論に沿って議論されてきた。しかし、現代ではその「魂」概念が脳科学・神経科学の発達によって解体され、「体」という機械の中にある、「脳」という別の機械にとってかわられた、という。我々のリアリティのすべては、神経細胞や神経伝達物質等の働きによって構成されると考えるようになっており、古田によれば現代は「物的一元論全盛の時代」(p.34)であるのだ。

　日常生活者である私たちは、この新デカルト主義と呼ばれる、二元論的側面はそのままにそれをさらに一元論的世界へと統合する道へ歩みを進めている。「目に見えるもの（データ）は真であり、目に見えないもの（心や精神など）は目に見える形で―しばしば統計的に有意な数値で―置き換えられなければならない、そしてこれは「科学的」あるから、真っ向から否定するべき事柄ではない」、と、そう言われているように思える[13]。

　しかし、このような一元論的・自然科学的説明には副作用があることもまた、事実なのであった。そのこと私は祖父から学んだ。どのような科学的な説明が試みられたとしても、生活者にとって必要なのは、「記憶があいまいな」ときに生まれる患者周囲の不幸をいかに適切に解消するかであり、また、誰かに「思い出してくれ！」と言うこと・言われることである。では、人々の「記憶の心的述語の使われ方」にはどのようなものがあり、何が認知主義的な記憶間で見落とされてしまうのか。これが、本研究の動機の中心である。

7.　本書の構成

　本書は、これらの概念的混乱を解消するために、1940 年から主に日常言語学派の哲学者や、エスノメソドロジストと呼ばれる人たちが検討してきた方法を参考にしつつ、記憶の心的述語の使われ方を精確に分析・記述することで、あの不幸の解消を試みるものである。

　本書が構成する立場は大きく 2 つである。

第1章　序論　記憶の言葉と行為　　13

　一つ目は、言語の「相互行為的意味」について重視しようとする立場である。これは2章で詳細に説明される。この立場は、ウィトゲンシュタインの有名な命題「…言語の意味はその使用法である。なぜなら、言葉がはじめてわれわれの言語に取り入れられるときにわれわれが習得するのは、まさにその使用法だからである。」「したがって「意味」と「規則」の間には一つの対応関係が成立する」（OC§61-62)」におおむね依拠する、機能主義的意味論（Williams, 1999=2001 : 85)を派生させたものである。そのため、本書は、記憶をある心的課程や脳内での情報処理としてみるのではなく、あくまでも人々がやり取りを行う中での「(言)語とその使い方」の一つの相貌（アスペクト・様相）として観察してみよう、という試みである。

　二つ目は、「相互行為」の重視である。世界が一元的であれ二元的であれあるいは多元的であれ、生活者による日常の相互行為にそのことは有　意ではない。言い換えれば「どうでもよい（大森, 1985 : 212)」ことであるのだ。

　これまでの記憶概念の研究は、ある言葉（語）の類型に焦点を当てた研究をほとんど行ってこなかった。そのため、本書ではその相互行為上の働きを見ながらある語の意味・相貌を記述することで、「人々が利用する記憶概念はいかに言語的に使用され、その「意味」はなんであるのか」を記述しながら、記憶概念への再接近を試みるものである。

　先に頭出しをしておくと、本書の結論は「記憶の心的述語は、会話上の齟齬を修正することに用いられている」ということである。会話は様々な原因でうまくいかなくなるが、それを元あった軌道に修正したり、あるいは補償したりすることで、会話自体をうまく進めていくというところに、記憶概念がかかわっていることを、本書では述べることになる。

　しかし、私たちは、何の自省もなく言語を使いこなせる。それを改めて例を見せずに言語で言われてもわからないのはいわば我々の言語使用に組み込まれた「仕様」である。これをウィトゲンシュタインの例を借りて「ハエトリ壺」と呼んだり、暗黙知 tacit knowledge と呼んでもいいだろう。

　ゆえに、本書ではこれまでで、実際の会話（断片）などを用いて、いわば土を掘り起こすことで、いわゆる我々の持つ常識（ヒューリスティクス）を解体

しようとしてきた。

　次の第2章では、本書全体の基盤となる「記憶」概念の、会話を対象にした研究の歴史的変遷を概観しつつ、(新)デカルト主義的な記憶観に反論するラディカルな説を紹介することで、この「認知主義的記憶観」の解消を試みる。各データに対して必要な分析方法、説明装置については、その方法・説明装置が必要になる最も近い位置に配置されているため、第2章では、本書の研究的スタンスが主に説明される。

　第3章では、研究の目的と、その目的を達成するための研究方法(会話分析)の手法について説明する。

　第2部ともいうべき第4章から第7章までで、実際の分析・記述から明らかになった分類を示す。

　最終章である第8章では、これまでの分析・記述を総括的に述べる。

　では、「思い出す」「忘れる」「覚えている」というような記憶の心的述語の使用は、これまでどのように記述を試みられ、どのような課題があるのか。次章で確認しよう。

注

1）ウィトゲンシュタインの仕事は慣習的にローマ字の略称で表され、その後に各命題に対して付与された番号(節番号)を、節記号§の後に示す。本書もその慣習に則った。一覧は凡例2参照のこと。

2）当時の大阪外国語大学(現・大阪大学外国語学部)の鈴木睦教授の授業である。

3）ウィトゲンシュタインは「辞書」を「すべてを同じにしてしまう言葉の暴力」が荒々しく表れたものであると述べている(Wittgenstein 1977=1999：CV：MS 154 25v：1931：59–60)。

4）本書で発話(utterance)という場合、一人の話者の発話順番(ターン)を主に指している。

5）Murakami 先生は私の連絡に対し、わざわざご所属の英国 Bath 大学からご著書を送ってくださった。感謝を示したい。

6）本書の著者はウィトゲンシュタイン派である。一方、分析哲学者の飯田氏はウィトゲンシュタインを分析哲学の「正統な立場」から、「しろうと」「アマチュア」の哲学だと評しつつ、しかし先入観を排する有効性を示唆している(飯田 2020：181)。ここでもその先入観を排除する有効性が生かされると期待される。

第1章 序論 記憶の言葉と行為 15

7）以下、実際の会話データの録音から切り抜かれたものを“断片”と呼び、連番を付ける。

8）共通語ないし関東方言で言う「どこかわからないけどいいじゃないか」程度の意味である。

9）この2人は高校の同級生で、一緒に世界史の授業を取っていたことが分かっている。また、Aは英語の教師をしている。そのような背景がこの発話に影響を与えている可能性はある。エスノグラフィックな情報の使用に関しては戸江(2018)が詳しい。

10）著者の雑駁な計算では、約30分に1度は用いられている。

11）2020年1月15日付け朝日新聞

12）これは、後述の言語哲学者・ギルバート・ライルがデカルト主義的なドグマ（教義）を揶揄して「機械の中の幽霊(ghost in the machine)」と呼んだことを参照している。

13）このことは議論されて久しい。本邦におけるウィトゲンシュタイン言語哲学の受容で著名な大森荘蔵(1981 : 214)は、これら人の二元論的世界の両方を結びつける方法を5つ提示しつつ、それらを批判している。古田の指摘は②に当たる。①平行論、随伴論(Epiphenomenalism)、②脳による投影(Projection)、③客観的世界を意識的世界の論理的構成とする一元論への一変種への変態、④ヒュームのような懐疑的な、あるいはもっと素朴な実在論的信仰への告白、⑤デカルト的な、一方または両側通行の心身相互作用

第2章　記憶現象の取り扱いの変遷

　　　ここで私は、このような［恐怖などの］概念を使う人間たちは、その
　　概念の用法を記述できる必要はない、と言いたい。たとえそのような記
　　述を試みようとしても、彼らは全く不十分な記述を与えることしかでき
　　ないであろう。（ちょうど、紙幣の用法を正しく記述することを試みよ
　　うとしても、ほとんどの人ができないように。）

　　　　　　　　　　　　　　　　　　　　　　　　　　　　RPP2§167：61

　前章では、記憶概念は個人的・私秘的な概念として取り扱われるべきでは
なく、むしろ相互行為上の概念として扱われるべきだということを示した。
本章では、英語および日本語の会話研究の中で、「記憶概念」がどのように
取り扱われてきたかを概観する。

　会話研究における「記憶」概念の研究は、認知主義（的記憶観）への抵抗と
迎合の論争であると言ってよい。本2章では、まず、1節で全景を示したの
ち、2節で先行研究において行われた認知主義的記憶観に対する抵抗につい
て取り上げ、続けて先行研究の歴史的変遷の概略と記憶概念の日常にかかわ
る争点を紹介しつつ、それに対する本研究の取り扱いについて述べる。さら
に、3節では本書の立場である機能意味論・相互行為相貌論について述べる。
最後に、4節ではこれまでの会話研究における記憶概念の成果について述べ
ることで、記憶概念の研究の背景を再度確認する。最後に、5節では、以上
から導かれる、本研究が取るべき立場を述べる。

　本章で紹介する先行研究は研究の基盤、研究スタンスにかかわるものであ
る。心的述語の各々の使われ方に関連した詳細な先行研究は、各章の冒頭に、
分析とできるだけ近い形で配置した。

1. 会話研究における「記憶」概念の取り扱い

「記憶」概念の相互行為的使用をめぐる先行研究は多数存在し、研究者によっては研究の立場が越境し、分野横断的な研究が行われることが多々ある。しかし、会話やディスコースを対象とした研究に絞っていえば、以下の4つの学派に便宜的に分割可能である[1]。

1. 言語哲学、特に日常言語哲学(Ordinary Language Philosophy)
2. エスノメソドロジー(Ethnomethodology)
3. 言説心理学の談話分析(Discoursive Psychology)
4. 会話分析(Conversational Analysis)

これに認知主義的な背景を持つ研究(認識論哲学、実験心理学、認知言語学等の自然科学的分野、ないし自然科学と折り合いの良い分野)を含め、五つの学派を先に相関図として表すと、次頁の図 2-1 のようになる。

本章では、以下、これら5つの学派の基本的スタンスを説明するとともに、そのスタンスをめぐって行われた論争について順に検証していくことで、先行研究全体の傾向として、以下の5点の特徴を持つことを示す。

1. 認知主義的記憶観に対する抵抗として書かれる傾向
2. 対象を創造・想像上の用例から、実例へと経験主義化する方向性
3. レリヴァンスに基づいた記述を行う方向性
4. 記憶の心的述語については十分な考察がなされていない点
5. 記述用語の議論が不十分であると言える点

まず、これから見る会話における記憶概念に関する先行研究が、認知主義的な記憶観(これを以降では、「認知主義的記憶観」と呼ぶ)への抵抗と迎合の歴史だったことを鑑み、認知主義的記憶観の抵抗に関する言説を次節で取り上げる。

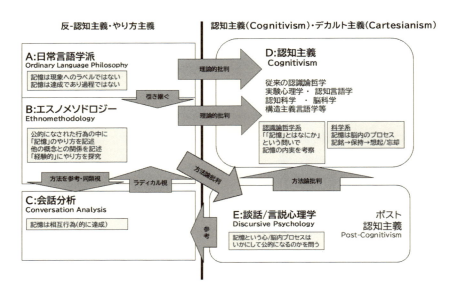

図 2-1：先行研究を学派に分けた際の相関図

2. 認知主義的記憶観への抵抗

現在最も広く受け入れられている記憶観に、認知科学・脳科学が基盤を持つ認知主義的な記憶観があることをこれまで繰り返し述べてきた。この認知主義的記憶観は、我々の記憶概念の前提とされる場合が多い。

一方で、この記憶観を前提にすることが、記憶の心的述語の使われ方の理解に貢献しないこと、むしろ精確な記述を"邪魔"することが、多くの先行研究で主張されてきている(Wittgenstein, 1953, 1958；Ryle, 1949；Coulter, 1979, 1999；西阪, 1997a, 1998, 2000, 2001a, 2001b；浦野, 1999, 2007；前田, 2003, 2008 等)。

しかし同時に、認知主義(的記憶観)やその知見を前提としたり、会話研究へと取り込む先行研究や分野もある(Levinson, 2006, Enfield, 2013a)。それゆえ、会話における記憶概念の研究は、認知主義的記憶観への抵抗と迎合の

第 2 章　記憶現象の取り扱いの変遷　19

論争の歴史だと特徴づけられる。

　本節ではまず、認知主義的記憶観への抵抗に絞った形で先行研究を概観することで、抵抗の論点を明らかにする。

2.1　認知主義的記憶観の流行

　まず認知主義的記憶観は、あらゆるところで観察可能であることを見ていこう。例えば漫画『ONE PIECE』(尾田, 2017 : 54-55)の一場面が挙げられる[2]。

　この漫画では、『悪魔の実』と呼ばれる果実を食べることで、人が特殊な能力を獲得できる。敵役として登場する女性は、「メモメモの実」（メモはメモリーの略）を食べたため、相手の記憶を消去・編集できるという。このシーンでは、「銃で撃たれたこと」という女性の不都合な記憶を、別の記憶（「流れ玉に当たったこと」）へと改変する。この例において、女性は「人はみな頭の中に記憶のフィルム」を持っていると述べる。これは、我々のフィクション世界における記憶観を明快に示している。

　さらに、テレビゲーム『ポケットモンスター』シリーズに共通して出て来る「技忘れ」システムも我々の記憶概念を表している興味深い実例である。ポケモンは不思議な動物であり、その世界ではポケモン同士を闘犬のように戦わせる。ポケモンたちは通常、相手を攻撃する"技"を覚えるのだが、ゲームの設定上、技の上限は 4 つである。それ以上新しい技を"覚える"ためには、別の技を「わすれさせ屋」に依頼して「1・2 の…ぽかん！」と"忘れさせる"必要がある。この作品もまた、認知的な記憶観を反映している。4 つの技しか覚えられず、忘れさせるときはぽかん、として、空白を作るわけである。

　このように、「記憶」概念は、多くの場合フィルム、ないし入れ物(Malcolm, 1977)であるように描かれている。さらに、フィクションの世界では、それは消したり、改変したりすることができるものが多いように思われる。

俗流心理学における記憶概念

　しかし、すでに見てきたように、例えば「思い出してくれ！」と述べられ

るときと比較すれば、フィクションと実生活とで記憶概念の使われ方の違いに気づかされる。フィクションにおける記憶概念は、現実世界における様々な記憶概念を一般化しなければならないという「一般性への欲望(a craving for generality；Malcolm, 1977：38)」によって、単純化され、選択・捨象されたものである。一方、現実では、我々は実に様々な記憶の心的述語を実際に使ってもいるが、そのやり方は気づかれていない(seen but unnoticed；Garfinkel, 1967：36)。

　我々が日常生活者としての記憶概念について話すとき、ほとんどの場合、それを何らかの実在的な概念として論じる。つまり、なにやら頭の中に「記憶」と呼べそうなイメージや映像、痕跡、経験、ないしそれを処理するための過程や機構が存在するという具合である(大森, 1981：224-225)。このヒューリスティクス的な実践は、「民間心理学(Conventional Psychology：前田, 2008：145)」や、「俗流心理学(folk psychology：Sharrock & Coulter, 2004：584；土屋, 2009：57-59)」と呼ばれる。この俗流心理学における記憶概念の見取り図は、古典的な心理学を下敷きにして、それが日常言語に投影されたものである(Sharrock & Coulter, 2004：594)。次は Frorès(1970=1975)が示した古典的な記憶の過程を説明する図だが、このような図は多くの認知科学の基礎的な解説書に言葉を変えて現れる。

図2-2：心理学における記憶概念の見取り図

　Frorès(1970=1975)によれば、(実験)心理学においては「様々な長さで区切られた(〈習得〉-〈実現〉という)2群の観察が可能な行動の間にある機能的関係」が記憶メカニズムの研究の焦点となる。〈習得〉の層において、過去に起こった事実や知識が感覚器官に入力される。〈実現〉の相の行動には「再認」「再構成」「想起」「再学習」の4つがあり、それらが〈習得〉時に脳神経的、化学物質的な生物学的変化を起こし、時間をあけて再び行動として

起こる。この時間幅から、「保持過程」の存在が推論され、そこに「記憶痕跡」が残されるという具合に推測されるのである。これはしばしば inner information storage model（内的情報貯蔵モデル，Sharrock & Coulter, 2009：74）として言及されるものである。

またさらに、このモデルを用いて記憶概念の総体を明らかにしようと、このモデルを補強する様々な説明装置が生み出されることになる。以下に代表的なもののみを列記する。（横山・渡邊, 2007；山鳥, 2002a, 2002b, 2018；越智, 2014）

表 2-1：心理学的分野で用いられる記憶概念に属する術語の一覧

専門用語	説明
短期記憶（short-term memory）vs. 長期記憶（long-term memory）	記銘されすぐに消失されてしまう記憶が短期記憶であり、リハーサル（繰り返しの練習）などにより長期記憶に移行・貯蔵させることができる。
ワーキングメモリー（working memory）	人が一度に短期記憶できる量。通常チャンク単位で言及される。
エピソード記憶（顕在記憶）vs. 意味記憶	学習時の文脈を想起できるのがエピソード記憶で、それが長期記憶になり状況が捨象されたものが意味記憶。
自伝的記憶	他者にはアクセス不可能な自己の生活（史）に関する記憶。
想起意識	「思い出した！」という意識。
プライミング効果	ある経験が、無意識下で課題解決に影響すること。
宣言的知識 vs.手続き的知識	宣言的知識は、説明できるような頭で覚える知識（鉄砲伝来は 1543 年だ、等）。一方、手続き的知識は、身体が身に着けた知識（自転車に乗る、等）。
FOK（Feeling of Knowing）	既知感。「知っている」という感覚。
過誤記憶（false memory）	警察の尋問などで刷り込みが行われ、実際に起こったことが誤って想起されること。

これらの概念を用いれば、我々は例えば雑談をするときにおいて、一つ一つの言葉を想起意識をもって意味の記憶から想起し、あるいは思い出されなくても経験であればそれがプライミング効果となり働き、手続き的知識として使用されており、もしかしたらそれは過誤記憶かもしれない、ということも可能である。しかし、実際に、これらの分析概念すべてが我々の生活に用いられていると想定することは「グロテスク（松島, 2002 : 23)」でもある。上のことは原理的にはありうることであるが、我々はそれを意識したり述べたりすれば、極端な懐疑論者[3] と同様に、「正気を疑われる」（古田 2022 : 45）だろう。

2.2　日常言語学派による言語的転回とデカルト的二元論への抵抗

さて、記憶概念は日常言語哲学以前から哲学の議論の的であったが、日常言語学派に属するといわれる哲学者らは、「認知主義的記憶観」のように記憶を心的な過程として扱うことをアリストテレス以降続く哲学の「病」だと考えていた。Malcolm (1977 : 28)は、この「病」の根源を、記憶が原因過程を前提とすることだと述べている。

> 多くの哲学者や心理学者、神経心理学者は、想起 remembering をひとつの原因過程 *causal process* であると前提している。（中略）その原因過程は、雑駁ではあるが次のような見取り図にしたがっている。まず、人や有機体に対して「インプット」が行われる。次に、長期、または短期にわたって有機体の、ある状態を作り出す。その後、その状態に対する適切な刺激がアウトプットを引き起こす。そのアウトプットは、たいてい"意識された記憶"だったり、行動として起こる"記憶の実行"だったりする。
>
> 　　　　Malcolm (1977 : 28)［訳は引用者による。イタリックは原文ママ。］

しかしこの原因過程/内的プロセスの想定は、記憶の心的述語の使われ方の記述に対して何の解決策も与えてはくれないことは、容易に想像できるだ

ろう。

　今日、認知主義（的記憶観）への抵抗として評価されているのは、記憶概念
の問題を「心（Mind）」の問題の一部として取り上げられて論じた、言語哲
学者のギルバート・ライル（Ryle, Gilbert, 1932=1987 ; 1949=1987）である。
ライルは、当時の哲学界が「デカルト主義」の教義に同調的であることを批
判しながら、心的な力や作用に関する諸概念に対する論理的カテゴリーが当
時の哲学者たちによって不当に＝恣意的に選択されていることを批判し、そ
の誤りを指摘した。さらに心的な諸概念を別の概念と結びつける形で考察す
ることで、「論理的地図の改訂」を試みている。ライル自身が自らの論を「戦
闘的である」と読者から思われるのを危惧するように（Ryle 1949=1987 : 3）、
彼の批判はデカルト主義を無批判で引き受けてきた当時の哲学全体、また、
それを母体とした諸科学に向いている。次で見ていこう。

カテゴリー誤謬

　まず Ryle（1949=1987 : 12-22）は、人が心（精神）−体の二つから成るとい
う心身二元論を否定する。ライルは、心と体を対置させる思考を「カテゴリー
誤謬（category mistake）」として取り除くことで、心身二元論を否定しよう
とする。ここでいうカテゴリー誤謬とは、ある語のカテゴリーを別のカテゴ
リーに組み込んだり、またその逆を行うような、語の使用の混乱のことであ
る。

　ライルも例に挙げている「大学」を例に説明しよう。Ａが、Ｂに大学を案
内している場面を想像する。「講義室」や「中庭」、「図書館」を案内された
Ｂは、「Ａさんの施設は素晴らしいですね。ところで、その「大学」なるも
のはどこにあるんですか？」と問う。これが、カテゴリー誤謬の一つの形で
ある。この大学の例は、いわゆる上位−下位概念を混同したカテゴリー・ミ
ステイクの例である。

　ライルは他にも「平均的納税者」の例を挙げている。例えば、Ａ氏がＢ
氏の家族に引き合わせた際に、「なるほど、お父さんとお母さんには会いま
した。でも、ご家族が「平均的納税者」だとおっしゃっていましたね。いつ

24

もおっしゃっている「平均的納税者」さんはどこにいらっしゃるんですか」
というようなときである。これは「家族」カテゴリーに別の「経済状況」に
関するカテゴリーを組み込んでしまったことに起こる誤謬であり、そう考え
なければこの「平均的納税者」は「幽霊」になってしまうだろう（ibid.14-15）。
　ライルによれば、「心」-「体」も同様に、本来同一カテゴリー内で対置さ
れるはずのない概念を、その語法 use を誤ったために起こった「誤謬」であ
る。このライルの指摘は、「観念論（世界は認識によって成り立つ）」-「唯物
論（世界は物質によって成り立つ）」の対立をも解消する点で、重要である。
そもそも心（認識）－体（物質）を対比させること自体がカテゴリー誤謬である
のだから、その因果関係（物質があるから認識がある、またはその逆）の想定
もまた誤りというわけである[4]。
　ライルは、このようなカテゴリー誤謬が起こってしまった原因を、以下の
ように仮説している。

　　　思考、感情、意図的な行為などは事実として物理学、科学、生理学の用
　　　語のみを用いては記述されえない。したがって、これらはこの種の化学
　　　の用語とは対をなす別の用語で記述されなければならない。（中略）人間
　　　の体が他の一群の物質と同様にある種の原因－結果の場であるように、
　　　心は（ありがたいことに）機械的なものとは異なる他の何らかの原因－結
　　　果の場でなければならない［とデカルト主義者は推定してしまったので
　　　ある］。
　　　　　　　　　　　　　　　　　Ryle（1949=1987：15）［　］は引用者注

　一方で、ライルは心的過程を否定しているわけではないことも、注意して
おく必要がある。ライルがここで主張しているのは、そのような二元論的言
及はそれをしても利するものがない、ということなのである。

　　　心的過程が生起するということを私は否定しない。［ただし、心的過程
　　　が生起する、という言明は］「物理的過程が生起する」という表現と同

じ種類のことを意味しているのではないということであり、したがってその一つを連言ないし選言の形で結合させることには意味がないということである。

Ryle（1949＝1987：20）〔 〕は引用者注

ライルによる心的概念の解消

心理的諸概念の系譜。私が求めているのは厳密さではなく、眺望がきくことである。

RPP1§895：319

では、ライルはさまざまな心にまつわる現象をどのように解消するべきだと考えたのか。ライルはこれを、別の日常的概念と結びつける形で解消しようと試みている。彼は「意志」「情緒」「想像力」「知性」といった概念をそれぞれの言語の使用場面を想定しながら他の概念と結びつけることで、デカルト主義的実在論を解消しようとしている。

「記憶」を例に取る。ライルの「記憶」にかかわる論考は『心の概念』の「想像力」の章の中におさめられている（Ryle 1949＝1987：399-410）。まずライルは記憶に関して用いられる言葉を、言語使用に対する考察によって二つの日常的な使用法に分ける。一つ目は「習得」にかかわるものであり、もう一つは「達成」に関わるものである。

一つ目は例えば「私はギリシャ語のアルファベットを記憶している」というようなときである。この時、「記憶している」という言葉は、「ギリシャ語のアルファベットをはじめから終わりまで述べること（中略）などのことができることを述べているにすぎない Ryle（1949＝1987）」。この時、ライルは「記憶」を能力概念と結び付けているといって差し支えないだろう。

ライルはさらに、「彼があることを忘れてはいないと述べることは、彼が実際にそれを想起しているということ、あるいは想起しうるということを含意してはいない。Ryle（1949＝1987：401）〔傍点は引用者〕」と述べている。

確かに、日本語母語話者が「「いろは歌」を忘れていない」と述べるとき、その時点で「いろは歌」を想起していることは含意されない。むしろその時述べているのは「いろは歌を歌える」という能力についてであるといえるだろう。このように、ライルは「記憶」という概念を「能力」という概念と結びつけることで、「記憶」概念の神秘性を突き崩そうとしているのである(「能力」概念は神秘的ではないのか、という点は依然残るが)。

　二つ目は、例えば想い起こす recalling という場合などである。ライルは「暗唱する、引用する、叙述する、模倣する」などの動詞と同様に、相手に何かを再現して示すという意味を持つ動詞なのだと述べている(ibid. p.409)。それは繰り返すことであり、新しい何かに到達したり、発見したりすることではないために、内的な過程や推論を行っているものではないと述べる。

　また、ライルは「すぐれた証人とは回想が上手な人のことであって、けっして推論が上手な人のことではないのである。(Ryle, 1949=1987：403)」とも述べている。ライルが裁判での証人を想定して、上のようにいう時、相手に「示す」ということがことさら強調されるように思われる。この「回想する」状況においては、「記憶」概念は「繰り返し」であり、それは心的な推論(つまり心的・内的なプロセス)を指さないというのである。

　このように、ライルは元来「心」の問題として扱われてきた記憶概念を、発話される際の表現として置き換えながら論じることで、日常的な概念へと還元し、その心性を解消している。彼は、「覚えている」というとき、それは「言葉を駆使する能力を持ち合わせている人」が行う言葉を用いる「技術の一つ」(Ryle, 1949=1987：405)なのであり、そして、それは時にできなかったり、時にできたりするようなものである、と述べている。それぞれの心的述語の使用も、まさに言葉を用いる「技術の一つ」(＝使われ方 use)であるというわけだ。

　ライルの仕事は「記憶」なる概念を実在論的に措定し、それを研究するという従来の哲学の方法の解体を模索し、実際にそれを行ったことで高く評価されている。ただしライルの著書は主にデカルト主義への反駁に向いており、さらに、作例を主としたものになっている。ライルはその後、記憶概念をさ

らに探究することはなく、さらに現代にいたる哲学的研究（主に分析哲学）においても、その方法論は作例を中心としている（Malcolm, 1983；Moon, 2012, 2013）。

しかし、心的述語の使用を記述し、他概念との結びつきによって認知主義（的記憶観）からの脱却を目指そうとするというライルの言語との向き合い方は、その後、様々な認知主義的概念を前提とする研究への抵抗の資源となっていく。

心の理論に対する反論

ライルの抵抗の影響がわかるのは、Sharrock & Coulter と McHoul & Rapley の間で交わされた、「心の理論（Theory of Mind：ToM）」や「認知主義」等に対する疑念 skepticism[5] であろう。

この疑念の提示は、90 年代後半から 2000 年代に、相次いで交わされた（McHoul & Rapley, 2003, 2006；Sharrock & Coulter, 2004, 2009）。記憶を「内的」なもの（のみ）として考えること自体が、内 – 外、ないし表層 – 深層というような（新）デカルト主義的前提を根拠なく援用したものであり、その上に築き上げられた各種理論は心的概念を説明するうえでほとんど役に立たない、というのがその要旨である。ここで Sharrock と Coulter の疑念をさらに適示してみよう。

まず、「心の理論」（や「認知主義」、内 – 外・表層 – 深層の二元論）にはすでに矛盾が内包されていることが指摘される。新デカルト主義的な表面 – 内面の二元論においては、行動 behavior は表面的で「観察可能 observable」であり、一方ある人の心 mind は内面的で「観察不可能 unobservable」であるという前提で研究が進められる。しかし、であるとすれば、観察（あるいは測定）可能な現象から理論を構築したとしても、それは「観察不可能」な事象に対する「推測」に常にとどまる。さらに、もしこれを推測ではなく事実として規定するのであれば、言語使用は単に脳科学や認知科学の「副産物 side-show」（Coulter, 1999：165–166）となる。

さらに、Sharrock と Coulter は、新デカルト主義を否定する。これは、

ある心を連想させる動詞の使用は、心の問題ではなく常に「言語の使い方の問題」であるからだ。例えば「彼は彼女を心から追い出せないでいる(He couldn't get her out of his mind)」と述べることは、心の中、という空間「から」追い出せないのではない。むしろ、その「言語の使い方」を見れば、それはしばしば「彼は彼女に執着している(He was obsessed with her)」になんの残滓 residue もなく言い換え可能である。あるいは、統合失調症者が「声が頭の中で in my head 聞こえる」という場合、この in を空間(頭の中の実際の空間)と理解することは誤りだ、と指摘する。これは、「私だけがその声を聞こえる」と言い換えが可能である。そのため、心的概念はそもそも言語の使い方の問題であるのに、そこに「内的な状態/過程」を滑り込ませて、それを想定することは単に「遠回り detour」でしかない、ということが主張されるのである。

　また、Sharrock と Coulter は反論としてこの「言語の使い方」を中心とする立場を、表面的な心的現象の理解、ないし行動主義者 behaviorist と呼ぶのはデカルト主義的誤謬である、と述べる。仮に、行動主義に忠実に従えば、ありとあらゆる記述は薄く thin ならざるを得ない。例えば、ある人が「横断歩道を渡る」というとき、そこにはすでに「足を前後に動かして白線が引かれた箇所を歩く」以上の記述が含まれている。「渡る」という行動の目的地が道の"反対"側にあること、そこが左右の歩道で遮られており、通常車が通るという社会的前提、「横断歩道」がない場所で渡ることとの差異等が、「横断歩道を渡る」という行動主義的記述には含まれている。行動主義であってもその行動がなんらかの形で記述される場合、その社会性を全く排除することはできないのである。そのため、ここでは「(社会的な)言語の使い方」の説明のみが生き残るということが説明される。

　最後に、心の理論/認知主義者には「理論化しようとする強迫観念 compulsion to theorize」が存在することが指摘される。その問題点は、心の問題を解決しようと理論化を試みる研究者が、その理論構築の方法自体が原理的に様々な問題を解決できないのにもかかわらず力づくで理論化しようとする、その決定にあると指摘している。

これまで Sharrock & Coulter の主張を見てきたが、これらの指摘はそのまま、「記憶」概念についても援用できるだろう（実際に Sharrock & Coulter はたびたび記憶概念に関しても言及している）。仮に記憶が私秘的な「観察不可能」な現象であるとすれば、ありとあらゆる記憶の研究は、力づくの理論構築を経た遠回りの推測に過ぎなくなってしまう。しかし、むしろ、我々が見なければならないのは、記憶概念がいかに「言葉の使い方」として人々に用いられているか、ということなのである。

2.3　記憶の痕跡に対する批判

> わたくしはこの男を何年も前に見た。今再び彼を見て、彼ということを確認し、彼の名前を想起した。なぜこの想起の原因がわたくしの神経組織の内になければならないのか。なぜある何らかのものが、何らかの形で、そこに貯蔵されていなければならないのか。なぜ痕跡がのこされてはならないのか。なぜ生理学的規則性に対応しない心理学的規則性が存在してはならないのか。もしそれがわれわれの因果性の概念を覆えすとすれば、それはまさにこの概念が覆えされるべきときなのである。
>
> Ｚ§610：365

次に、記憶が何らかの像やイメージ、過去の体験などの「記憶痕跡」であるという認知主義的記憶観に対する批判を概観しよう。ウィトゲンシュタインの影響を受けた Malcolm（1977）は、心象の痕跡への反論として、我々は何かは思い出せないけれど、感覚や気持ち、においや触覚を思い出すことができることを指摘している（Malcolm, 1977：20）。例えば「修学旅行で行った広島原爆資料館の不気味さを思い出す」と述べるようなときである。しかし、いつ行ったかは正確には覚えていないし、確証を持った心象としてのイメージも持ち合わせていなくてもよい。ただ、不気味で不穏な雰囲気を思い出す（＝語る）ことができるだけでよい。この際の痕跡、すなわち「イメージ」や「心象」、ないしここでの「過去の体験」が何を指すのかは、曖昧である（浦

野, 1999：112)[6]。

　さらに、述語「Xを思い出す」のX項に来るのは、アルヴァックス（Hallbwachs. M）派の記憶論者たちが前提する（金, 2020：66）ように、過去の（直接）体験やエピソードであるように思えてしまう。しかし、前田によればそうではない（前田, 2008：154）。たとえば、ある人が1988年生まれでも、「第二次世界大戦が終戦したのが1945年だったことを思い出す」ことができる。

　しかし、その人は終戦を経験しているわけではない。また、それをどこで知ったのかを、思い出すことは出来なくてもよい。この場合、「第二次世界大戦の終戦？　いつだっけ。あ、思い出した、1945年だ。」という時の記憶は、過去の自身の体験に限定されるわけではなく、むしろ知識概念に限りなく等しい。このように、アルヴァックス派を含む過去を志向する認知主義的記憶観では、この「あ、思い出した、1945年だ。」という使用法を想定できない。

　加えて、前田（2008：154）によれば、我々は過去だけではなく「未来」を思い出すこともできる。例えば、ある人は「大阪万博の開催は…思い出した、2025年だ！」と述べることができる。この場合、本書執筆時においては、大阪万博は未来に起こる予定の出来事であり、よって経験ではなく、さらにまた特定の心象風景や痕跡を持つものでもない（万博会場の設計図や予想図を見ていなくても述べることができる）。この現象を認知科学では「展望的記憶」と呼んでいるが（市川［他］, 1994）、むしろこれは「記憶」よりもより「想像する」ことに類似する（Ryle, 1949=1987）。しかし、やはり「思い出す」と表現することは可能なのである。

記憶−能力概念の転倒

　このように見れば、「記憶」概念は様々な他の概念との連続関係によって成り立っているが、その関係が"転倒"してしまったことが、現在の認知主義的記憶観の起源になっている。Hacking（1995=1998）や前田（2008）は、記憶の科学の歴史を概観し、本来「能力」に還元させるべき実践を、脳機能の

局在説によって生物学的な「因果関係」へと誤って還元したことによって成り立ってきた経緯を指摘している。

例えば失語症などで言葉を「忘れた」人に関して、まず、能力がないこと（不能）が、脳（器官）の働きと対置される。失語症になっている患者を診ると、ある脳の部位[7]に異常があった、という形で、報告がなされるわけである。しかし、ここで、その「能力不能－部位」の関係が逆転し、「ある脳の部位がないからこそ、話す能力がないのだ」というように「転倒」してしまう。つまり、失語症の患者はみな、当該の部位がないからこそ、失語症なのだ、つまり「言語を忘れた」のだ、というように"推定"してしまうのだ。それが、脳の不調がすなわち記憶の不調だ、という前提へと補強されていくのである。

このような転倒下での認知主義的態度は、症状があることはすなわち身体（この場合「脳」）の不能であり、身体の不能はすなわち「故障」なのである（図2-3）。

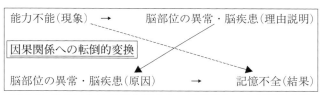

図2-3：現象における能力概念の、記憶概念への転倒的変換

しかし、前田によれば、本来、脳の部分における欠損は、記憶概念ではなく、「出来る－出来ない」という能力概念に帰属されるものであった。しかし、現象を因果性へと「XだからこそYに違いない」という推測によって変換してしまうことで、認知主義的記憶観が生まれる。これは、現象が、能力帰属を第一義的に表しているにもかかわらず、そこから引きはがし、記憶概念へと「原因－結果関係」を帰着させる「一種の転倒」になってしまっている、と前田は述べる。

　　　［Xという脳の部分が欠損しているから、Yを思い出せない、という］

論理的連関の［Ｙを思い出せないからＸが欠損しているはずだ、という］因果論的連関への変換とは、能力帰属の実践の論理的先行性を、原因の因果的先行性へと置き換えることで、（私たちが「思い出した/思い出せない」といった記述のもとで）事態を理解していく道を逆にたどる、一種の転倒なのである。

前田（2008：164）［　］は引用者の訳注

先述した、筆者の祖父に感じた冷漠とした感覚の裏には、祖父は何かが壊れた、というこの転倒が隠されていたともいえる。祖父は、身体の不調によるある能力が欠如した（だけ）であったのだ。そのような単純な理解を、認知主義的記憶観は日常生活者から奪い去って因果関係へと変換してしまうのである。

この意味において、認知主義的記憶観への抵抗の目的は、人々の記憶概念への“向き合い方”の拡張・解放にあるといってよい。認知主義的記憶観は極めて強力な記憶に対する価値観であるが、記憶概念の様相の複雑さを、認知主義的記憶観は「切りつめて」しまうと前田（2008：142）は表現する。たとえば「（Ｘ国の位置を）思い出してくれ！」というとき、それが例えば記銘・保持・想起/忘却といったプロセスを持つ生物学な記憶概念の元に理解される際には、それは相手に対して「「想起」という思い出すプロセスを要求する」というようにのみ捉えられかねず、その場で「Ｘ国の位置を説明する」といった相互行為的記述は取りこぼされてしまう。あるいは、相互行為的記述は、認知主義的記憶においてはあくまで「副産物（side-show）」であると考えられがちですらある（Coulter, 1999：165-166）。

しかし、会話に参与している人たちの立場に立って考えれば、「位置を説明する」ことが“副産物”であるという説明には疑問がある。「位置は説明しなくていい。それは副産物だから。」と述べることはできない。そこでまさに必要とされている行為が「説明する」という行為だからだ。その多くの相互行為的側面こそが我々の現実・リアリティなのであり、その「取りこぼし」こそが解明される必要のある課題だと考えられてきたのだ。

第2章　記憶現象の取り扱いの変遷　33

　これらの認知主義的記憶観への抵抗は、本研究の研究動機で観察されたことと親和性を持っている。記憶の心的述語の記述としてなされるべきことは、前田（2008）の述べる因果的連関への変換の中で切りつめられ、失われた「相互行為」における使われ方を、一つ一つ記述していくということである、と言い換えることができる。そしてこの「切りつめられた」相互行為的側面こそが、人々が用いている一義的な記憶概念の使われ方であるというように考えられてきており、それが認知主義的記憶観の抵抗の根幹をなした考えである。

内的プロセスと言葉の使い方の共存と非因果関係

　ここで疑問が生じる。では、言葉の使い方と、認知主義的な記憶観が想定するような内的なプロセスは、共存できないのだろうか。ウィトゲンシュタインはさらに、認知主義的記憶観が前提とする内的プロセスに対する否定と抵抗を以下のように言い表している。

　　「でも、思い出すときに［記銘や想起のような］内的プロセスがあることは、君にだって否定できないよ」。―――私たち［言語哲学者］がなにかを否定したがっているかのような印象は、なぜ生まれるのだろう？「そのときやっぱり内的プロセスがある」と言う人は、―――「やっぱり君には、見えてるんだ」とつづけて言おうとする。しかし、やっぱりこの内的プロセスこそ、その人が「思い出す(sich erinnnern)」という言葉で意味しているものなのだ。―――私たちがなにかを否定したがっているかのような印象が生まれるのは、私たちが「内的プロセス」のイメージに抵抗しているからである。私たちが否定しているのは、内的(inner)プロセスのイメージによって、単語「思い出させる(erinnern)」の正しい使い方を教えてもらえるということなのだ。つまり私たちが言っているのは、そのイメージとその波及効果に邪魔されて、その単語の使い方が、あるがままに見られていない、ということなのである。

　　　　　　　　　Wittgenstein（2003=2013, PI1§305：196）

　　　　　　　　　下線、［　］部分の注は引用者による

ウィトゲンシュタインはここで、内的プロセスのイメージだけでは、「思い出す/思い出させる」という言語・述語の精確な使われ(相互行為上の行為)の記述を「あるがままに」行う事が「邪魔」されてしまうことを説明している。まさに、認知主義的記憶観への抵抗の源がこの引用に表現されているのである。

では、我々はどのような道を取るべきだろうか、という岐路にまた立たされることになる。このまま脳内の箇所とある記憶がどのように連動しているかのマッピングを続けていけば、あるいは記憶概念全体が解明される、と考えることもできるだろう(土屋, 2009)。

しかし、たとえ各々の記憶の生理的機能とその位置関係が解明されたとしても、様々な相互行為的現象が説明できるようになるのだろうか、という疑いがある。相互行為上の些細な選択一つ一つがすべて脳内で起こっているということに関して疑う余地は全くないといえるだろうか。むしろ、Sharrock & Coulter(2009)の述べる通り、もっぱら記憶概念とそれを取り巻く言語使用の問題なのであり、その社会の持つ記憶概念そのものなのである。記憶の生理的機能と位置関係の解明は、我々が観察可能なものを"遠回り"に解明しようとするものなのではないか。

内的情報貯蔵モデルで示されるような認知主義的な記憶観が、我々に利益ばかりか有害であることを理解したのであれば、別の方向に進む必要に迫られる。そのためには、大きく2つのことを検討することがある。それは、そもそも「記憶」というのは現象である前に言語、言葉であるという点、そして、我々が普段やり取りしていることに、この言葉がどのようにかかわってくるのか、という点の2点である。

2.4 機能的意味論および相互行為相貌論

では、その言葉の使われ方をどのように研究すればいいのか。そこにはなんらかの規則性がある、と想定される。ウィトゲンシュタインは、このように述べている。

第2章　記憶現象の取り扱いの変遷　35

「…言語の意味はその使用法である。なぜなら、言葉がはじめてわれわれの言語に取り入れられるときにわれわれが習得するのは、まさにその使用法だからである。」

「したがって「意味」と「規則」の間には一つの対応関係が成立する」

Wittgenstein, L.（1969, OC§61-62）

　ここで、ウィトゲンシュタインが「規則」と述べるものは、Williams（1999=2001）のいう言語を用いる人々の「規範的規則性」を指す。つまり、言語の使用法は、規範的規則性、言い換えれば「物事を滞りなく進めていくためのルール」と不可分であり、言葉には使用法と規則性、その両方が必要である、というわけである。使用法から規範的規則性を取り去ることはできないし（辞書は抽象化する段階でそれを行うわけだが）、規範的規則性を使用法から切り離すこともできない。

　しかし、認知主義的な記憶観では、言語の規則性を、言語の使用法を顧みることなく探求し、さらにそれを本来は言語の使用とは無関係な脳内へと拡張させてしまっている、そのことで概念的な混乱が起こっている、と置換できるのである。

　とはいっても、言語の使用法というのはわかりにくいかもしれない。しかし、これはいくつかの抽象名詞（と言われる）語の使用法の観察で明らかになる。

「意識」という語の相互行為的相貌

　ここで、使用法として「意識」という語を考えてみよう。例えば小さい子どもに「意識ってなあに？」と聞かれれば、多くの普通の大人は答えに窮するだろう。それに答えられるのは脳科学者か哲学者ぐらいである、と考えかもしれない。

　しかし我々は、そのようなこととは関係なく、「意識」という言葉を使いこなすことができる（つまり、言語の使用法を「知って」いる）。例えば、ヨガ・インストラクターが「太陽のポーズをするときは呼吸を意識してくださ

い」とポーズをとりながら言えば、それは呼吸を「丁寧にゆっくりせよ」という意味＝使用法＝【指示する】という行為として聞かれるだろう。それを証拠に、もし荒々しく呼吸をしながら「いえいえ、私は呼吸を意識しています」といったとしても、ヨガ・インストラクターは困り果てるに違いない。ということは、この局所的場面においては、「呼吸を意識せよ」という語の使用法、つまりゆっくりとした呼吸を【指示する】という行為は、ヨガのインストラクションの場面という規範的規則性の中で用いられる限り有効である。それを証拠に、このヨガスタジオにおいて子どもに「意識ってなあに？」と聞かれたとしても、我々は自信をもって「ゆっくり息を吸って吐くんだよ」と答えることができる（あるいは行動で示すことができる）だろう。

　別の場面でもそうだ。例えば、中学生Ａが中学生Ｂに「お前Ｃさんのこと意識してんじゃないのか？」と聞けば、それは「好きなのか？　好意を持っているのか？」という【質問】ないし【からかい】として聞かれうる。もっと言えば、もしＡがＣさんのことを好きだとＢがあらかじめ知っていれば、これはＣさんとの進展を探るお決まりのセリフとして理解されるだろう。「意識」は漢語サ変動詞として用いられているとしても、先ほどのヨガ・インストラクターの呼吸法を【指示する】行為とは別の使われ方を持つ。

　「意識」という漢語名詞として用いられていても、そのことは変わらない。例えば免許更新センターの講習で、「交通事故を起こしたら、まずケガ人に意識があるか確認してください」、と要求することは、「声をかけて反応をするか確認せよ」と要求していると理解される。この時、「「意識」なんて哲学的で曖昧なものをどうやって確認するんですか」と問えば、担当の講師は「声をかけて答えるか確認をしてください」と声掛けを促すだろう（し、おそらく尋ねた人を少し変わった人として評価するだろう）。

　この局所性は、どれぐらいの幅を持つのだろうか。ここには議論がある。これらを何らかの中心的な実態を持つ多義語、ないし類義語として捉え、その水源（ないしプロトタイプ的中心義）を探ろうとする向きもある（平沢,2019：34：平沢はこれを批判している）。また、言語行為論で有名なオースティ

ン（Austin, 1956＝1991：381-382）の言葉を借りれば「言語におよそ一万もの
用法があるとしても、それらすべてを列挙しようと思えば確かにそのうちに
はできないとではあるまい」。いずれにせよ、「意識」という概念は、少なく
ともこの３つの例を見るだけでも、「丁寧さ」という概念と、「好意」という
概念、ならびに「反応」という概念と連接している。これを拡張すれば、体
系化に困難を覚えるほどの多様な例が出てくることは予測できる。しかし、
この予測の困難さの裏側に、我々はその使われ方を「見ているが気付かれて
はいない」という面白さが含まれる。そのことに、むしろ歓喜するべきであ
るだろう。この二面性や複雑さこそが、我々が探求するべき「意識」という
語のリアリティーであるからだ（そして、辞書によって、ないし過度の一般
化によって見過ごされていることだからだ）。ウィトゲンシュタインも次の
ように述べる。

> 「考える」という語は、他のあらゆる心理学的用語と同様に、日常言語
> の言葉であることを忘れてはならない。
> 　この言葉が単一の用法を持っていることを期待すべきではない。むし
> ろ、単一の用法もたないことを期待すべきなのである。
>
> RPP2 §194：70

　となれば、「記憶」概念も同様に、生活の中での言葉の使用というレベル
で探求されてしかるべきだろう。例えば政治家が「記憶にございません」と
いうとき[8]、それは通常、【偽りを述べる】常套句であることを我々は知っ
ている（Lynch & Bogen, 2005）。そしてもしそれが個人の内的なものであっ
たのだとしたら、我々は、かの政治家の主張を嘘だと捉えることができなく
なり、「そうなのか、この政治家は記憶がないんだな」と素直に受け取るほ
かなくなってしまう。
　また、容疑者が犯行現場の動画を見て「ビデオに写っているのは私ですが、
罪を犯した覚えはありません」というとき、それは【否認】するという行為
に用いられている。彼の「罪を犯した覚えがない」という供述は、言い換え

れば「私は罪を犯していない」に残滓なく言い換え可能である。彼の供述にどのような内的プロセスがあるのかは、ここでは有意ではない（もちろん裁判でそのような有意性が明らかになることもあるだろうが）。

　このような、記憶にかかわる心的述語には「覚えている」「忘れる」「思い出す」などがあるが、これらもまた、言葉の使用法と規範的規則性の分かちがたさを持つはずだ。むしろこれこそが我々のリアルな生活上の記憶概念なのであるから、それを探求することはもはや当然のことであると思われる。

　さて、このような立場を、言語の使用法 use ＝機能 function からその意味を探る、という意味で、「機能的意味論」という言葉を用いて論じられている（Williams, 1999＝2001）。また、これは言語哲学やエスノメソドロジーで行われる、概念地図を描く方法である「概念の文法分析」と呼ばれる技法と似ている。しかし、私はこれを「相互行為的相貌論」と呼ぶほうがいいだろう、と考えている。

　というのも、ここで、我々が知りたいのは記憶関係の語が用いられる「意味」ではないからだ。そのような意味で、「意味論」というのは誤解を生む可能性がある。使用論、ということができれば最も近いように思えるが、そのような言葉は誰も用いていないので、ここではウィトゲンシュタインを解説した野矢（2011＝2020）の「相貌論」という言葉を使いたい。つまり、記憶概念は様々な使用法、言葉の相貌 aspect で用いられるのだから、その相貌を多角的にかつ相互行為的に観察するということで、相貌論といって良いだろう。よって、本研究が目指すところを最も精密に述べるのであれば、「述語の相互行為的相貌論」とでも呼ぶことができるだろう。

相互行為とその観察の重視

　では、言葉の使用法を探究する場合、どのような点に気を付けるべきか。ここでは、観察可能な相互行為を重視する、ということを述べたい。

　これまでに見たように、我々は記憶にかかわる言葉を個人・心的・私秘的でない使用法で用いることがしばしばあることを確認した。幸いなことに、

相互行為は観察可能なので「想像で議論すること」を避けることができる。

　Garfinkel（1996）は、「状況に置かれた行為は発見可能」であり、「想像可能ではない」と述べる。確かに、先ほどの例のように、子どもに「意識ってなあに？」と突然聞かれて、それに対してヨガ・インストラクターの例を即座に出すことができる人は、ほとんどいないだろう。なにより、これら日常に出現する、言葉の相互行為的な相貌（側面：アスペクト）は、音声・視覚情報であるために現出し、そしてすぐに去ってしまうものである。この相互行為的相貌、あるいは、これまで「実践知」や「暗黙知」、「エスノメソッド（ethno-method：人々のやり方）」と呼ばれているものは、我々がそのことを瞬間的にとらえて説明するほとんどの場合において難しい[9]。

　しかし、我々は機材の進歩により、それを録画し、再生し、何度も見ることができるようになった（Mondada, 2013 : 37–38）。録画も録音も、ある程度の予算があれば可能になったのである。これによって、我々は言語の使用法をより詳細に観察できるようになったのだ。現代においてエスノメソドロジストや、会話分析研究者は、そのような方法を用いてきた（西阪, 2001b）。

　そのため、本研究でもこの観察の立場は踏襲される。本研究では、実際の日常会話の撮影ないし録音データを用いながら、人々がどのように記憶関係の語を用いているのかを言語の使用法 – 規範的規則性の観点から分析する。このことによって、我々は記憶概念が我々の社会の中で用いられているのかを明らかにできる。そのためには、「観察」に基づかない、頭に浮かんだ作文や命題を並べるような方法をとってはならないのである[10]。

2.5　概念の論理文法分析とエスノメソドロジーにおける「記憶」概念

　　私の目の前にあるものを見るのは、なんとむずかしいことか。

　　　　　　　　　　　　　　　　　　　CV（MS 117 160 c : 10.2.1940）

　ウィトゲンシュタイン、ライルやマルコムらが行った日常言語哲学による記憶概念の記述的試みは、作例という方法論上において「現実の言語使用」

40

とは乖離があったといえる。しかし、現実の言語使用に対する探求は、
Garfinkel(1967, 1974, 1988, 2002)以降、実際のデータを記述・分析するという方法論を持つエスノメソドロジーで引き継がれることになる。

　エスノメソドロジーの研究手法と対象を紹介するために、第1章でみた断片2を再掲しよう。以下の断片において、「まだ覚えている」という表現は記憶概念に関わっていることが推定される。ここにおいて、この記憶概念は「名づけ」に関わるジョージの活動を、Rが説明するという行為の一部を構成している。

[断片2の一部再掲]

```
021 R:   .hhhh まぁ私がいろいろリストをアップしてたんだ前 [に.ブライアン
022 L:                                                    [うん.
023 R:    生まれる前に [さぁ.
024 L:                 [うぅーうぅ:::ん_
025 R:→  その時のことをまだ覚えててさぁ, [ジョージがぁ.＝ジョージが気にい
026 L:                                    [うぅ:::ん.
027 R:    ってるのこの [名前.
028 L:                 [あぁ!
029       (.)
030 L:    ほんとにぃ!
031 R:    うぅ:::ん.
032 L:    ふぅ::::ん_
```

　しかしこのデータから「記憶とは何か」と問い、定義づけを行おうとするのであれば、たちまち困窮する。というのも、もし普遍的な意味を持つ「記憶」なるものが何かと言うことを(デカルト主義的に)探そうとするのであれば、この断片に固有の「ジョージ」や「名づけのためのリスト」などはそこに含むことはできなくなってしまう。

　しかし、そもそもこの参与者たちは、「記憶」概念への定義づけ無しにその場その場で行為をなしとげている。むしろ、参加者にとっては、普遍的な記憶概念への定義づけよりも、「ジョージ」や「名づけのためのリスト」が重要であると言える。このように、ある概念を用いた行為は、まず参与者た

第2章　記憶現象の取り扱いの変遷　41

ちの間で理解され、なしとげられている。そしてこのような行為は、無数の概念を用いて行われ、無数の状況と無数の文脈から成り立っている、探究するべき価値のある社会科学の対象である。

　このように、その時その時に合わせて、局所的に vernacular 活動を行うその合理的性質・理解可能性に基づいて、人々がその時の状況にあわせて用いる手続きまたは方法のことをエスノメソッド（Ethnomethod）と呼ぶ。その研究が、エスノメソドロジーである（西阪, 1998 : 204）。

クルター、リンチ、ボーゲンによる心的概念の再記述

　ではこの方向性はどのような形で記憶概念の探求の中で受容されたのか。ここでは、特に概念の論理文法分析を主としたエスノメソドロジストの中でも、記憶概念にフォーカスを当てた Coulter（1979＝1998, 1999＝2000）、Lynch（2006）、Lynch & Bogen（2005）を取り上げる。

　概念の論理文法分析を主題とするエスノメソドロジストの Coulter（1999＝2000）は、心的な概念の解明に関して必要であることを、以下のように述べている。これはそのまま、概念の論理文法分析の研究主題を意味する。

　　　心的概念や心的述語が行われている活動においてどのように使用されているのかを示す例、ヴィトゲンシュタインのいう「展望の効いた叙述[11]」、つまり関心の概念や概念構造が明らかにされるような行為や、その行為を取り巻く状況を豊かに示す一連の事例を提示することが求められているのだ。

　　　　　　　　　　　　Coulter（1999＝2000 : 135）［下線は引用者による］

　すでにライルが指摘したように、我々の持っている「記憶」の言葉の使われ方は、語の使用の中のさまざまな別の様相と密接に関わっている。「概念の論理文法分析」は、ウィトゲンシュタインやライルの言語哲学を背景に、ある特定の概念が、別の特定の概念とは結び付くのに、他の概念とは結びつかない、と言ったような、概念間の結びつきを、日常の言語使用を出発点と

して探究する言語哲学の分野である（西阪, 1998 : 204, 概念の文法については古田, 2022 : 89-90 も詳しい）。

　例えば、記憶概念は時間概念との結びつきに特徴を持つ。たとえば「今思い出した」という事はできるが、「ずっと思い出し続けている」のようにアスペクト表現を用いて述べることは、（それが点的に散発する際を除いて）できない。このように、「思い出す」という言葉によって表される時間概念は、時間を点的にとらえる場合には結びつくが、線的な時間概念とは結びつきにくいということが、言語の使用から明らかになる。

　このように、概念の論理文法分析では、エスノメソドロジー、概念の論理文法分析の双方が、日常の言語の観察から出発しているために、研究の大枠を概念の論理文法分析と設定し、研究手法としてエスノメソドロジーを用いる方法がなされてきている。

　さて、では、記憶概念はどのような概念との結びつきがあるのか。千々岩（2019a）は、Coulter をはじめとする概念分析における成果を総括し、結びつく概念を列記している。

1.　ある項目を習得して、それを忘れていないこと（習得 : Ryle, 1949）（作例 : 私はビルマ語をまだ少しは覚えている）
2.　ある項目を過去に経験したことがあること（経験 : Hacking, 1995, 浦野 2007）（作例 : 私は5歳の時滑り台から落ちた時のことを鮮明に覚えている。）
3.　ある項目について語りうること（能力とメンバーシップ・カテゴリー : 西阪, 2001a ; 前田, 2008）（作例 : 私もその映画、覚えてる。面白かったよね。）
4.　ある項目を忘れたからと言って、その知識を持っている主張自体が否定されることはないこと（知識のネットワーク性* : Coulter, 1979）（作例 : 彼女の名前は忘れてしまったけど、確かに会ったことがある。）
5.　社会的規範によって想起/忘却するべきことが期待されていること（規範性* : Coulter, 1979, Lynch & Bogen, 2005）（作例 : 国会答弁での「記

憶にありません。」)

6. ある項目を知っていれば、他の項目も知っていると思われる場合（全体－部分性＊：Coulter, 1979）（作例：双子葉類と単子葉類があることを覚えている。だから、私は中学生理科ぐらいは覚えてる。）

7. ある項目を知っていても、他の項目を知っているとは思われない場合（孤立性＊：Coulter, 1979）（作例：どうやってエンジンが動くかを覚えてるからと言って、彼に車の修理をすべて任せるわけにはいかない。）

　　　千々岩（2019a）を元に作成［＊印は千々岩（2019a）が作成した語］

　日常言語哲学派のライルと比較し、Coulter（1979=1998）の分析が時代とともにより進んでいる点は、Coulter は実際の日常の使用状況を想定しながら、「想起と忘却がどのように社会的に組織[12]化されているか（p.117）」を立体的に記述しようと試みている点である。

　Coulter はまず、「思い出した」という時、それは「過去の出来事・人物・状況について間違っていない」と述べる事だと指摘している。「間違ったイメージを持っていれば、憶えていることにならない（Coulter, 1979=1998：117-118)」のである。

　また、Coulter は「思い出す・憶えているということは、何らかの行為を遂行することではない」と指摘する。というのも、「思い出す・憶えている努力をするように人に命令することはできても、思い出すこと・憶えていることそのことを命じることはできない（ibid.：118)」からである。この指摘は、1章でみた断片1の「思い出してくれ！」を想起させる。

　さらに、Coulter は想起が内的感覚であることに抵抗し、「「…を憶えていますか」という問いに答えるとき、わたしたちはたいていそのまま答えるだけで、何か特別のことが心のなかで、あるいは経験として起こるわけではない（ibid.：118)」と読者に直感を促している。

　また、Coulter は想起が選ばれて思い出されている事に対し、批判的に検討している。例えば、「いったい家で何があったんだ」と尋ねられた相手は、「聞き手にとって意味のあることだけを選択して話すように求めている」と

Coulter は指摘する。この場合、「記憶」と呼ばれているのは、過去に起こった一挙一動を再現することではなく、相手にその場で有意(レリヴァント)な話をすることである。ゆえに、「想起の「選択性」とは、次から次へとわいてくるイメージをたんに切り貼りするということだけではありえない(pp. 118-119)」のである。

　ただし、注意しなければならないのは、Coulter の研究がこの時点においても未だデカルト主義/認知主義 cognitivism への抵抗として書かれている点である。あるいは、記憶概念が社会学的に取り扱いが「可能である」ことを示すために書かれている、と言ってもよい(p.121)。これらは Coulter 自身の言葉を借りれば、これらは心的概念の分析に関して「予備的」なものであり、体系的な記述を目標としているわけではなかったのである[13]。

　Coulter とは別の側面から、記憶の公的な側面を制度的な場面を対象に経験的に例証しようとしたエスノメソドロジストの研究に、Lynch & Bogen (2005)や Lynch(2006)がある。

　Lynch(2006)は、認知 cognition を帰納的 empirical に研究する場合において、多くの場合、研究者が神経科学をはじめとする身体的プロセスへの還元へと迎合するのに対し、別の方法(エスノメソドロジーと会話分析:EMCA)を提案している。リンチによれば、例えば「思い出せない」と述べることは、一方で“思い出せない”認知的なプロセスであるというとらえ方ができるが、もう一方では「思い出せないと述べる」という一つの現象であるとする捉え方も可能であり、それは EMCA の研究で(のみ)解決可能な課題であると明示している。

　その方法として、Lynch & Bogen(2005)は、イラン-コントラ事件[14]における公聴会でオリバー・ノース海兵隊中佐が述べた「私がそう言ったことは否定しません。でも、言ったことを覚えている、という事も言っていません。」[15] という発言が、いわば「言い逃れ」と聞かれうることに対して、「社会的規範」を引き合いに出して説明している。

　Lynch(2006)によれば、まず、ノース中佐が「私がそう言ったことは否定しません。でも、言ったことを覚えている、という事も言っていません。」

第2章　記憶現象の取り扱いの変遷　45

と言うとき、それは質問内のイベントが起こったかどうかを「肯定」も「否定」もしない、という事をしている、と理解される。しかし、重要な決定にかかわった人がそれを忘れるのは「おかしい」という社会的規範が適用される以上、「覚えていない」と述べることはその規範に対する態度も精査されることとなる。

　Lynch の研究は、「記憶は認知的現象だ」という認知主義的前提をいったん先送りにし、局所的な現象として捉えている点が分析として的確である。以下のように述べている。

　　　我々［Lynch と Bogen］は以上のような［公聴会での］例を、エスノ－コグニション、つまり、認知操作に関する俗っぽい研究の例である、とする事もできる。しかし、それでは［公聴会の参考人の］ノースとニールズが行っていることを見失ってしまう。我々の例は、心理的、あるいは脳科学的な過程に関する証拠として乏しい一方で、"思い出すことを失敗する"ということが、よくある尋問状況でどういう意味かを表す、（［真偽を問うような明快ではない］論争にも関わらず）非常に明快なケースである。
　　　　　　　　Lynch（2006：100）（訳は引用者による。［　］は引用者の訳注）

　Lynch の「行っていることを見失ってしまう」という感覚は、前田（2008）や、本研究の立場に近いことがわかる。Lynch がより Coulter の議論を進めているのは、その手法、つまり、Coulter が「予備的」としたものを、より具体的なデータを用いて経験的手法を用いて実証している点にある。Coulter（1979＝1998）の翻訳をした西阪氏は、そのあとがきに以下のように記している。

　　　とくに最近のクルターは、ほとんど経験的な素材に頼ることのないまま、むしろ「直観」を手掛かりに議論を展開している。かれにとって「データ」とは、せいぜい「直観」を活性化するためのきっかけでしかないよ

うだ。このこと自体にとくに異論はない。けれども、わたし自身［西阪氏のこと］は、もう一歩踏み込んだところで「経験的」研究にこだわりたいと思っている。

(Coulter, 1979=1998 中の訳者、西阪氏のあとがき：292)

このことは、概念の論理文法分析を行うエスノメソドロジストが経験的な素材をないがしろにしている、という事には直接的には結びつかないが、実際に「経験的」研究を重視したのが日本語を対象とした 2000 年代前後に展開される記憶概念の相互行為的なデータを用いた記憶研究であることもまた指摘可能である。

本章では、認知主義的記憶観と、その抵抗として様々な言説を見てきた。整理のために、一度ここにまとめなおしておこう。次節では、言語使用を対象とする研究分野において、どのような形で記憶概念の探求が可能であるのか概観することで、研究の手法が実は一貫していないことを見ていく。

表 2-2：記憶現象の扱いの差異

	認知主義による記憶概念の扱い	言語哲学・エスノメソドロジーによる記憶概念の扱い
記憶観	記憶は内的なプロセスであり、メカニズムである	記憶概念は、さまざまな言語使用で用いられる言語規則である
記憶概念の探究方法	記憶痕跡を前提とした脳的・認知的研究	言語使用や概念の文法分析など、言語使用を対象とした研究
記憶概念の扱い	記憶痕跡を想起できるかという能力	他の概念との関わり（習得・経験・能力・規範［等])

3. 日本語会話を対象とした記憶概念に関わる研究

2000 年代前後に盛んにおこなわれた日本語を対象とした記憶概念の研究成果は、主に実際に起きた事象を録音・録画し、それをデータとして用いて

分析・記述する経験的手法がより重視され始めている（西阪, 1997, 1998, 2001a, 2001b；浦野, 1999；前田, 2008；松島, 2005 等）。本節では、経験的な研究を行う際に焦点となる「レリヴァンス（有意性）」について詳述したのち、いくつかの先行研究を紹介する。

3.1　レリヴァンス（有意性：relevance）

「今朝ね、自分の部屋に入ったとき、デスクを見て自分のデスクだと改めて認識した？」と聞かれたなら、―たぶん私は、「もちろんだよ」と言うだろう。けれども「あらためて認識したよ」と言えば誤解を招きかねないだろう。デスクのことはもちろん知らないわけではなく、それを見ても驚きはしなかった。部屋に入ったら、誰かがいたり、見知らぬモノがあったりしたら、驚いただろうけれど。

PI§602：305

　日本における記憶概念のエスノメソドロジー的な先行研究を概観する前に、重要な説明装置である「レリヴァンス（有意性：relevance[16]）」について説明する。この概念は、「記憶概念」に対して研究者の先入観を取り除く上で重要な概念である。
　我々は、間主観性に基づいて他者の内情を他者に述べると理解される発話をたびたび行う（何かを頼んだ際に、しかめっ面をした相手に対し「あ、今面倒くさいって思ったでしょ」等）。一方で、主観的な内情の推察は、無限の解釈と無限の議論後退を引き起こす（松島, 2005）[17]。それを解消する重要な概念が「参与者の指向に基づくレリヴァンス（有意性；relevance）」である。ある人を「X している」と記述するためには、なによりも当の活動に従事している参与者自身が状況において証拠立てられる形で例証されなければならない。
　西阪（2001a）によれば、「記憶」は、「そのつどの状況に特有の様々な偶然的条件に依存しながら、そのつどの活動にレリヴァントなしかたで達成」さ

れる。たとえば「忘れちゃった」と述べることに忘却概念を適応されるかどうかは、参与者自身が身を置くその環境や状況に依存する。

たとえばパートナーが「えぇ:::忘れちゃったなぁ:::」と言う時、その発話の記述になにが最適かは、いつのことを/何を忘れたか等の状況に大きく依存する。例えば「結婚記念日」や「今日出かけたときのマフラーの色」を忘れたと述べれば、それはパートナーへの「無関心の証拠」だと取られるかもしれない(Coulter, 1979=1998:129)。また、結婚間近のカップルのどちらかが「両親に会いに行く日」を忘れたと述べれば、それは「結婚への無関心」や、「相手の親族への無頓着な態度」を表しかねない。

例えばこれら状況に認知主義的記憶観による「忘却」、つまり貯蔵された情報の喪失、という概念を当てはめようとしても、上手くいかない。例えば、相手は「(あなたは)結婚記念日を忘れちゃったのね」とパートナーは言うかもしれない。しかし、それでもやはり「あなたが結婚記念日を想起できないこと」それ自体を【確認】しているのではなく、「結婚記念日を忘れるなんてあなたひどいね」という【皮肉】に聞こえてしまう。この場面における「忘却」の概念それ自体は、この状況では以上のような形で「レリヴァント」なのであり、認知主義的記憶観的な形で、ではない。ここでの参与者にレリヴァントなのは「結婚記念日をパートナーは知っているはずだ/べきだ」という知識の社会構成員的前提・規範なのである。

もちろん、認知主義的記憶観と関係がない、という事は即座に記憶概念が存在しないことを意味しない。我々は確かに、様々なことを記憶している。例えば「ヘモグロビンが何をするか覚えてる?」と聞かれたら、我々は「もちろん。体に酸素を運ぶんだろ?」と記憶(しかし著者はこれを「知識」と呼びたいが)に基づいて答えることができる。

しかし、やはり発話は状況に依存する。例えば、授業開始直後に先生が生徒に「ヘモグロビンが何をするか覚えてますか?」と聞く場合、この発話は前回の授業の復習という活動であると理解され、これから導入する教科項目に関わる「前置き」という使用法である。ここでは、┃先生-生徒┃という立場(成員カテゴリー:membership categorization:5章1節も参照)ならびに、

教室場面がレリヴァントに働いている。

　一方で、例えば病院で、貧血症の患者が診察室で心臓外科医に「先生、ヘモグロビンが何をするか覚えていますか？」と尋ねるとしたら、我々はそれを異常な事態だと感じるだろう。「あなたは医者なのに、ヘモグロビンの作用も知っていないのか」というように、【非難】や【挑戦】として理解される可能性があるからだ。それぞれその場がどのような成員にあるかによって、"同じ"形式の発話であっても発話の行為（＝意味）が変化している。

　ではなぜ医師に尋ねるのは異常なのか。それは我々は、「記憶は"忘れる妥当性"があるときにおいて尋ねることができる」という規範性を持ち合わせているからだ、と考えられている。西阪（2001a：157-159）はこれを「忘却の規範性[18)]」と呼んでいる。一般人であればヘモグロビンの作用を再生できなくても理解できるが、心臓外科医がそれを再生できない事態は想像しにくいし、もしそうだとしたら、その人を医師と認定すること自体に疑問を抱くだろう。ゆえに、その質問自体が医師の資格を問うものとして働いていしまう、と説明される。

　また別の場面を考えてみよう。カウンセラーに「最近つらかったことを話してください。思い出しながらでいいので。」といわれて話すとき、それは「思い出すという行為」と「語るという行為」を交互、あるいは同時に行え、ということではない。むしろ、「順番に語る」こと、あるいは「順列が異なっても構わない」こと、という2種類の語り方を許容するようなものとして理解される。

　しかし、例えば日本語を母語とするものに「50音を言ってください。思い出しながらでいいので。」とは（心理テストや検査でない限りは）言えない。ある人が何かを「まさに思い出している」と記述するためには、その人が当該のことを「忘れているはずだ」という他者からの期待が必要になる。それゆえ、「50音を言ってください。思い出しながらでいいので。」ということは、それを忘れる可能性がある人にしか言えない。例えば日本語学習者や、あるいは認知症患者がそれにあたるだろう。そのような時を除いては、「50音を言う」ことは、【思い出している】と記述する必要がそもそもないので

50

ある。つまり、想起の概念が、その場でレリヴァントではない[19]のだ。

このように、参与者のレリヴァンスにのっとった記述は、研究者が、本来参与者自身のやり取りであるところに割り込むのを防ぐ手立てであると言えるのである。

経験的手法による記憶概念の公的な性質の記述

われわれは「考える」という言葉を、すなわちその用法を、ある状況の下で学ぶ、しかしその状況を記述するすべは学ばない。

Ｚ§114：213

さて、2節で説明したエスノメソドロジストらの仕事を日本語のフィールドにおいて引き継いだのが、西阪（1997a, 1998, 2001a, 2001b）や、浦野（1999）、前田（2008）らのエスノメソドロジストら、ならびに松島（2005）のような記憶概念と日常性の接点を模索しようとする社会心理学者である。日本における会話に関する記憶概念の研究は、「経験的」研究に重きが置かれてきた。そして、それは前項で説明した規範的規則性や、レリヴァンスの考え方のもとになされてきた。例えば前田は、以下のように述べている。

友人に「昨日言ったこと覚えている？」などと、実際に言われるとき、それは、「質問」というよりは、弱くとれば「確認」や「注意」、強くとれば「非難」でさえありうる。つまり、覚えているべきことを忘れている（かもしれない）とき、あるいは、覚えているなら行われているはずのことが行われていないとき、こうした発話がなされることがあるだろう。（中略）このとき、昨日その友人と行った三時間の会話の内容をすべて復唱しようとする人は、むしろ不適切なことをしていることにならないだろうか。

前田（2008：158）

第 2 章　記憶現象の取り扱いの変遷　51

　前田は、ここで実際の言語使用を想定しながら、記憶概念について言及し、なにがレリヴァントであるのかは、参与者と状況に沿った形で決定されることを示唆している。しかし、前田（2008）の研究の関心は医療場面にあるため、制度的場面の研究が多くなされている。

　また、西阪（2001a：161-165）は雑談の中の「なんだっけ」や「え::::と」等の「想起標識[20]」の発話を分析しながら、「記憶および想起」が「参与者たち自身に志向[21] されたものとして、つまりかれらの当面の活動にとってレリヴァントなものとして扱うことができる」と述べ、記憶と想起を「相互行為空間の組織化、参与フレーム[22] の組織化の一つのあり方」として捉えなおすことが可能である、としている。また、そのような記憶および想起が、「具体的な活動をなしとげるための道具立てとしてもちいられる」としている。

　例えば、西阪は以下の分析で「なんだっけ」を「いま想起しようとしている」と位置付けて記述している。

　　［引用者注：C が姉についての語りを始めるとすぐ、A が語りに登場する新しい本屋について「知ってる人」として割り込む。］
　　01　A：→そんでさ::あ,なんだっけ,サイン本とかいっぱいさ::[::
　　02　C：　　　　　　　　　　　　　　　　　　　　　　　　［うん,うん,うん
　　　　　（（中略））
　　03　A：売り出すからチャンスとかって<<雑誌>>とかに書いて[あった.
　　04　C：　　　　　　　　　　　　　　　　　　　　　　　　　［書いてあった?
　　　　　（（中略））
　　18 行目の「なんだっけ」という言い方によって、A は、自分の想起を有標化し、「いま想起しようとしている」ということを公的に観察可能なしかたで行っている。

　　　　　　　　　　　　　　　　　　　　　　　　　　　西阪（2001a: 161-162）

　西阪はここで「想起を有標化し」ていると述べている。さらに、ここで

Aがやっていることを、Cが語ろうとする事態を『語り合える人』として参
与フレームを変換させることで、相手に自分の知っていることを語らせない
手立てになっているとも述べている。

　さて、本研究の関心事である心的述語の使用に引き付けて述べるならば、
記憶に紐づけられた心的述語「忘れた」「憶えている」「思い出す」等と、「あ」
「えっと」「なんだっけ」等の「記憶」の表現が入れ替え可能ではないことが
以下の作例から明らかになる。

作例2.

01　A:→そんでさ::あ，今思い出してる，サイン本とかいっぱいさ::[::

　このように考える場合、「あ」「えっと」「なんだっけ」等の「記憶」にか
かわるとされている表現群（記憶標識）と、「記憶の心的述語」の使われ方は、
異なるのではないかという事が予測される。しかし西阪も前田も、語の種類
（いわゆる「感動詞」か「動詞」かどうか等）について積極的に論じることは
していない[23]。

　以上概観したように、多くの研究は①制度的な場面を取り扱っているか、
②日本語の心的述語について述べることはほとんどしていないといえる。し
かし、では、制度的場面はどのように記憶の心的述語の使用にレリヴァント
なのだろうか。次で確認したい。

「制度的場面」というレリヴァンス

　制度的場面と日常的な（非制度的）場面は、研究において大きな区別として
捉えられている。というのも、例えば医師－患者の診察場面において、そこ
では｜医師－患者｜という役割（＝成員カテゴリー）を用いることが常に可能
（omni-relevant）であるが、本研究が対象とする日常会話/雑談では、そのよ
うな枠組みの可視化は会話を通して行われることがほとんどであるからだ。

　制度的場面におけるレリヴァンスを分析に加味することへの効果的な分
析・記述が、松島（2005）である。松島は、記憶、特に忘却の社会性に焦点を

当てた研究である。松島は、高次脳機能障害者共同作業所におけるコミュニケーションの分析を行っている[24]。松島は、作業所の作業員間の「終わりの会[25]」におけるコミュニケーションにおいて、健常者である指導員が「忘れた」障碍を持つ人物(以下、松島に倣って「メンバー」と呼ぶ)に対し「忘却者」としてのラベリングを行わない/回避する様子を記述している。

　松島によれば、指導員は、会話参与者の中でメンバーが何かを「忘れた」際に、その人物を「想起しようとし続けている人＝想起者」として扱い、会話において「忘却者」にならないように留保するという指し手(語法や想起標識の利用、時間の拡張[26]、笑い等)を用いているという。また、同時に、メンバーも「忘れちゃ［＝ては］だめだよね」と「仮定法的な用法」を用いることで、「これから思い出すこと」を言語的に示し、自らを「想起者」としてラベリングしている、というのである。この共同的な想起への指向により、記憶は共同で想起され、共有されている、という、想起のネットワーク、共同体として生成されている、という記述である。

　松島の記述が示唆するのは、会話上の「有意性」と制度的場面であるという「場」が、いかに記憶概念と密接にかかわっているか、ということである。松島が試みているのは、参与者にとって「忘却」をいかにして「レリヴァントでないようにするか」というやり方の分析であるともいえる。また同様に、それはこの「作業所」の健常者－障碍者という成員カテゴリーではなく、「覚えている人」－「想起者」という参与者フレームがより有意なものとして現れるように仕向けている、という役割に関する参与者のやり方の分析でもあると言えるのである。

　この分析には場の制約が"効いて"いる。「有意でないようにする」という分析は「健常者－障碍者」というカテゴリーがその場に下敷きとしてあるという分析である。それは、この場が「高次脳機能障害者共同作業所」であることを前提としているということと一致する。まさに健常者の指導員が、「想起者であるとし続けること」によって「支援」している様子を記述しているのである。

　さて、これまで前田、西阪、松島の分析を概観してきた。本研究で対象と

する日常会話(雑談)を見ると、いくつかの基本的な態度、それによる困難点が予測される。

1つ目は、参与者自身のレリヴァンスを尊重した分析がなされるべきである、という態度である。これにより、研究者にはデータに寄り添った記述が要求される。

2つ目は、1つ目とも関係するが、その場でどのように参与者が自らの参与を指向しているのか、ということを参照することである。ただし、本研究の興味である雑談場面での参与フレームは、それが制度的な場面ではないがゆえに、その場の話題や参与者に密接に関係する。分析の際、それが本当にレリヴァントであるのかを証拠づけるための十分な証拠の提示が、研究者には求められる。

さらに、これら2点の態度は、認知主義的記憶観と折り合いが悪い。次項では、それが原因となって起こった論争に関して取り扱う。

3.2 言説心理学とエスノメソドロジーの「認知」に関する論争

> 記憶。「われわれがそのテーブルを前にして坐っているありさまが、私にはまだありありと見える。」—しかし、私は本当にその時体験したのと同じ視覚像—あるいはそのうちの一つを、体験しているのか？ また私がその机と私の友人とを、その時と同じ視点から見ていること、すなわち自分の姿は見えていないことは確かなのか？ —私の記憶像は、そのとき撮影され、今私に当時の状況がどうであったかを証言する写真のようなものとは違って、その過去の状況の証拠にはならない。記憶像と、言葉で表わした記憶とは同じレベルにある。
>
> RPP1§1131：398

これまで、日常言語学派からエスノメソドロジー・会話分析に至るまで、心/記憶の公的性質を記述することで、認知主義的記憶観の解体が行われてきた。記憶の公的性質は、認知主義的な記憶観と折り合わないことが、主張

第2章　記憶現象の取り扱いの変遷　55

され続けてきたのである。その最中の 2000 年初頭、実験主義心理学へのア
ンチテーゼとして出発した「言説心理学(Discursive Psychology)」と、エ
スノメソドロジーの間で論争が行われたことがある(以下、EM-DP 論争)。
本節では、この論争の争点を概観することによって、研究の立場が記憶概念
の理解に与える影響を説明する。

　この EM-DP 論争は、まず Human Studies 誌上で行われた。ことの発端
は、エスノメソドロジストの Coulter が Human Studies 誌上で発表した論
文 Discourse and Mind(邦訳:「談話と心」)(Coulter, 1999=2000)である。

　この論文で Coulter は、実験心理学への批判として、会話分析・談話分析
の手法を取り入れた談話分析の一分野である言説心理学(DP)、特に代表的
な研究者である、デレク・エドワーズと、ジョナサン・ポッター(特に Ed-
wards & Potter, 1992)に対して、彼らの分析が(新)デカルト主義・認知主
義的で、心的な概念の「存在」を前提にしながら会話の分析を行っているこ
とを批判した。ライルがすでに批判した、「心」に対置される "なにか" が、
概念としてヒトの頭/脳の中に存在するという言説心理学の前提を、Coulter
は批判したわけである。

　Coulter は特に、Edwards らが心的動詞や表現(in my mind)などを心的プ
ロセスが表出した話し方 way of talking であるととらえていることが、言説
心理学の根本的な問題であると指摘している(ibid : 168)。「表出している」
と記述することは、精神的・認知的なものが言語を用いる背後に存在する(つ
まり「心・頭の中に存在する」)ということを前提としていることに他ならな
い。すなわち「私は心の中で考えた」というときに、あたかも「心」という
場所が存在し、その "中" で考えた、というように「心」の概念を実在論的
に考えていることを指摘しているわけである[27]。

　また、ライルによれば、「心の中で考えた」という際、それは一種の「過
度に洗練された over-sophisticatedly 比喩表現」であり(Ryle, 1949=1987 : 28)、
心的なプロセスとは関わらない。Coulter もそれを援用し、「心という場が
ある」という想定がすでにライルによって覆されていることを指摘し、もし
言語使用に関する研究をそのようなスタンスで行うのであれば、言語的研究

56

は「重要な事柄はすべて認識科学［＝認知科学］の手の内に残ることになり」、それが表出されたものをあつかうという「せいぜい脇役に過ぎないすぎないもの」になってしまうと警告している（Coulter, 1999 : 165-166=2000 : 127）。

　エスノメソドロジーにおいては、先述の通り、その場その場の局所的な語の用法が、第一義的であるとされる。それは Edwards（1997）自身が主著で参考にしていると明記している会話分析 Conversation Analysis で取り入れられている考え方でもある。Coulter はその一義性についての誤解が、DP のプログラムにはあると主張しているのである。

　反論（Potter & Edwards, 2003）で DP 側は、これを誤解だと反論した。DP が経験主義的研究であることを再度主張することで、Coulter が全くデータを研究に取り入れていないことなどを批判的に論じた。

　しかし、再反論（Coulter, 2004）で Coulter は、データを用いてしか論じない態度を揶揄し[28]、さらに経験的であることを主張するなら語用論や会話分析（CA）との違いを見いだせないと指摘し、DP という研究分野自体の存在意義を問うている。

　DP はその後、反論の場を CA を巻き込んで Discourse Studies 上に移すことになるが（Potter, 2006）、それについては次節で述べたい。その後、Potter と Edwards は Coulter（2005）を、*The Handbook of Conversation Analysis* (2012) の中で以下のように引き合いに出している。

　　　［訳注：CA と心理学的分野の］可能性は広がっている。［訳注：しかし］極端（radical）な何人かのエスノメソドロジストたちはライルとヴィトゲンシュタインの哲学を支えにしながら、認知主義者の成果を概念性に一貫性のないものとして外に締め出している（Coulter, 2005）。（中略）この極端な態度が陥る危険性は、横断的な研究分野における生産的な対話の可能性を排除してしまうことにある。

　　　　　　　　Potter & Edwards（2012 : 724）［訳は引用者による］

　DP は心理学内での実験主義へのアンチテーゼから出発し、のちに CA の

第 2 章　記憶現象の取り扱いの変遷　57

手法を応用したために、新デカルト主義的な実験心理学的前提と、経験主義的研究である CA の二つの手法が近接する分野である。実際に、DP の目的の 1 つは以下のように説明されている。

> 　DP は心理学的テーマが、（公然と示されていない時においても）どのようにマネジメントされているのかを検証する。**DP 研究者は主体性や意図、疑い、心情、偏見、コミットメントなどが行為やイベント、目的や人、状況において、'非直接的に'構築され、利用可能にされ、あるいは反駁されているのかを探究する。**（中略）これらは DP の探究にとって基礎的な考え方である「事実と説明可能性」である。そこでは、研究者によって実際に起こった出来事がどのように心理的状態やその帰属に用いられているのか(<u>またはその逆 vice versa</u>)が示される。
> 　　　　　　　　　　Edwards & Potter (2005 : 242)［訳、強調、下線は引用者］

　ここで注目したいのは DP が「心理学的テーマがどのようにマネジメントされているか」を(一つの)目標に据えているという研究動機にある。しかし、「心理学的テーマがどのように扱われているか」を見ることは、「心理学的テーマ」に基づく概念が存在することを前提にデータに接することになりかねない。この態度は、参与者のレリヴァンスを無視したり、別のレリヴァントな要素を排除してしまう危険性を含む。このことは、エスノメソドロジーが研究方法として用いる会話分析が基礎とする動機無き検証 unmotivated examination (Schegloff, 1996 : 172) や、その場のレリヴァンスが分析の柱であるべきだという考え方に背反する危険性と隣り合わせである。

　また、「またはその逆(vice versa)」という文言は、ある心理的状態や属性が、どのように実際に出来事に利用されるのか、という原因・結果関係への「転倒」を示唆している。これは、結局は人の私秘的な思考・意図・記憶が行為を引き起こしている、という認知心理学と変わらない現象の把握を(証拠が示されているにせよ)生み出してしまう危険もある。おそらくこの混乱は、DP 内に会話分析と談話分析的手法という、立場の全く異なる二つの手

58

法が混在していることがあるが、Coulter は、Edward と Potter のこのような選択的盲目を批判しているのである。

レリヴァンスと「想起する」こと

> 私がこのテーブルについてしゃべるとき、—私は、これが「テーブル」
> と呼ばれていることを思い出しているだろうか？

PI § 601 : 304

「想起 recollection」についてレリヴァンスなく論じることは、危険を持つ。例えば、人は一言一句を思い出して話しているのではないか、といったものだ。「私今日スパゲティー食べたいな」というとき、「私」「今日」「スパゲティー」という具合に、それぞれの語を思い出している、という主張である。

　しかし、そうなってしまえば、会話のすべてが想起しながら行っていることになってしまう。Coulter (1999) が指摘した Edwards の誤謬にも、語り story-telling がすべて想起とかかわる、という前提に立っていることが挙げられている。

　全て思い出しながら話している、という想定は、「記憶」概念にとっては精確ではない。例えば、話し手が「昔、ウィトゲンシュタインっていう人がいてね」という話をひとしきりした後に、その話を聞いていた聞き手が「ねえウィトゲンシュタインって人のことを思い出していたの？」と話し手に問えば、話し手は混乱するだろう。まず突然このような質問をされること自体が「不自然」だと我々は感じる。ここでさらに「じゃあ思い出してないの？」と問われれば、「もちろん思い出していたよ」と答えざるを得ない。そのように質問されれば「思い出す」という表現と、語りを関連付けて記憶として理解するレリヴァンスが発生するが、そうでなければ記憶概念はレリヴァントではないのである。

　となれば、「昔ウィトゲンシュタインっていう人がいてね」というときに、

第2章　記憶現象の取り扱いの変遷　59

それがウィトゲンシュタイン（という人物であれ言葉であれ）の想起に関わっているという前提が、研究者の論点先取であると考えざるを得ない。「昔ウィトゲンシュタインっていう人がいてね」と「語り」を始めるとき、彼は「ウィトゲンシュタイン」を思い出しているわけではなく、これからウィトゲンシュタインのことを説明することを【予告】しているのである。

　それは例えば昔のことを話す、ということもそうだろう。我々は昔のことを話す、という行為について内省するとき、頭の中から情景を引っ張り出している、なにか心象のようなものを出している、と認知主義的記憶観に基づいて自省的 introspective に事後的に考えてしまう。

　しかし、「語る」ことについて、それが記憶とかかわるかは、その場の状況で証拠立てて示されなければならない。ライルは想起を「示す」ことであるとしていたが、物語を語るとき、人々がやっていることの一つは「習得したことが失われていないこと」を示すことなのであり、脳内を知覚することであるとは言えない。Coulter も次のように述べている。

　　　　［訳注：エドワーズの仕事を引用した後に］ここで注目したい重要な
　　　点は、エドワーズが「思い出すという行為」と、記憶を順序だてて詳し
　　　く述べる行為とを混同していることである。しかし、ライルが五十年前
　　　に指摘したように、後者のようなものは存在しないのである。思い出す・
　　　覚えている（remember）ことは行為動詞ではなく達成動詞に近い。思い
　　　出す・覚えていることは起きてしまったことについて誤りがないことで
　　　ある。そして、そのようなものは「成功動詞」といわれ、「競技をする
　　　こと」ではなく「勝利すること」に似ており、また、「旅行すること」
　　　ではなく「到着すること」に類似している。
　　　　　　　　　　　　　Coulter（1999=2000：130-131）［下線は引用者による］

　ここで Ryle-Coulter の言う「達成動詞」とは、「過程動詞」や「失敗動詞」と対比される（西阪 2008：32-34）動詞タイプを表す。ここで Coulter の主張の重要な点は、「思い出す」という心的述語が表す行為に過程は存在しない、

60

ということである。それを証拠に、私たちは「一時間走り続けていた（過程動詞）」ということは出来るが、「1時間思い出し続けていた（達成動詞）」ということは出来ない。つまり、「思い出した」と述べることは、「過去について誤りがないこと」を示すことそのもの（RPP1§1131）なのである。

　ある人が「思い出」を語る際、彼は「記憶を順序だて、それに加えて、語る」という二つの行為をしているわけではなく、単に「思い出について語る」という一つの「示す」行為を行っているにすぎず、そこに記憶概念はレリヴァンスを持たない。にもかかわらず、エドワーズは「想起」という活動と「語る」という活動とを、前－分析的に恣意的に分割し、混同してしまっている。それをCoulterは批判しているわけである。

　以上で見てきたように、エスノメソドロジーならびに会話分析のレリヴァンスという考え方と、DPのプログラムは、その研究動機の根本的部分において、さまざまなズレを含んでいた。それをCoulterは論争で指摘したということである。しかし、この論争はコンセンサスを得ることなく霧散してしまった。

3.3　記憶概念に関する会話の研究と、会話分析の穏健路線

　しかし記憶はどこに属するのか。そして注意は？　人はある状況や出来事を一瞬のうちに思い出すことができる。したがってそのかぎりにおいては、記憶の概念は一瞬のうちの理解や決心の概念に似ている。

RPP1§837：301

　エスノメソドロジーと言説心理学との間で行われた論争について、会話分析は独自の路線を進んでいる。本項では、会話分析（CA）研究の中でも、特に「記憶」に焦点を当てたものを概観する。同時にその中で問題になりうる「記述」する際の用語に関する論争を紹介し、本研究の課題を挙げる。

　エスノメソドロジーと共通する基盤を持ち、より会話を経験的に分析する研究手法に、会話分析がある。研究手法については3章に譲り、本節では、

第2章　記憶現象の取り扱いの変遷　61

会話分析研究における記憶に関する記述を概観し、関連する論争を紹介する。

　研究史上早い段階で、会話分析の立場から記憶概念について述べているのは Sacks（1992）だろう。彼は 1968 年秋の講義で、英語の "I remember" が他の参与者の語りへの【遮り】を適切なものにするための手段になっている様子を述べている。さらに、Sacks は講義終盤で、受講生が尋ねた「記憶と会話組織には関係があるのか」という質問に対し、「記憶が会話組織を参照しつつ組織化されている可能性があること」を「素晴らしいものだ awesome one」であると表現し、記憶と会話組織との関係についていくつか補足[29]した後、以下のように答えている。

　　いずれにせよ、授業で紹介したタイミングと、トピックに関することと、思い出すことを誘う事の効果に関する小さなコレクション以外は、私にはまだ記憶と会話組織の関係について話す準備は出来ていません。ただし、チャンスができたら［頭に浮かんだ］そのことについて素早く話さないと忘れてしまうということを考えると、その記憶というのは会話の組織にかかわりを持っている（that memory is at the service of the organization of conversation）と言えると思います。それから、逆に言えば、会話の組織が、心理学的にせよなんにせよ、記憶が動作する際の制約を映しているということも、可能性として除外できないでしょう。
　　　　　　　　　　　　Sacks（1992=1995, vol.2：29）［訳は引用者による］

　これまで見た先行研究から述べれば、サックスの立ち位置は「穏健」とも呼ぶべきだろう。サックスは、「突然に頭に浮かぶ」という認知主義的記憶観は人々が実際に使っているものの一部であり、抵抗するべきものではないようだ。また、サックスは「会話が記憶に影響する」という方向と同時に、「記憶の（心理学的/生物学的）メカニズムが、会話の組織に影響を及ぼしている」可能性も否定していない。ただし、同時に、会話分析はレリヴァンスに基づく記述を採用している。ゆえに、「内的な「精神」や「無意識」、あるいは「認識[30]」過程、「認識」メカニズム、「認識」の働きといったものに、

いっさい依拠しない(Coulter, 2005 : 144 : 下線は引用者による)」。ここにおいては、サックスと Cculter の間で会話分析という手法の認識に違いがある[31]。

Coulter によれば、会話分析においては、会話の参与者の内情を推定して、「このように認識している」とか「無意識でああ述べている」などという記述は一切行わないという立場である。記憶に引き付けて言えば「この人は今 X を忘れている」という記述は行わない。

その一方で、サックスが(そしてそのあとに続く多くの会話分析研究者たちが)特定の活動がレリヴァンスで証拠立てられる場合においては「X として認識していることを示す」や「Y を想起していることを示している」という記述は行う、という立場である。

認知主義への会話分析研究者の見解

このいわば認知主義的記憶観を土台にしつつ、心の"公的な"側面を記述するという研究の方向性、これは穏健路線[32] といえる。このスタンスは、会話分析の中でメジャーなものである。会話分析者である Drew(2005)は、以下のように述べている。

　　最も過激 radical な人々［エスノメソドロジスト］は、心と行為という二面性を真っ向から否定している。それは、心的な状態を推測することが、行為に埋め込まれたり、その表れであったりすることが意味をなさないとしていることなどに代表される(Melden, 1961 ; Ryle, 1963 ; Coulter, 1979)。しかし、会話研究をする者たちは、認知的なアプローチを否定するほど過激ではない人たちだろう。まず、我々は会話での話者たちの言動から、なにを考えていたのか、何を感じていたのかを知ることはできない。彼うの心的状態は言葉からは不透明なのである。さらに、通常、システマティックに組織される会話や相互行為は、いかなる会話に参加する独立の参与者の(心的状態を含む)いずれの前提からも独立して示されている。

Drew（2005：161）［訳・下線は引用者による］

　このように、会話分析では、心的状態の前提は否定されないが、しかしいったん分析の前提から外される、ということになる。相互行為言語学者の Enfield（2013a=2015）は、会話分析の方法論について以下のように述べている。

　　会話分析などのアプローチでは、やりとりのデータを個々人の内的な状態（たとえば「不安なふりをしている」あるいは「目立ちたがっている」など）によって記述することを目的とすべきではなく、むしろそのような内的状態のサインとして理解できるような外的な行動（たとえば「uhm と言うことで、ターンの開始を遅らせつつも自分がターンを取ることを主張している」とか、「聞き手の全員が理解できるとは限らない専門用語を使っている」など）によって記述するべきだという方法論上の考え方がある。

Enfield（2013a=2015：137）

　ここで注意したいのは、この言及は内的 – 外的という二元論的理解の上に成り立っていることである。さらに、Enfield は以下のようにも述べている。少々長いが、会話分析における立場を的確に説明しているので、ここに引用する。

　　…認知をモデル化しようとするならば、どのようなモデルであっても、何よりもまず行動によって根拠を与えられなければならない（（中略））。逆に、行動をモデル化しようとする場合も、何らかの形で認知を参照しないわけにはいかない。しかしそれがどのような形で実際に展開していくかはそれぞれの分析上の伝統によって異なる。スティーヴン・レヴィンソンの言葉に「相互行為的ディスコースを分析する際に、認知的側面を人のコミュニケーションの全体像に統合することは恐れるべきことではなく、そこから得るものは多くある」とある。さらに、そのような研

究は、認知という側面を忌避するのではなくそれに迫ることによって、そして認知が表象的・心的な事象であるのと少なくとも同程度には動的・外的な事象でもあることを示すことによって、認知の研究に積極的に知見を提供できるのである。

　人間の社会的行動を分析する際、会話分析の手法を使って行うにしろ認知心理学的実験を行うにしろ、<u>私たちは外的行動を用いて、目に見える行動をうまく説明できるような志向的状態について推測する</u>。多くの分析者が特定のムーブの観察によって信念や志向的状態についての結論を導くことを避けたいと考えるのには正当な理由がある。しかしここで私がはっきりさせておきたいことは、<u>「認知」はやっかいなものではない</u>ということである。レヴィンソンが書いているように「会話分析は参与者自身の理解に重きを置き、また聞き手に配慮した発話デザイン（recipient design）や投射[33]（projection）といった原理を採用しており。反認知的であるなどとは言えない（Levinson, 2006）」

Enfield（2013a＝2015：139）［下線は引用者による］

　Enfield も、会話分析者の Levinson（2006）も、認知主義に大きく振れている。Levinson は"人間の相互行為の中心としての認知（Cognition at the heart of human interaction）"と題した論文の中で、言語には①個人の認知のレベル、②相互行為のレベル、③社会−文化のレベルの３つのレベルがあることを想定している。この三つは連続的ではありながらも、しかしそれらを分けるのは「個人の心理とコミュニケーション上の相互行為を考えるにあたって明瞭な道筋 a clear-headed way を示してくれるから」であると述べている（Levinson, 2006：91）。

会話分析における記憶概念の分析・記述

　では、認知−外的行動を同時に観察し、日常におけるシステマチックな行為や組織を記述することはどのように可能なのか。Enfield の主張の例として、Goodwin[34]（1987）を挙げることができる。Goodwin は、Social Psychology

Quarterly 誌に "Forgetfulness as an Interactive Resource（相互作用資源としての忘却）" と題した論文を発表している。この中で、以下のようなデータを参照しながら、言葉探し word-search 中の参与者の視線配分に注目している。

```
 1  Mike:     I was watching Johnny Carson one night
                  (「ジョニー・カーソン」をある日の夜に見てたんだけど,)
 2            en there was a guy by the na- What was
                  (そこに男が-何だっけ)
 3            that guy's name. [Blake?
                  (あの人の名前.ブレイク?)
 4  Curt:                     [The Critic.
                                  (批評家の.)
 5  Mike:     Blake?
                  (ブレイク?)
 6  Mike:     [No.
                  (いや.)
 7  Pam       [A no-
                  (んいや.)
 8            (0.6)
 9  Mike:     Rob[ert Blake?
                  (ロバート・ブレイク?)
10  Pam:         [Reed?
                  (リード?)
11            (0.2)
12  Mike:     Er somp'n like 'at. [= He was-
                  (とかそんな感じだった.=彼は-)
13  Pam:                         [Robert Reed.
                                  (ロバート・リード.)
```

Goodwin（1987：125）［訳は引用者による］

　Goodwin は、マイクが 3 行目に（データ中は発話していない）配偶者のフィリスのほうを見ていることを報告し、同じ番組を見ていた可能性の高い配偶者に視線を移動させることで、その人を「知っている人」として扱っている、

と記述している。Goodwin は以下のように結語を示している。

　　今回検証したデータによって、不確かなことを示すことがどのように
して相互行為的に組織される社会的組織を引き起こすかということのい
くつかを紹介することができた。[あることを]知っている参与者に不
確かであることを表示して[情報を]要求することは、話の中の、例えば
共有する経験が多いカップルなどの立場によって生じるシステマティッ
クな問題と、会話中に起こる局所的な不測の事態への対応の双方に対応
するためになされていた。

　　　　　　　　　Goodwin(1987 : 128)[訳、注釈、下線は引用者による]

　Goodwin の分析で重要なのは、「忘却」とも記述できそうな発話を行って
いる発話者が、単に自らの心的状態を報告しているわけではない、という事
である。3 行目でマイクは、独りで言葉探しをするよりも、他の人にそのこ
とをゆだねる方法を採用(ibid : 120)しているというのである。これは記憶、
特に忘却あるいは記憶の不確かさが他に示されることによって、どのような
社会的働きが起こるのか、という事を解明しようとするものである。
　しかし、記憶概念の記述との関係で言えば、Goodwin の分析は、「忘却 for-
getfulness」を「不確かさを示すこと」あるいは「言葉探し」と言い換えて
いるが、その記述用語の厳密な使い分けは丹念に語られているわけではない。
つまり Goodwin もここでは、認知主義的な観点は考慮に入れておらず、あ
くまで証拠立てられる限りは穏健派である。
　さらに、Drew(1992)の記述からも同様のことが指摘できる。Drew は法
廷でレイプされたとする原告が証人台で証言する際に「(I)don't remember」
と発話する際には、さまざまな理由から承認 confirming と否定 disconfirm-
ing の両方を避けることに用いられている、と述べる。
　例えば被告人の弁護士が被害者に、レイプされた際の気温や車にスポイ
ラー(車後部に装着し車体の浮き上がりを防ぐ装置)がついていたかどうかを
反対尋問する場合が挙げられている。その際、気温や車体について詳しく述

べてしまうことは、後に物的証拠等によって覆された場合に、原告の一貫性が崩れてしまう危険性を含む。また、そのことで、信頼性のない証人として裁判官の心証（松島, 2002）を損ねるかもしれない。それに対し、「覚えていません」と述べることは、承認と否定のどちらもを避けることができるのである。そのような戦略的な価値を「I don't remember」という使われ方は有している、とDrewは分析している。Drewは以下のように述べている。

　　「覚えていません（I don't remember）」という反論連鎖は、承認を避けるだけでなく否定することをも避ける方法として用いられている。そしてそう述べる事で、弁護人によって出された出来事の一つのバージョンに挑戦したり、却下したりすることを避けながら、しかしそのバージョンを少なくともその時においては無効化できる。この方法は弁護人が用意していたそれ以上の質問をすることを抑止しつつ、その質問に直接反抗しない方法でもある。しかし、「覚えていません」という反論は「認知的状態（cognitive state）を宣言する」という特別な内容を持っている。それ以上に、比較的頻繁に「詳細」について聞かれたときに用いられることに気付く（後略）。

　　　　　　　　Drew（1992：481-482）［注、訳、下線は引用者による］

　Drewは下線部で示された「認知的状態を宣言する」ことについて、それ以上詳細に言及はしない。しかし、それが存在するということを否定してもおらず、"極端な"エスノメソドロジストとは異なり、やはり「穏健」路線なのである。

　最後に、You（2015）を見よう。Youは、33例のアメリカ英語"remember"が用いられる状況を、会話分析の方法を用いて研究している。Youの研究は、記憶の心的述語の使用を分析・記述している点で、本研究と同様の興味を持っている。Youは"remember"が用いられる際の行為状況 action environmentには3種類がある事を報告している。rememberに該当する箇所に下線を記した。

①挑戦に対する挑戦 counter-challenges
　e.g. ダンスに行っていたことを知らないというパートナーに対して、「数か月前に僕がダンスに行ってたこと君も<u>覚えてる</u>だろ？」と認識チェックするとき
②相手の宣言への同意 claim-backing
　e.g. エドナという人物を好評価した直後に、「手術の時にケヴィンのスウェットを切っちゃった時のこと<u>覚えてる</u>でしょ，それですごく焦っちゃって，でもエドナに持って行ったら直してくれたの」と認識チェックするとき
③道教え direction-giving
　e.g.「サラとアプリルが住んでいるところ知ってる？」と聞いた後、相手の反応が芳しくないときに「最初に見える牛の見張り台って<u>覚えてる</u>？」と認識チェックするとき

　You は、これら全てが認識チェック recognition checks に用いられる事を述べている。You はさらに、"remember" を用いて「共通に保持する知識 shared knowledge」を持ち出すことは、remember を発話する話し手の行為の軌道 course of action を達成する実践でもあると述べている。
　You の指摘は非常に興味深いものであり、また、本章の結論（8 章）とも強い連関を持っている。ここではまず、You が認識/認知を取り入れた記述を行っていることを確認されたい。

記述する際の用語の問題
　このような CA の「穏健路線」は、前節までを加味して考えると、混乱を引き起こす。Coulter（1999=2000）は DP を批判した際に、DP が認知主義を研究の土台にすることは、言説的な研究が「せいぜい脇役に過ぎないもの（p.127）」になってしまうと表現していた。CA にも「譲歩している」と評価しそうな研究がある。例えば、先述した You（2015）は様々な先行研究を参照したのちに、以下のように研究の対象を述べている。

第2章　記憶現象の取り扱いの変遷　69

　　疑問が及ぶのは、参与者によってターンバイターンの会話の中で<u>どの</u>
　<u>ようにして社会的記憶または認知が宣言され、挑戦され、表示されるの</u>
　<u>か、</u>また、<u>知らないという認知的状態が知っている状態へ変換</u>するのか、
　さらに相互行為の中でどのように知識が知っている―知らない状態だと
　推定されるのか、という事になる。

You（2015：240）［訳、下線は引用者による］

　この引用から、You にはすでに[35]、記憶と認知を同列に私秘的・内部的
な過程として扱っており、それを「宣言」したり「表示」したりするもので
あるという前提として語ろうとすることがあらわれている。これは、認知主
義的記憶観（という言語ゲーム）を（前－分析的に）採用する、という宣言で
あるともいえる。
　また、須賀（2018：56-57）は、指示詞の会話分析的研究において、相手と
共通の知人を話題で取り出す際の実践である「認識要求」（串田 2008）に関
してこのような記述をしている。

```
(3-1)   [CallHome Japanese 2209]
03   X1→B:   [尾]賀さんって>おらっしゃった<で[しょう.]
```

（（引用者中略））

　　3行目でBはAに「尾賀さん」という名前の人物のことを覚えてい
　るかどうか確認を求めている。

須賀（2018：56-57）（データ前後を紙幅上省略）

　ここで須賀（2018）は「って>おらっしゃった<でしょう。」という発話が、
「覚えているかどうかを」を【確認】していると記述している。しかし、こ
の記述は「って覚えてる？」に適応しようとすると、「「覚えてる？」という
ことは、名前の人物のことを覚えているかどうか確認を求めている」と同語
反復を一部含んでしまう。
　同様の表現を扱った Smith et al.（2005）にも、以下のような記述がなされ

70

ている。

(8)
B : *there's* that lady *remember* that lady that he saw on the ship?
  (そこにあの女の人が、彼が見た船にいた女の人、覚えてる？)
A : uh huh

…彼女（引用者注：B）は *remember* というメタ認知装置（metacognitive device）も利用している。（中略）これらのデバイスは、まちがいなく聞き手に対してこれらの記憶を活性化するのを意図して用いられている。
  Smith et al.（2005 : 1877）［強調等ママ、訳は引用者、前後を省略］

　Smith et al.（2005）はここで、動詞 remember に対して認知主義的記憶観を用いた「聞き手に対してこれらの記憶を活性化する」という同語反復的な記述を行っている。同様に、須賀（2018）も英語におけるこのような発話を「聞き手に記憶の中から指示対象を想起するように促すリマインダーの役割を果たす」としている。
　しかし、Ryle（1949=1987 : 402）は、例えば「想い起こす（recall）」という語は「すでに取得しておりいまだに忘れていない」という「達成」を示すのであり、「認識行為ないし認識過程として、知覚することや推論することと同等に並ぶ」ようなものではないとしていた。それと比べ先行研究内の行為記述は、行為が「達成」またはその要求として記述されているとは言えず、参与者の指向から例証できない内的な記述である。

言説心理学からの反論と記述用語
　これら研究は、心的述語が用いられている実践をどのように記述すべきか、という「記述用語」の問題という意味で、言説心理学（DP）との論争を想起させる。
　「意図」等の認知的な言葉を、記述に利用すること自体への批判を行った

のは、実は EM-DP 論争で DP 側であった Potter（2006）である。この時期すでに Potter は、Coulter によって DP という分野の存在を根底から批判されていた。ここで Potter が行った Discourse Studies 誌上で行った会話分析への批判では、Drew（2005）に会話分析を代表させながら、Drew の分析が認知主義的であるということを暗に批判している。

　Potter は実践を記述するための語（自然言語）には限りがある、という。ゆえに、会話分析は、認知主義的な色を帯びる語の使用を制限するジレンマに陥っている、と述べている。会話分析はそのジレンマを言い換え（意図：intention→志向：orientation 等）によって解消していると批判[36] しているのである。

　このことは、少なくとも会話上の研究では、このように「記憶」や「想起」をどのように記述するべきかについて、丁寧な議論が行われていないことを示している。「記述」を研究の基本的手法に位置付ける会話分析において（串田・平本・林, 2017：16-17）、その用語についての選定に関する議論の場を設けることは必要であるだろう。

　ただし、この議論をデータの検証なしに行うのは、本末転倒になってしまうおそれがある。先の Enfield は、「認知を怖がっている」会話分析者に、以下のように説得を試みている。

　　たとえば私がラオスの村で実際に聞いた次のエピソードについて考えてみよう。2人の男がイノシシを狩りに森へ入っていく。2人はしばらくの間森の中で離ればなれになり、お互いがどこにいるのかわからなくなった。1人が濃い茂みの中を歩いているとき、別の1人が、その茂みが動いているのに気がついて—その正体がよくわからないまま—その方向に向かって銃を撃った。銃弾は友人の足を直撃してしまった。これに対する単純な説明は、銃を撃った側は、イノシシを撃ち殺したいという望みと意図があり、友人の動きをイノシシの動きだと誤って思い込み、イノシシを撃つつもりで引き金を引いた、というものである。また別の説明—彼はその男に恨みを持っており、過失を装って撃とうと思った—

には、予期的スタンスに基づいたより複雑な意図の帰属が含まれる。
（中略）

　要約すると、他者に対するアクセスは、<u>観察されうる身体的な記号を通じてのみなされるのであり、そのような記号を通じてのみ、私たちはその人の信念・願望・意図・他者の解釈を暗黙のうちに予期する能力などについて推測し、それをその人に帰属させることができる</u>。そのような帰属をすることは、他者の行動を理解するのに最も効率的な方法である。どんなに〔志向的状態の記述に関して〕懐疑的な人であっても。もしも自分が妻の誕生日を忘れてしまったり、森の中で道に迷ったり、冤罪で死刑を宣告されたりするようなことがあったら、自分の志向的状態について話すことをためらうことはないだろう。

Enfield（2013a＝2015：136-137）〔下線は引用者による〕

　しかし、著者の考えによれば、この直観に働きかける書き方は、「説得」というEnfieldの論文というコンテクストに帰属されているために、十分な観察・分析・記述がなされているとは言えないのではないか。Enfieldが挙げるイノシシの誤射については、それはたとえば誰がそのことを語るかによっても異なるだろうし、それが裁判であれば「過失の有無を裁くために行われる会話（証人への尋問－反対尋問など）」という制度的場面の制約や文脈を分析・記述に含む必要がある。また、「自分が妻の誕生日を忘れてしまったり…」などの状況で「自分の志向的状態について話すこと」が、「会話の中で何をしているのか」ということを明らかにすること<u>こそ</u>重要なのであって、それは説得の材料に<u>は</u>ならないと考えられる。"極端な"反－認知主義と呼ばれる研究者たちは「認知」を恐れているわけではなく、そもそも内－外という区分け自体が誤謬であり（Ryle, 1949＝1987：19-21）、認知ならびにそれに関わる様々な言語的所作に対して、証拠付けなしに論じることに違和感を覚えているのである。この違和感を払しょくするためには、会話に基づいた実証データによる検証がなされなければならない。
　また同時に、記述の際に、記述に話者の内的な記述を極力用いないこと<u>が</u>、

データにそった記述をする際に可能であるのか、ということの検証もなされる必要があるといえる。

4. 先行研究のインパクトと本研究での「記憶」概念の取り扱い

さて、これまで詳細に先行研究のインパクトを述べてきたが、ここで先行研究のインパクトをまとめ、さらに本研究における記憶概念の扱いについて述べる。

まず、本研究の問題意識を振り返っておこう。本研究の焦点は、認知主義的記憶観に対置する形での日常会話における記憶概念の使われ方を発端とした、記憶概念の相互行為的使用にあった。

この問題意識に沿うものとして、日常言語哲学者とエスノメソドロジストが警鐘を鳴らすように、あらゆるものに「必ず記憶が認知的過程として関係する」という認知主義的記憶観を前提のもとで行う言説心理学等の研究は、あらゆるものに対して記憶概念を恣意的に結びつけてしまう危険性が生じる。これでは、それぞれの日常の中での記憶の心的述語の利用の局所的な有意性をそぎ落としてしまう。そのことがこれまで指摘されてきた。

しかしながら、会話の研究においては、データを分析・記述する際の用語の水準においては、会話を相互行為として分析を行う会話分析の分野においても、認知主義的記憶観が前提とはされないまでも、記述には用いられている場合もある。また、ほとんどの研究において、制度的な場面が研究の対象になっていた。さらに、記憶概念の経験的研究とはいえ、「覚える」「思い出す」等の記憶に関わる心的述語を多くのデータを用いて記述するような研究はまだない。

これらのことから、本研究では、字義的に・辞書的に「記憶」概念と結びついている心的述語を研究対象としながら、それら心的述語を含む当該発話が日常会話中、局所的にどのような相互行為として参与者に理解されるか、ということを記述することを目的とする。

3節で紹介した前田(2008：158)は、「昨日言ったこと覚えている？」とい

うことを「確認」「注意」「非難」として行為理解が可能であることを述べていた。前田はそれに続けて以下のように述べている。

> 私たちの日常における想起の適切さは、まずはこの［訳注：行為理解の］理解可能性の水準において認められるべきである。むしろ、この水準での想起という現象の理解可能性が論理的に先行していてこそ、つまり、私たちがどのようなことがらを想起と呼ぶのかということについて、公的な基準にもとづいて理解可能であるからこそ、その事象に対応するような説明を考案することが可能になっているのである。

前田（2008：158）

そのために、会話中の行為の記述に分析の焦点が当てられること、そしてその記述がデータの詳細な分析に基づいて行われるのは、むしろ必須のように思われる。そのため、「覚える」「忘れる」「記憶がある」等の記憶の心的述語はあくまで字義的な（いわば形式的、直観的な）集合にしか過ぎない。

前提として再確認しておくべきなのは、ある一つの種類として（直観的に）まとめられる動詞を扱うからと言って、まとまった行為の類型（＝コレクション）が作成されるというわけでは決してない、という事である。あるいは心的述語を用いた無数の収拾不能な行為が観察される可能性もある。しかし同時に、一つのタイプの動詞が無限に行為を生産する、ということは考えにくいのも事実である。

その意味では、本研究は「記憶」の研究でありながら、認知主義的記憶観によって「記憶」に紐づけられているとみられる心的述語の多様な使用状況を記述する研究であり、結果いかんではその概念は散逸するかもしれないし、あるいはある意味のまとまりをもったものとして捉えることが可能であるかもしれない。その双方の可能性を含みつつ、記憶概念を扱うことが必要である。

さらに、その際に、用いる記述用語について、可能な限り認知的あるいは心的過程を連想させるような語を排除し記述することによって、記述用語の

問題から解放されると考えた。(詳細は3章3節参照)。その意味では、本研究は試論的であることも、申し添えておきたい。

5. 第2章の小括

本章では、会話研究、特に日常言語哲学、概念の論理文法分析とエスノメソドロジー、会話分析、言説心理学という4つの分野の主張を概観しながら、それぞれの学派間で散発した論争も紹介することで、これまでの会話における記憶概念の研究について概観してきた。

先行研究は、以下の5点の特徴を持っていた。

1. 認知主義的記憶観に対する抵抗として書かれている点
2. 対象を想像上の用例から、実例へと経験主義化する方向性
3. レリヴァンスに基づいた記述を行う方向性
4. 記憶の心的述語については十分な考察がなされていない点
5. 記述用語の議論が不十分であると言える点

このことから、これから「記憶概念」に関わる研究を行う際に、以下のような要点をクリアする必要があることを確認した。それは、以下のとおりである。

1. 記憶概念と関係する心的述語において、その述語を認知主義的記憶観の元の記憶過程や記憶操作の表出のみとしてみるのではなく、それ自体を行為として経験的に記述すること
2. 記述の際、日常生活の中で行われる実践に目を向けつつ、局所的な場面においてどのように用いられているか、というその場でのレリヴァンス(有意性)に注意を払うこと
3. 記述にあたって、記述の精確さのために、できる限り心的と感じられる可能性のある語や表現を避けること

本研究は、これらを基本的な立場において研究が行われる。次章では、研究の目的を詳述したのち、どのようにしてこの研究がなしとげられるのか、その対象と手法を見ていこう。

注

1）他にも、例えば言語学の中の「意味論」で記憶を主題に扱ったものがある。例えば森田(1996)がそうである。「意味論」はその語の「基本的意味・中核的意味」を記述することを定点観測することを目的としている。例えば森田は、「覚える」を、「語源を手掛かりとする語義理解」のもとに分析し、「古代語の「おもほゆ」に由来する語であり、「ゆ」は古代の自発の助動詞であるから、「やり場のない憤りを覚える」のように "おのずとそのように思われる" あるいは "感じられる" 状況であることがわかる」としている。しかし、第1に、どのような文脈で発せられているのか考慮することは意味論の目的ではない。第2に、文脈を排除して "基本的・中核的な意味" を取り出す作業は、後に述べるような参与者の有意性(レリヴァンス)を考慮しない。第3に、「おもほゆ」という古語を知らなくても、我々は日常において「覚える」と言うことができる。このように考えると、意味論的な研究は言語ゲームのごく一部のみにとどまっているといえる。これら研究はDPと同様の研究スタンス(談話分析のスタンス)と共通、またはそれを利用しているだろう。さらに、Kecskes(2013)のような言語学におけるSocio-Cognitive Approach(社会認知的アプローチ)では、記憶の想起(memory retrieval)は基本的な認知的操作であるという(Kecskes 2013：75)。これもまた、心理学的成果を持ち込むため、DPと同様の研究スタンスである。

2）世俗的だ、と考える向きもあるかもしれない。しかし、雑談の研究は "世俗的な" 参与者が "世俗的に" 話すことを研究する。その意味では、この資料にかかわらずあらゆる "世俗的" 娯楽・大衆作品が、その参与者が日常において触れる可能性のある貴重な、かつヒューリスティクスに基づく資料であると考えている。

3）ここでの「極端な懐疑論者」は、自身の認識すべてを疑うような懐疑論者を指している。知覚されるすべてのことを常に疑うような場合である。

4）加藤(2004)はRyle(1949=1987)を「行動主義」者であると紹介しているが、ライルの主張を見るとこれは誤解である。Ryle(1949=1987)自身、自分が行動主義の「烙印 stigmatized」を押されることだろうと表現している(p.480)し、一方そもそも行動主義その区別自体が、Ryle(1949=1987)がここで否定する心身二元論の誤謬から生まれた区別であるからだ。

5）これを「反論」と呼ばないのは、Sharrock and Coulter（2009：62）において「この議論の目的は社会学的な観点から心理学的な観点へ教義的な縄張り争いturf war をするためではない」と述べられていることによる。

6）ここで「感覚」も心象の一部として組み込むことを考えるかもしれない。しかし、その感覚が心象として確かであるためには、その過去の感覚 A が別の感覚 B（例えば現在の感じ）と比べられなければならないだろう。となれば、しかし、現在の感覚 B を裏付けるためには、別の感覚 C が必要となる。ゆえに、それがまた別の感覚を必要とする…というように、ある感覚を同定するために無限後退が起こってしまうことは、心象と同じである（前田, 2008：155）。

7）「ブローカー野」「ウェルニッケ野」など19世紀後半に発見された "記憶" 概念に関わるとされる脳部位の歴史についての詳述については、Hacking（1995=1998）、前田（2008）を参照のこと。

8）本書執筆時の国会答弁で、ある議員が野次で答弁に立つ官僚に対して「記憶がないと言え」を言った話がなされている。この現象は記憶の私秘性を真っ向から否定する良例であるだろう。

9）これを暗黙知：tacit knowledge と呼ぶことに西阪（2008：22-27）は混乱した概念であることを論じている。知識とは、その場にレリヴァントで、プラクティスに必要な限りにおいて明確であり、「暗黙」であるとは言えないからである。

10）ここで、質的研究、特に「質的心理学」的研究とも、本研究の立場は大きく異なることをここで書き添えておく必要がある。近年の質的研究では、これまで指摘してきた認知主義的記憶観を乗り越えていくような研究手法の確立がなされている。例えば、やまだ（2013）は、質的心理学の対象とするデータ（会話やナラティブ）を「主－客」「内－外」の二元論で構成されたものとしては扱わないで、「相互作用によって生み出された」「共同生成されたもの」（p.10）として考える。それゆえ、「インタビューで得られたナラティヴも、人間の内部にある「心」の外界への反映、あるいは内部に保存された「記憶」がそのまま引き出されるというよりは、インタビューの聞き手と語り手の相互作用によって共同生成されたもの（やまだ 2013：10）」としてとらえられるのである。一方で、質的心理学には「「主観的経験」を重視するという研究者もいる」としつつ、「主観」という語「そのものが、二元分割の人間観に依拠している」ことを指摘し、「質的心理学では「客観」とともに、「主観」も疑わなければならない。（やまだ 2013：10）」としている。

　質的心理学は、相互行為（相互作用）という人とのやり取りを基盤としていることで共通するように思われる。しかし、引用を注意深く見れば、「インタビューで得られたナラティヴも［…］共同生成されたもの」としてあるように、ナラティヴという行為そのものではなく、内容を扱っているということが見て取れる。一方、本書がこれから見るのはあくまでも「ナラティヴ」で語られた内容

ではなく、むしろ「記憶」に関連する語の局所的な使い方(use)であるために、語られた内容はむしろその語の使い方を特定するための一つの要素でしかない。それが相互作用において共同生成されたかどうか自体は、そもそも本書の関心ではなく前提であるということを述べておく必要があるだろう。

11) ウィトゲンシュタインの引用は訳者である藤守氏のものか。ウィトゲンシュタインの『哲学探究』から。丘沢静也氏の『哲学探究』の訳では「叙述」が「描写」となっている(Wittgenstein, 1953=2013 ; 96)。

12) この場合の「組織 organization」という語は、機関や団体などの「組織」という意味ではなく、「あることが系統だった合理的なやり方で起こること、整序された状態で発現する仕組み」を指している。

13) そもそも概念の論理文法分析は体系化を研究主題に置いていない、ということもある。

14) イラン－コントラ事件(Iran-Contra Affair)とは、1980年代中盤において、ロナルド・レーガン政権下で人質解放のために、国交が断絶していたイランとの武器の裏取引を行われていた事件。さらに、この武器売却代金が、ニカラグアの反共産主義ゲリラ「コントラ」の援助に流用されていた。証拠書類等は、中心人物であった海兵隊のノース中佐によって廃棄されたとの嫌疑がかけられており、ほぼ残っておらず、ノースの「証言」が重要になっていた。ノースは公聴会で「I have no recollection of that その記憶はありません」「My recollection is... 私の記憶では、...」「My memory has been shredded 私の記憶はシュレッダーにかけられた」などの一連の記憶表現を用いた発話を行っている。

15) 原文は "I don't deny it that I said. I'm not saying I remember it either." である。

16) ここでの有意性は、シュッツ(Schutz, 1932, 1964, 1970, 1973)らの現象学的社会学における有意性とは異なる概念である。シュッツのいう有意性は、個人の生活史の中から引き出される興味・関心の対象を指している。しかし、ここでの有意性は、参与者の振る舞いから判断される例証可能な性質である。

17) 例えば「他者のXさんは今Yを考えている」というとき、Y項は証拠なく主観的に行う場合において原理的には無制限に設定できる。例えばハンバーグ、ダークマター、猫、本、点鼻薬、ノリ、機械翻訳、名詞、マレーシア、という具合である。これが無限の解釈である。さらに、ここでの議論の無限後退とは、「Xさんは今猫について考えている」と記述する際に、その「猫について考えていること」の正当性を証拠づけるためには「なぜならZだから」という理由が必要になり、次に「そのZはどこからわかるのか」が問われ…というふうに、いくら後退しても証拠を提示できないことである。

18) ただし、著者はこれを「知識再生義務の規範性」と呼ばれるほうがより事実に適しているだろう、と考えている。なぜなら、ヘモグロビンの機能が「思い

第2章　記憶現象の取り扱いの変遷　79

出せない」医者を、我々は「あの医者はは記憶力が悪い」と評価せず、「あの
医者はなにも知らないヤブ医者だ」と評価するであろうからだ。

19) これらのことを勘案すれば、本書で記憶と"結びついた"心的述語というと
き、それは各状況のレリヴァントのことはいったん分析の外に置かれている。
つまり、「忘れる」という心的述語の使用と、それが「忘れた」状況としてレ
リヴァントに記述されるかという事は、レリヴァントを重視した記述では前提
とされていない、ということになる。

20) しかし、これを「想起」としてよいのかには疑問が残る。「え::::と」とい
うとき、それは言葉探しをしていると言えるかもしれないし、聞き手に不都合
の悪い情報を除いてフォーミュレーションを行っている最中かも知れない。確
かに、思い出そうと試みることは時間幅を持つ(前田 2008 : 159)が、そのこと
が「想起」として聞かれていることを証拠立てるのは難しいように思われる。

21) 西阪は orientation を「志向」と書いているが、本書では「指向」とする。
また、西阪は「憶える」と「覚える」をかき分けているが、本書では常用漢字
の「覚える」に統一している。

22) 参与フレームは、ここでは「参与者の会話への関わり方」という意味として
理解されたい。詳細な説明は5章1節も参照のこと。

23) ただし、品詞による分類は言語学による仕事であるから、その区別がそのま
ま行為に結びつくかどうかの確証はない。

24) 松島のとる手法は、限りなく会話分析研究者やエスノメソドロジストのそれ
に近いと考えられる(ただし、その手法について明確に言及してはいない)。

25) ここでは作業後のデブリーフィングのようなものだと考えられる。

26) ここで松島は発話の滞る相手に対して「今すぐ思いつくことでもいいんだけ
ど。」「他に印象に残っていることとかあれば。」などの発話をすることを、「未
来に向かっての想起」を促すことで、「忘却者」というラベリングを行わない
方法として記述している。これは「ターンを相手に渡し続けること」であると
考えられる。

27) Coulter は、我々は「心の中」で考えるのではなく、「オフィス」や「アパー
ト、車、道路」と言った場所でなされる、としている。

28) 具体的には Coulter は 1999 年の自身の論文で作例していたものを、「データ
を示す」といって会話文に書き換え、「嘘だと思うなら私の妻に聞いてみれば
いい」と書いている(p.338)。

29) 具体的には、「誰かを想起に誘う時に、その誘い手はその記憶に自信を持っ
ていること」「思い浮かんだことをすぐさま言うチャンスがなければ、そのこ
とを忘れてしまうかもしれないというシビアな時間的制約を持つこと」「思い
出すことと経験することについて、それを語る際の語り手の立場が重要である
こと」等である。

30) 日本語では Cognition の訳語として、「認知」と「認識」がある。一部慣習的に用いられる場合(「Cognitive Pscyology 認知心理学」「Cognitive Function 認知機能」など)を除いて、認知と認識という語は交換可能であると考える。ただし、会話分析でいう場合の Epistemics は慣習的に「認識」と訳されているために、それを用いる。

31) ただし、Sacks(1992)に対してこの言及はフェアとは言えない。というのも、これは講義録中の言葉であるために、一般聴講生に対する聞き手へのデザイン(recipient design)によって多角的な主張を織り交ぜた言及がなされていた可能性があるからだ。

32) ここで「穏健」という語を使うのは、古田(2022)の懐疑論に関する議論と類似を見るからである。古田によれば、極端な懐疑論に陥る場合、現実すべてを疑いうるという意味でそれは「正気を疑われる」だろう。一方で、「相手の気持ちがわからない」等の日常生活における懐疑論は、狂気的な懐疑論と比べ、いくらか「穏健」である(p.45)、という具合である。

33) 投射(projection : Tanaka, 2000)とは、発話を構成する要素がその後の要素を制約したり限定したりする性質である。例えば、「例えば」という語は、その後の発話を「例え話」として制約し、限定する(=投射する)。ここでのレヴィンソンの主張は、「「例えば」という語を発話する際は、他の参与者にとってどのように認知されるかを、話し手が認識して発話している、」というように特徴づけることができるために、反認知的ではない、という意味で用いられていると考えられる。

34) Goodwin 教授は私の求めに応じて、論文の抜き刷りを送付してくださった。感謝する。

35)「すでに」という表現の本意は、研究過程上分析を開始する前に You 自体がそのような立場をとっていたのではないか、というように論文自体が読めることにある。You がこのような立場にたどり着いたかの時期は定かではない。

36) ただし、Potter はこのことを好評価しているように書いている。しかし、全体の論旨や、前年にかけて行われた Human Studies 誌での Coulter と言説心理学間での論争(Coulter, 1999, 2004, 2005 ; Potter and Edwards, 2003)を加味するのであれば、Potter が会話分析における心的現象の排除-迎合の二重基準を批判していると考えられる。

第3章　研究目的と分析対象・方法

　私は言語を記述するだけであって、何も説明はしない。

　私の目標になりうるのは、語が表現するといわれる感じではなく、語が使われるときの抑揚や身ぶりである。

　そこでこう言おう。語を理解していることには、かなり多くの場合、その語のしかるべき機会に特定の抑揚をつけて口にしうるということが属する。

PG§30：80

　本章ではまず、本研究の目的について確認する。さらに、その目的を達成するための分析対象の設定と、その分析方法について述べ、妥当性を主張する。

1.　本研究の目的

　本節では、本研究の目的を再度述べる。本研究の目的は、以下のようにまとめられる。

> 　認知主義的記憶観において、記憶と関わりがあると考えられる心的述語(「思い出す」「忘れる」「覚えている」等)が、参与者自身が行う会話の中でどのように利用され、どのような相互行為を行っているのか、その方法を系統的に解明すること。

　前章で述べた通り、会話を行う参与者は定義を与えることなく、記憶の心的述語を用いて会話を行うことができる。その際の会話内の行為は、会話中

82

に有意な要素のみで合理的に説明可能な相互行為である。本研究の目的は、そのような水準で記憶の心的述語の使われ方を分析・記述することにある。

では、そのような分析はどのようなデータを対象に経験的に行われるのか。次節で説明する。

2. 分析対象となるデータ

本節では対象となるデータの特徴、データに登場する心的述語や表現についての特徴、ならびに収集したデータの分析的限界について分析に先立って列記する。

データの特徴と説明

本書で扱ったデータは、日本語母語話者の行う日常会話、すなわち雑談場面である。使用言語は日本語である。総時間は約43時間、断片は135件を収集した。

主なデータセット（特定の文脈におけるデータのかたまり）は以下のとおりである。

表3-1：データセットの概要

データセット名	合計時間	録音か録画か	参与者の関係	データの概要
CallFriend japn	約25時間44分	録音（電話会話）	在アメリカ邦人の友人、きょうだいなど	MacWhinney(2007)で主に1995-96年に収集された電話会話。「友人に母語で電話をかけてほしい」と依頼し、謝礼と電話代の代わりに録音をしたもの。
男子会	2日分、計約4時間43分	録画	在外邦人の20代-30代の男性	某国在外邦人の忘年会等のいわゆる「宅飲み」での撮影データ。
晩餐会	約4時間26分	録画	在外邦人の夫妻、同僚と知人	KREが行った晩御飯を一緒に食べるという会を収録したもの。

YKNE	9週分、計約6時間21分	録画	日本の大学に在学する大学学部生の友人同士	YKとNEの二人が、定期的にお昼ご飯を食べている。1週間おきに採収した。
韓国旅行計画	約1時間1分	録画	日本の大学院に在学する大学院生の友人	韓国に旅行に行く計画を立てている3名の会話

　データセット内には、媒体として、電話会話での音声会話と、実際に対面で行われた会話をビデオ撮影したものが約2:1の割合で入っている。また、年代としては1995年が最も古く、2017年に撮影されたものが最も新しい。

　雑談場面を利用した理由は、①先行研究で見たように、すでに多数の制度的場面における会話が分析の対象になっているのに対し、日常場面の分析は多くないこと、②すでに筆者が雑談データを相当数保持していたこと、③日常場面における言語使用を観察したいという研究動機、④そもそも日常会話が記憶概念を形作っている主戦場であると考えたこと、を挙げることができる。また、他の調査法(例えばインタビュー)などで調査しなかった合理的な理由についても、本節で補足する。

　データの分析を行う下準備として、この音声・録画データを、まずは荒く文字起こしした。その後、記憶にかかわる心的述語が発生した箇所の周辺を、分析に必要な限り文字起こしした。文字起こしには、会話分析で普通用いられるジェファーソン式転記記号(Jeffersonian Transcription: Jefferson, 2004)を採用した。凡例1に記したため、参照されたい。

データに登場する言語形式

　本節では、本研究で扱った心的述語について列記する。本研究で扱う「記憶の心的述語」には、以下のような語・形式・表現が含まれている。

表3-2：データセット内に現れた記憶の心的述語の発話形式

思い出す類	思い出した，思い出せなかった，思い出せって言われても思い出せない，思い出さなかったんだろう，たまに思い出す，思い出してくれ，思い出すものがある

忘れる類	すべて忘れた，忘れるようにして，忘れないよ!，忘れましたけども，AかBか忘れたけど，なんのNか忘れたけど，忘れちゃう，もう忘れて，忘れていた，忘れないでよ，ド忘れした
覚える類	覚えてる，覚えてなくない?，覚えてない，すごい覚えてる，覚えてたでしょ，よく覚えてるね，あまり覚えていない，覚えてないんですか?，Vた覚えがある
慣用表現類	頭に入ってる，頭に残ってる，出てこない
記憶類	記憶がある，記憶に残ってる，記憶にない

　これら心的述語を収集の中心に据えた理由は、その語が記憶概念と関わりを持つと字義的に感じられるからである。思い出す、覚えている、忘れる、それらを別の言い方で変えた表現群は、それだけで「記憶」に関わる心的過程を表しているのではないかと"感じられ"てしまう。この想定は認知主義的記憶観に寄る。

　しかし2章を通して見てきたように、この想定は誤りである。1章で見たように、「思い出してくれ」とVテクレという授受の補助動詞を用いてなされた発話は、相手に思い出す、という認知的な要請を行っているわけではなく、「説明を要求する」というものだった。それらを鑑みれば、むしろ一義的・辞書的な意味として受けとることはもはやできない。

　このように、これら記憶の心的述語群は、認知主義的記憶観によって、本当はどのような行為を行う言語的資源になっているのかが分かりづらくなってしまっているといえる。例えば「走ってくれ」が走ることを要求するように、「思い出してくれ」が〈思い出す〉行為を要求するように感じてしまうわけである。しかし、これらは経験的記述とは到底言えない。

　これら動詞の誤謬は、今まで少なくない数の研究者を混乱させ誤解させ、議論に呼び込んできたこと、その論争を2章を通じて見てきた。そのような意味で、潤沢な研究資源であるといえ、研究対象に値すると考えた。

　また、本研究で心的「述語predicate」という場合、品詞論における動詞に比べてより大きな枠組みを指している。例えば「頭に入っている」「記憶がある」などの表現も、それに含まれるものとする。これは、「覚えている」

第3章　研究目的と分析対象・方法　85

に対して「頭に入っている」が、同一の行為を成し遂げるために用いられている可能性があるためであり、それを先んじて品詞論的に分類してしまうことで、多様さを見失うことになりかねないと考えたからである。

　さらに、例えば以下の作例3(1)のような【確認】に見える発話が連なっているもの(＝隣接ペア adjacency pair)の場合、1つ目の「A：覚えてる?」と2つ目の「B：覚えてる」を分けて研究することはしない。それは(2)の非選好応答[1](dispreferred response；Pomerantz, 1984)「いや忘れた」の場合も同様である。

作例3.　(1)研究対象として分割しないもの

01A：覚えてる?
02B：覚えてるよ

作例4.　(2)研究対象として分割しないもの

01A：覚えてる?
02B：いや忘れた.

作例5.　(3)第二連鎖成分が対象ではあるが、分析上第一連鎖成分も必要なもの

01A：知ってたよね?
02B：あぁ覚えてるよ.

　(1)(2)のように、二つ目の位置(＝第二連鎖成分：Second Pair Part)で"繰り返されている"動詞は、言葉の選択として、Aの発話である第一連鎖成分 First Pair Part に対して言語形式的均衡を取る alignning ように発話がデザインされているといえる。このように考えると、第二連鎖成分を考えるうえではやはりその直前の第一連鎖成分を考えねばならず、これら2つを切り離すことは難しい。ゆえに、これらを分けて別々の行為として記述するよりは、第一連鎖成分を発端とする行為として記述するべきであると考えた。

　また、(3)のように第二連鎖成分において初めて心的述語が使われるような場合は、第二連鎖成分を中心とした。この場合、第二連鎖成分で発話さ

れる心的述語が、第一連鎖成分に均衡を取るようにデザインされていない
ように見えるからである。しかしこれもまた、第一連鎖成分抜きで分析する
ことはできない。また、このことは分析・記述することで検証する必要があ
る。

　さらに、本分析では、登場する言語形式に沿ってあらかじめ分類しておき
ながら、その分類に発話を当てはめるという手法をとらなかった。例えば、
「思い出す」という心的述語でコレクションを作り分析する、という手法は
取らなかった。というのも、会話分析研究において言語形式は行為の乗りも
の vehicle であり、資源 resource であると一般的には考えられているからで
ある。会話分析者が言語形式を「行為の資源」というとき、おおよそ以下の
意味で用いられている。

　車に乗っているときに白バイ警官が後ろから「左に寄せて止まってくださ
い」というとする。その際、これを「「てください」で発話されているから
【依頼】だ」と受け取る人はまずいない。これは【命令】である。この場合、
形式によって行為が構成されているわけではなく、白バイ警官という役割に
おける行為が先立ち、その資源として形式が用いられている、と考えるほう
が実際の状況に合っている。それを証拠に、白バイ警官はサイレンを付けな
がら車の前にバイクを割り込ませて左側を指さしで指示したり、「次の交差
点過ぎたら左に寄せるよー」とフレンドリーに言ってみたり、あるいはスピー
カーの声が割れて上手く聞こえず「ひだ…せて…って…い」と聞こえるとし
ても、いずれも「止まれ」という【命令】の資源になっていると我々は考え
るだろう。

　では、逆に形式が多数の行為を構成する、とは言えないのか。おそらく言
えるだろう。例えば日本語教育である形式に意味を一対一対応で教える場合、
いくつかの行為を考えたうえで最も学習者がその場で用いそうな行為を構成
するものとして、まずは教えるはずである。それが、「てください＝依頼」
という理解の根源であるはずだ。だけれども、その場でどのような行為を構
成しているのかは、その人物や文脈に依存する。そして、人物や文脈が無数
に存在する以上、これを総記することは、ひときわ難しい作業であると考え

られる。

　それゆえ、本研究では言語形式的共通点については触れておきながら、それはあくまでも行為の資源として用いられているという立場をとる。そのため、ある形式が絶対的な規則としてある行為を構成する、という前提をとることは出来ない。

3.　分析方法

　では、上記の収集したデータどのように分析するのか。本節では分析手法について説明する。

　まず、記憶の心的述語の行為を記述するために、会話分析が参与者が発話をどのように理解するかの相互行為的方法を記述するという点で、適切な分析方法であることを述べる。さらに、研究成果が、博物学的であることを述べる。また、分析の基本的な装置である連鎖組織、ならびに本研究の目的ともかかわる行為の記述、記述用語の制約について確認する。

行為の理解と「シークエンス分析」の重要性

　言語と行為の関係を考える際に、必ず疑問に上がるのが、「オースティン‐サール派」のいわゆる機能主義言語学派との関係である。ここでは、飯野（2007）を参考に、オースティン‐サール派ではなぜ記憶概念の問題を解消できないのかを論じたい。

　最も根本的なところでは、オースティン‐サール派の言語学者たちが見落としていることに「シークエンス分析（飯野, 2007 ; Silverman, 2013=2020）」があげられる。雑駁に言い換えれば、ある発話は単発の出来事ではなく、物事の連鎖（シークエンス）の中に埋め込まれており、どのような相貌（行為・意味・機能）を持っているかは、前（後）文脈を参照せずには確定できない、というものである[2]。

　Silverman（2013=2020）は、質的研究を解説する本の中で、あるインタビューを用いた研究を「都合のいい出来事を［連鎖上での位置を参照せずに］

引用するだけの散弾銃的なアプローチ（p.80）」と批判しながら、Sacks（1992）の隣接ペアの議論を引用しつつ、「サックスは、会話を、思考を伝達することに関連した内的過程として考えたい、という誘惑から我々を引き離す」としている。ここで Silverman は、質的研究においては語られた「内容」だけではなく、それが「どのようにして」行われているのかを記述することがシークエンス分析において可能になると主張しているのである。

　このことは、オースティン – サールの言語行為論を批判的に検討した飯野（2007）の主張と重なる。「約束する」という動詞が遂行発話行為としてもちいれいる場合、行為が【約束】とならない例もある（飯野 2007：70）ことを上げることで、サールの「事前条件 preparatory condition：Searl, 1969＝1986：104-107」の、特に心的な記述（約束は好ましいことである）に対する批判的検討を行っている。以下の作例が最も明快だろう。

　作例 6.
　明日までにこれをやらなければ、私はあなたを鞭でしばくことを約束する。

　これは非常に特異な表現であることは認めながらも、「約束する」とは言っていても、（マゾヒストでなければ）これを【約束する】という行為として理解することは難しい。我々はこれを【脅し】として理解するだろう。同じように、Searl のいう約束の事前条件に反して、約束は常に「好ましい行為」である必要はないし、好ましくないからと言って、約束という行為が成立しないわけではないのである。例えば私は妻から独身時代に借りたお金を返したくなかったり、学会の委員の会議に出たくなかったりするかもしれない。しかし約束は約束であるし、気が進まないけれど断れない約束もあるし、ありがた迷惑な約束も、しかたなく引き受けなければいけない約束もあるのである（飯野, 2007：71）。ここには、約束を言い出す人と、約束をすることを言い出される人の、場面や参与者という観点が欠けている。そして、必ずしも約束を言い出す人がそれを "したい" わけではないのである。

　このことから、Searl の示した規則における「本質的規則」は、誰の「本質」なのであり、この規則に従わない行為はどう「欠陥がある defective」

のだろうか、と疑う余地が生まれる。このような議論からも、語用論一般における「性急な一般化」という指摘(Hacker, 1996 : 173 ; 飯田, 2007 : 588)が生み出されることになるのである。

　また、飯野(2007)によれば、オースティンの遂行発話行為 performatives は、主に制度的・儀礼的場面を前提とする場合が多い(p.63)。飯野は国会の証人喚問におけるこの二つの発話を「発話機能が同一の例」として想定している。

作例 7.

> その件については記憶がございません

作例 8.

> 私はその件については記憶がないと証言します

　この二つは【証言する】という行為に同等のものとして用いられている。ここで思考実験を行うことが求められる。例えば、前者において、もし証人喚問という制度がなければ、そもそもこの発話は【証言する】行為とはならない。後者においては、喚問された本人ではない秘書が乱入して発言したとすれば、その証言はその秘書が語る立場のない人間である、という制度的場面による制約において「失敗」する。

　しかし、この失敗の中身は非常に異なる性質を有している、と飯野は指摘する。もし国会での証人喚問がない世界を想像すれば、この発話はそもそも【証言する】という行為を原理的に構成しないため、失敗であった。一方、後者の場合、乱入してきた秘書の発話は単にその権限がその場にない、という場合における失敗なのである。このようにして、飯野は規約や習慣がオースティンの論拠から抜け落ちていることを指摘しているのだ。

　本研究でさらに指摘できるのは、この2つの発話がやはり文脈に回収されているはずだ、ということを強調することである。「その件については記憶がございません」という場合、それは疑惑を持たれた政治家の発言であるとすれば嘘をついていると我々には直感的にわかる(Lynch & Bogen, 2005)、

という規範を記述的研究は明らかにしている。また、2つ目の発言は、野党議員からのしつこい追及に対して「もうこれ以上私は何も言わない」という意味で用いられるように聞かれうる。「私はそう証言するのだから、それ以上は何も言わない」とそれを公式にする make it official ように聞こえるのである。この二つの差異を、いわばシークエンスによる「どうやって」への問いの答えを、言語行為論ではその発話理解に必要であるにもかかわらず、研究方法論上同一のものとして扱わざるを得ないのだ。これにより、言語行為論の研究方法では研究方法論上の限界において記憶概念を解明できないのである。

会話分析の手法

確かに、我々は様々な言語の研究方法を持っている。本研究のように概念を探求するような場合、言語学者や日常言語哲学者がたびたび行うような（そして現在の分析哲学者も好む）、創作されたドラマのセリフや自身の作例を用いた方法がある。さらに、発達心理学者の熊谷(2018)が行うように、行動やシナリオの分析から実験場面をとらえなおすということも出来る。しかし、本研究では日常生活者の「言語の使用法」を観察するのであるから、それを分析する別の分析装置が必要になる。本研究で用いるのは会話分析である。

会話分析とは、Harvey Sacks、Emanuel A. Schegloff、および Gail Jefferson によって始められた社会学の一つの研究手法であり、その後、エスノメソドロジーや言説心理学、相互行為言語学などに応用された分析手法である。その目的は、社会生活における参与者(つまりその社会を構成する人々)の行為から構造基盤を解明し、記述することにある。本研究での「構造基盤」とは、記憶の心的述語の使用法(構造)が依拠する記憶概念(基盤)のことである。

では、どのような「社会生活」の「構造基盤」が記述されうるのか。会話分析における一つの成果、特に Pomerantz(1980)を見てみよう。

例えば、著者が友人の N さんを大阪駅で見たとする。後日、N さんに会った際に、「あ、この間の日曜日大阪駅にいなかった？」などと尋ねることがしばしばある。すると N さんは、「ああ、ちょっと実家に行ってて」などと

答えるかもしれない。

　Pomerantz(1980)によれば、この時、私は自分側のことを伝える telling my side ことによって、N さんに自ら voluntary 情報を提供する機会を与えている、という。このような実践/指し手/やり方/プラクティス practice を、Pomerantz は「つり出し装置 fishing-device」と名付けている。

　実はこの時、N さんはほかにも選択肢を持っている。Pomerantz はその可能性について、以下の断片を提示しながら説明する。

[NB : II : 2.-1]

B:	Hello::,	もしもし::,
A:	HI:::.	もしもし:::.
B:	Oh:hi::'ow are you Ange::s,	あぁ, ハァイ, アグネス. 元気?
A:	Fi:ne.Yer line's been busy.	元気よ. ずっと話し中だったね.
B:	Yeuh my fu(hh)! 'hh my father's wife	そう. 私のち(hh)!-私の父の奥さん
	called me. .hh So when she calls	が私に電話して..hh 母が電話して
	me::, .hh I always talk fer a long	きた時は:: .hh いつも長話なの.
	time. Cuz she c'n afford it'n I	私はお金払えないけど, 彼女は
	can't. hhh heh .ehhhhh	払えるもの. hhh heh .ehhhh

Pomerantz(1980)［和訳は引用者による］

　Pomerantz は 3 つの可能性を説明している。ここで、実際には B は、自らの電話が話し中だったことに対して、①自ら情報を提供する。しかし仮に、この質問に答えたくない場合は、「ずっと話し中だったね」と言われた後に、②「単に受け取る」か(「うん、そうだよ。」)、③新しい情報として受け取る(「あぁ、本当?」)事ができる。②は、単に【情報の提供】-【受け取り】という連鎖として処理することで、釣り出し装置として「聞かない」選択をしたことが明示される。③では、自らがそのイベントにアクセスを持っていない人として振る舞うことで、語りを保留している、と記述できる。

　先の N さんもそうである。「大阪駅で見たよ」と言われたとき、N さんは①「実家に帰ってて」と自ら情報を提供することもできるし、②で「そうだよぉ。」と言って詳しく語ることをしない選択もあるし、③「あほんと?」

といって保留も可能である、というわけだ。最終的に、Pomerantz はこの実践を我々の「プライバシー」の実践へと関連付けて論じていく。

このように、会話分析における研究成果は、日常会話におけるある実践 practice を記述することにある。「まさに確かに私たちはそうしている」という、相互行為の記述を蓄積していくことが、人間社会を博物学的に、精確に理解するうえで重要であると考えているからだ。

さて、この Pomerantz の特定の実践についての記述＝再発見を、「確かにこのようなことをしている」と感じるだろう。しかしながら、その成果は同時に「それがどうしたの？」と感じられるかもしれない。しかし、その「それがどうしたの？」がすでに「理論化への渇望」にさらされていることを考えてみたい。なぜなら、「記述」という研究方法は、博物学的な要素を含んでいるからだ。会話分析では、伝統的社会学や、批判的談話分析のように何かを主張したり、批判したり、矯正したりすることはない。特に会話ともなれば、それは普段我々が行っていることであり、ともすれば「そんなことはとっくに知っていたし、実際にしていた」とも言われかねない。そこに"新規性"が感じられにくい、と言ってもいい。

しかし、逆に言えば、それ以上のことを現象に対して要求することはもはや「記述」ではない。博物学的研究は、科学の基盤である自然観察－記述の基盤を構成する。我々は「成猫が、猫同士がコミュニケーションをとるときは鳴かないが、人間にコミュニケーションをとるときには鳴く」ことを発見する。しかし、博物学観点から言えば、猫が猫同士コミュニケーションをとるときにも、猫を鳴くようにしようなどと矯正したり、人間に対して無言で猫とにおいを用いてコミュニケーションが取れないことを批判したりしない。同時に、現象に対してあれこれと要求をつけるためには、その基盤が精確に記述されてこそ、それが可能であるという側面すらある。おそらく猫にくだんのことを聞けば、猫に「そうだよ、それは猫にとって当たり前だよ」というだろう。この"当たり前"を記述するのが、会話分析の主眼なのである。

この態度に関して、ウィトゲンシュタインも、面白い比喩を挙げている。

かりにわたくしが一定の部屋で特定の仕事をすること(たとえば、その部屋を整頓すること)を学び、この技術をマスターしたとしても、だからといって、わたくしがその部屋の備品の配置を記述できるはずである、ということにはならない。たとえわたくしが、その部屋に<u>何か変化があればかならず気付き、それを述べることができるとしても</u>。

(OC 119：214)［下線は引用者による］

　この比喩においては、部屋で特定の仕事、技術、というのが我々の言葉の使用法・機能である。しかし、我々はその使用法・機能を、部屋の配置を記述するように説明することは到底できない。ただし、その使用法通りに用いられていなければ、「この言葉遣いは変だ」とか「言い間違えた」などと指摘はできるのである。本研究での記憶の心的述語の記述もまた、雑談で参与者に実際に利用されるその使われ方の様相について、使えるがしかし気づかれてはいない(seen but unnoticed；Garfinkel, 1967：36；2002：118)使われ方を記述しよう、というものであると言えるのである。

　同様に、記憶の心的述語の研究もまた、雑談で参与者に実際に利用されるその使われ方の様相について、使えるがしかし気づかれてはいない使われ方を記述しよう、というものであると言える。

　串田・平本・林(2018)は、会話分析が目指す記述を「成員が行う記述がどのようにして生み出され、理解され、それを通じて人々がどのように相互行為を行っているのか、その方法を系統的に解明する営み」のことであると説明している。本章第1節でみた本研究の目的は、この会話分析の目指す記述を参考に設定されている。ここに再掲する。

　認知主義的記憶観において、記憶と関わりがあると考えられる心的述語(「思い出す」「忘れる」「覚えている」等)が、参与者自身が行う会話の中でどのように利用され、どのような相互行為を行っているのか、その方法を系統的に解明すること。

94

　他者と言語が用いられるとき、それは相互行為になり、その相互行為の中で記憶の心的述語が用いられる。その相互行為の現場で、それぞれの述語に対する参与者の発話が理解されている、と言えるだろう。

記述に「ぴったりした言葉」

　さて、会話を分析する際に、我々は記述を行うことになるが、しかし、すべての行為に「ぴったりした言葉（Wittgenstein, 1980=1985, RPP1§72：38）」があるわけではない。例えば「こんにちは」にたいして「こんにちは」と答える隣接ペアを【挨拶】と記述することに抵抗を感じる人はいないだろう。これは「ぴったりした言葉」であるといえる。しかし、Schegloff（1996=2018）が示した「ほのめかしだったと認めること（Confirming Allusion）」のように、すべての行為に参与者たちが話す言語内でのラベル（動詞・述語・表現）があるわけではない。もちろん、日本語でも戸江（2008）の「糸口質問連鎖」のように、動詞として名前が存在しない実践も存在する。しかし、それが記述の妥当性を下げるわけではない。

　また、これまでの（数少ない）記憶関係の述語に関する研究をめぐっては、あることを達成するために特定の連鎖環境でデザインされる行為（Raymond, 2018：62）を記述することが多くあった。しかし、それら研究の分析は前提として多くの場合すでに心的述語と認知的要素（例えば記憶）を結び付けた形で分析が行われていた。例えば、「〜って覚えてる？/Remember〜?」と言うときに、心的な過程を想定したり、「記憶を活性化させている」というような記述をおこなうこと（Smith et.al., 2005；You, 2015など）である。

　しかし、すでに先行研究でも示したように、これらが他の参与者にとって有意であるわけではない。「FPP：覚えてる？」「SPP：うん.」という時、参与者に有意であるのは、例えばそれが規範的に再現可能かということや、彼がYes-No形式の質問にYesという応答をしたということ、彼が「証拠を出さdemonstrateず」に「主張claim」しているということ、その行為が【確認】である…等の記述が妥当なのであり、彼の「記憶が活性化した」かどうかがレリヴァントというわけではないのである。

第3章　研究目的と分析対象・方法　95

　むしろ重要なのは、言語形式や表現の"プロトタイプ"の意味(平沢, 2019
が批判する水源説)にこだわらずに、その形式や表現がその場でどのような
相互行為の資源として用いられているのか、その分析・記述なのである。よっ
て、記述妥当性には、例え記述言語にぴったりした言葉がなくても、実際に
行われている行為を可能な限り記述すること、また、その例証がなされてい
ること、が重要であると言える。

　では、会話分析はどのような方法でその記述を行うのか。次項から順を
追って確認する。

連鎖組織

　本項では、研究方法として採用する会話分析の最も基礎的な分析基準であ
る、連鎖組織を概観する。

　「記憶」のような心的概念を研究としての俎上に上げる際、問題となるの
はその現象をどのように観察するか、である。すでに我々の公的・社会的側
面についてみてきた。社会的、というのはここでは、人との「相互行為」、
すなわち「やり取り」にかかわるものである。

　人々が「やりとり」をする際に用いられるのが、言語であり、会話である。
それは目的を持った制度的な institutional 場面かもしれないし、あるいは非
制度的な casual 場面かもしれない。ともあれ、我々はその会話を、「記憶」
概念が用いられる社会的な現象として観察・分析することができる。

　しかし、単に漠然と観察・分析をすることはできない。会話はいわば、走
り去る野生動物のように、音声情報としてすり抜けてしまうからだ。

　さて、我々は野生動物を観察したいと思う際、檻に入れて、その野生動物
を間近に見たいと思うだろう[3]。そのうえで、それが何科の動物であるか、
あるいはどのような特徴を持つのかを、記述したいと思うだろう。その「檻」
が連鎖組織であるといえる。

　連鎖組織は、「ある活動を行うための、ある行為がある行為と結びつく秩
序の仕組み」の事である。例えば、私たちは普通、「挨拶」をしたら相手が
「挨拶」をするものである、という常識＝秩序を持っている。もし相手から

挨拶が返されないとき、「無視されているんじゃないか」とか「声が小さかったからかも」とか理由を探ろうとする。それは、「挨拶を返さないこと」が異常（反秩序的である）から[4]に他ならない。その意味で、「挨拶」という活動を行う中で、一つ目の「挨拶」が次の「挨拶」を要求する、という秩序がある、と言える。

ほかにも「質問」に対して「答え」、「誘い」に対しては「受け入れ」「拒否」など、それぞれの行為の一つ目（第一連鎖成分：First Pair Part：FPP）が、二つ目（第二連鎖成分：Second Pair Part：SPP）を要求している。特にこれらを「隣接ペア adjacency pair」と呼ぶ。

隣接ペアは、もっとも典型的で単純な形をとる場合、以下の性質を持つとされる（Schegloff, 1968；Schegloff & Sacks, 1973=1989；串田［他］2017：78）。

1. 2つの発話からなる
2. 各々の発話を別の話者が発する
3. 2つの発話は隣り合う。FPPの直後にSPPが来る。
4. 2つの発話は順序付けられている。

また、これら隣接ペアを「ベース Base」と呼び、それぞれが前後に拡張されたり、中に別の隣接ペアが挿入されたりすることもある。

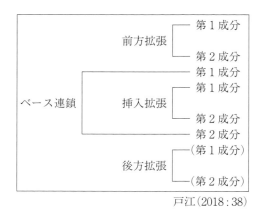

戸江（2018：38）

ベースの前に、前置き preface 等の準備である 「前方拡張 pre-expantion」がなされることもある。以下の断片では、例えば、FPP-Pre 等と表されたものがそれである。

作例 9.　前方拡張の例

A:来週の日曜暇?	FPP-Pre
B:うん。	SPP-Pre
A:映画行かない?	FPP-Base

この例は、ベースの隣接ペアに答えることができるかの利用可能性 availability を問う前方拡張である。

また、FPP の発話後の諸問題を解決するために「挿入拡張 insert expansion」が利用されることもある。以下の作例では FPP-Ins 等と表されたものがそれである。

作例 10.　挿入拡張の例

客：	お会計お願いします	FPP-Base
店員：	お会計はご一緒でよろしいでしょうか	FPP-Ins
客：	はい.	SPP-Ins
店員：	お二人で 2000 円です.	SPP-Base

のような、SPP-Base を産出するための確認の連鎖などが挙げられる(第二成分の前の連鎖;pre-second insertion sequence)。

また、相手の FPP が問題を持っていた時に起こる「修復 repair」も、この挿入連鎖に含まれる(第一連鎖成分の後の挿入連鎖:post-first insertion sequence)。以下のように例示できる。

作例 11.　第一連鎖成分の後の挿入拡張で起こる修復の例

店長：	今日のごみ出しよろしく。	FPP-Base
山田：	今日火曜ですよ。	FPP-Ins
店長：	あ、そっか。	SPP-Ins
山田：	明日捨てときますね。	SPP-Base

さらに、FPP、SPP の後を、第三の位置 Third-position と呼ぶ。この位置
は、FPP-SPP という隣接ペアの形を取らないこともあるため、まだ研究の
途上にある（戸江, 2018）とされている。この第三の位置では、連鎖を閉じた
り、不調和を解消したりする「後方拡張 post-expantion」を行うことがある。
第三の位置においては、最小の後方拡張（minimal post expansion：MPE）と
呼ばれる連鎖を閉じる第三の発話 Sequence-Closing Third が行われている。

作例 12. 最小の後方拡張/連鎖を閉じる第三部分の例

店員 A：	ごめんちょっとあれとって	FPP-Base
店員 B：	（（ものを取って渡す））どうぞ	SPP-Base
店員 A：	ありがとう	SCT（MPE）

Schegloff（2007）によれば、この「第三の位置」において起こることには、
英語の場合 "Oh" "Okay" や、それらを組み合わせたもの（Composites：Oh,
okay）、評価 assessment、完了の後の沈黙 post-completion musings/postmor-
tems 等、複数のバリエーションがある。

これとは別に、次のような、SPP への不調さを解消するために用いられ
る後方拡張もある。これは、最小ではない後方拡張（Non-minimal post-expan-
sion：NMPE）と呼ばれる。

作例 13. 「最小ではない後方拡張」の例

友人 A：	スマホ買った．	FPP-base	
友人 B：	へえ！	SPP-base	
	何買ったの？	FPP-base	
友人 A：	iPhone.	SPP-base	
友人 B：	iPhone の何？	FPP-post	[NMPE]
友人 A：	13．	SPP-post	

上記は、「最小ではない拡張」の中でも、他者開始修復に含まれるもので
ある。Schegloff（2007）によれば、他にも「反論を含んだ他者開始修復（「A：
嘘じゃないよ」→「B：そっかー．」→「B：え, 本当かなぁ？」）」、「話題化（topi-

calization）」、「第二連鎖成分への拒否・挑戦・不同意」、「第一連鎖のやり直しとしての後方拡張」などがあるとされる。

さて、このように、隣接ペアを最小単位とした連鎖パターン・連鎖組織に則って会話は進行しているのであるが、これら連鎖組織は、「次の発話順番での証明手続き（next turn proof procedure ; Sacks, Schegloff & Jefferson, 1974）」によって参与者自身の理解として記述することが可能になる（Lindwass, Lymer & Ivarsson, 2016 : 502）。これは、記憶概念を記述する際に非常に重要である。

例えば、追突事故で車をぶつけてしまった後日の示談を考えてみたい。追突されたA氏が、追突したB氏に、「事故当時の記憶はあるんですか？」と尋ね、それに対し、追突した側であるB氏が、「睡眠薬の影響で事故当時の記憶がありません」と答えたとする。このB氏の回答に、A氏が「そうなんですか…」と応答すれば、A氏はB氏の第2連鎖成分（SPP）を【情報提供】として聞いたことの証拠になる。他方、A氏が「言い訳はやめてください!」であればSPPは【言い訳】として聞かれた証拠になる。

01 A: FPP 「事故当時の記憶はあるんですか？」 　　　【情報要求】
02 B: SPP 「薬の影響で事故当時の記憶がありません。」
　　　　　　　　　　　　　　　↑　　　　　　　　　　　　　　↑

03a A:「そうなんですか….」	03b A:「言い訳はやめてください!」
↑FPPを【情報提供】として聞いたことの証拠	↑FPPを【言い訳】として聞いたことの証拠

図 3-1:「次の発話順番での証明手続き」の見取り図（発話は作例）

このように、発話とその行為は話し手のものだけではなく、聞き手にどのように受け取られうるのか、ということを想定しながら進めるという意味で、相互行為的である[5]。そしてこれらは、参与者が発話によって直前の発話をどのように受け止めているのか、ということを示している意味で、参与者の指向に沿った記述であるといえる。

このように、「覚えてる」「思い出した」などのことばのような一見して話し手の“心的”過程を指しているように感じてしまう言葉も、相互行為にお

いては、聞き手はそれを何らかの行為として捉えて反応する必要がある。そのため、その反応こそが、この「記憶」の心的述語を分析する貴重な資源になっているといえる。

ただし、Schegloff(1980, 1996=2018)の邦訳版の訳者でもある西阪仰氏が「訳者あとがき」で述べているように、「必ずしも隣接ペアという概念を用いることがいつも適切とは限らない」(p.210)断片もあった。ある行為が連鎖上どの位置にあるのか、参与者にとっても(ゆえに分析者にとっても)曖昧なことも多々ある。それを「決着をつけようとする」ことは、かえって参与者の指向を無視する結果になりかねない。

また、例えばある心的述語を含んだ発話が確かに FPP ではあるが、だからといって記憶の心的述語の使用と FPP の位置との関係性が希薄な場合などもある。これは、隣接ペアが普遍的にレリヴァントではあるけれども、記憶の心的述語の使用においては万能な分析尺度ではない例にあたる。連鎖組織は確かに便利な「檻」ではあるが、一方で「檻」に入れてしまうからこそ観察しにくくなる現象もある、と言えるかもしれない。チーターの最高時速を檻の中では測ることができないのと同様である。

記述用語の制約

従来の会話分析研究ではある行為に対してそれがその場にレリヴァントであり、記述として成り立つ範囲において、記述用語を創造したり、認知主義的なニュアンスを持つ語を用いてきた。しかし、Potter の述べるように、それが認知主義的な立場を取ることであると理解される場合もあった。

よって、本研究では記述する語に一定の制約を課すほうがよいだろう、と判断した。その制約とは、認知主義色の強い語を可能な限り使うことなく記述を行う、という制約である。例えば、認識する、認知している、記憶が活性化している、想起している、期待する、切望する等の、いわば内的・心的方向へとミスリードされてしまう可能性のある記述を行わないという試みである。

西阪(2000)は、相互行為において「認識」がレリヴァントになる場面を、

電話会話の冒頭、特に発信者が誰かを述べることに見出し、分析している。西阪によれば、「認識する」ことは相互行為的に調整される。電話の掛け手が、受け手に自らをどのように認識させようとするかをレリヴァントとして自らを指示することは、その場その場によって異なる相互行為的調整である。「あのぉ、俺だけど」と言える場合もあるし、「○○大の千々岩です。」と言わなければならない場合もあるわけであり、その限りにおいて、「認識」は参与者にとってレリヴァントになる。

　しかし、この場合の「認識」は、「誰か分かるか」ということの、認知主義的な言い換えである。西阪の指摘は、「誰か分かるか」という事は、相互行為的に調整されている、という記述なのである。であれば、「認識」という言葉は、記述に用いられる限りにおいては、我々が普段用いるある語に言い換えられるような意味合いであるように思われる。しかし、それを記述に利用することは、どこまでが認知主義的な意味合いで用いられ、どこまでが相互行為上の意味合いで用いられるかを見えにくくしてしまう。例え、前もって定義を行ったとしても、それがその場その場で調整されるという局所性を鑑みると、定義を行うこと自体が困難であるようにも思われ始める。

　そのため、本研究ではより"無難な"日常言語での言い換えに頼るという方略を取った。ゆえに、記述がときに冗長になることもある。しかし、精確性を求めようとするのであれば、それもやむを得ないと考えた。

　また、この試みは、すでに膨大な蓄積があり注目を集めている認識（Epistemics）に関する研究群（Heritage, 2005, 2007, 2011, 2012a, 2012b, 2013, 2015 ; Raymond, 2003, 2018 ; Hayano, 2011 等）を基礎にはおかない、という事になる。早野（2018）も指摘するように、会話分析における認識研究については、それが研究者の先入観によって歪曲することなく描きだすことが重要である。しかし、認知主義的記憶観が記憶概念の研究において前提とされる中で、どこまでが研究者の先入観であるのかを区別し、それを制限することは困難であるだろう。また、2010 年代後半においても、Discourse Studies 誌上で Heritage, Raymond ら会話上の認識（Epistemics）について研究する派閥と、それを批判する Lynch や Macbeth らの間で論争が行われている[6]。Epistemic

Program（EP）論争と仮称する。この論争中、EP は情報主義 informationism
と指摘されてもいる（Lynch & Wong, 2016）。この「認識」についての研究
群を分析に導入することがかえってその場の活動を見えにくくしてしまうと
考えた。ゆえに、ここでは認識に関する議論は有効な視点として利用される
可能性を有していることは理解しながらも、本研究では上記の理由からその
知見を取り扱うことはしなかった。

4. 第3章の小括

　本章では、研究目的、分析の対象となるデータ、ならびに分析方法につい
て概観した述べた。今一度、本研究の目的を振り返っておこう。

> 　認知主義的記憶観において、記憶と関わりがあると考えられる心的述
> 語（「思い出す」「忘れる」「覚えている」等）が、参与者自身が行う会話
> の中でどのように利用され、どのような相互行為を行っているのか、そ
> の方法を系統的に解明すること。

　本研究は、日常会話（雑談）において、特に記憶の心的述語において特化し
た研究であるという点で、新規性があるといっていい。また、作例はたびた
び用いるものの、記憶の心的述語を用いた録音・録画データを用いた点で、
日常言語哲学からエスノメソドロジーにまで続く記憶の社会（学）的取り扱い
の試みの延長線上に位置づけることができる。
　一方で、研究方法として、会話のその場の参与者における行為を記述する
目的で、会話分析を用いることとした。我々が普段用いている記憶の心的述
語の記述を行うことで、認知主義的記憶観とは異なる記憶の心的述語の用い
られ方を記述できると考えたからである。
　さらに、特徴的な点として、行為記述を行う際に、可能な限りにおいて認
知主義色の強い術語を用いないことによって、概念的混乱から隔離する方法
を採用することを述べた。

注

1 ）非選好応答とは、第一連鎖成分に対して選好(preferred)ではない応答である。たとえば「今何時？」という【情報要求】に対する選好応答は「5 時」という【情報提供】である。一方で、「わからない」「ちょっとまって、携帯見てみる」等は、始めの問いに対する最小の応答ではなく、また、選好応答に比べて相互行為上時間がかかる、目的が達成されない、など「好ましく」ない。このようなものは非選好応答と呼ばれている。

2 ）ここで「前後文脈」と言わないのは、ある発話がなされたときに原理的にはその後に何が起こるのかは確定していないからである。ただし、もちろん、何が相互行為規範として「何が来るべきか」ということ(これをスロットと呼ぶ)は我々は相互行為的知識を用いて予測することはできる。

3 ）檻の比喩は Gene Lerner 氏が「関西会話分析研究会」でのセミナーをされた際に、連鎖組織を説明する際に利用されたものである。利用させていただいた。

4 ）これが人間の社会性を表しているといえるのは、家にある観葉植物に挨拶していることを考えるといいだろう。観葉植物に挨拶をして、返答がなかったからと言って「無視されているかも」とは思わないだろう

5 ）この心的な過程が発話以前に行われている、という理解は認知的な研究スタンスであると言える。ウィトゲンシュタインであれば、それを(他の社会成員から獲得された、過程ではない)学習の結果だと述べるだろう(Wittgenstein 1982=2016：LW1 866-880：232-236)。

6 ）Lynch and Macbeth(2016), Lynch and Wong(2016)を含む Discourse Studies 18(5)での特集、およびその反論特集である Discourse Studies 20(1) (Heritage, 2018；Raymond, 2018 等)を参照のこと。

第4章　会話の進行を調整する記憶のことば

　まず本章では、記憶の心的述語の使われ方が、広く会話中の「進行を調整する」という相互行為的資源であることを述べる。

　雑談には、会話の進行が必要不可欠である。ただし気ままに話題を選び、ただ自分の話したいことを話したいままに話しているわけではない。「話に花が咲く」という時の印象は、一人が何かを雄弁に語っているというよりは、むしろ会話に参加する人々が巧みにターンを取り、話が調和的に進んでいくような印象を受ける。また、「話し上手は聞き上手」と言われるように、話すことと聞くこと、話し手と聞き手は不可分であり、さらに参与者は秩序的に入れ替わる。我々はこのように、言語表現に我々が心地よいと感じる規範を刻印（串田, 1997 : 176）している。

　しかし、そのような調和や秩序を保つには、しばしば、さまざまな相互行為上の課題を解決していかなければならない。分析・記述の結果、記憶の心的述語がが、そのような会話の進行に関わる課題への対処に用いられていることを、本章では明らかにする。

　本章で取り上げる、進行を調整する記憶の心的述語の使い方は4つある。

- 第4章2節：話題開始を適切にする
- 第4章3節：噂話の話題の導入を確認
- 第4章4節：追加説明の参照点を確認
- 第4章5節：充分な情報を与えたことを示す

　これらは主に、話し手が記憶の心的述語の動作主で、前置きの連鎖の第一成分として用いられるという共通性を指摘できる。

　まず、次節では会話分析研究の中で特に「進行性 progressivity」と呼ば

第 4 章　会話の進行を調整する記憶のことば　　105

れる事象についての先行研究を参照する。

1.　進行性に関する先行研究

　本節では、本章全体に関わる会話分析の概念である「進行性 progressivity」
についての先行研究を概観する。

　まず、会話や活動の進行性の議論は、言い間違いや会話上の不都合の訂正
等を行う「修復 repair」や、会話中ある場所や人物などを指す「指示 reference」
に関係した議論として取り上げられる。というのも、例えば、会話中起こる
言い間違い等への「修復」は本題 main activity のやり取りから外れるため
に、時間がかかるからである。

　また、「指示」が進行性の問題でありうるのは、例えばある人の噂話をす
る際にその人を「山田さん」と呼ぶか、「企画部の山田さん」と呼ぶか、「企
画部のメガネかけた人」と呼ぶか等の選択は、どのようにある人物を表現＝
「指示」すれば滞りなく会話が進行されるか、という進行性上の問題[1] だか
らだ。

　Kitzinger(2013)は「進行性」を以下のように定義づけ、修復組織との関
係を述べている。

　　　進行性 progressivity という術語は、通常、（例えば語の中の音、TCU
　　の中の語、ターンの中の TCU、行為連鎖の中のターンなどの）相互行為
　　の組織の要素 components のほとんどが前の要素に直接、有意な続く形
　　で続くという、その［連続］関係に対する観察について述べている。そ
　　して、修復はその進行を一時停止 halts させる。

　　　　　　　　　　　　　　Kitzinger(2013 : 238–239)［訳は引用者による］

　まず、通常、発話は統語的性質を持つが、ある発話が統語的に途中である
ことそれ自体が、発話に続きがあることを投射している(Goodwin & Good-
win, 1986 ; Sacks et al., 1974)。また、Kitzinger(2013)は、TCU が修復など

によって中断されるとき、続きがあることを示し進行性を確保するために、様々な方法が用いられる様子を示している。例えばカットオフ(-)は、それが平板(_)や下降調(.)ではない"通常の終わり方"ではないことを示すことで、次に別の要素が続くことを投射するという。さらに、「吸気」は、さらに話続けるという音声エネルギー acoustic energy の資源になるという。また、uh などフィラー filled pause とたびたび呼ばれるものは、続きを投射すると共にターン構成要素 turn construction unit に何も加えないことで、しかし音声的に進行させつつターンを保持することができるとしている。

　また、Schegloff(2011)によれば、進行性は会話の局所的な組織 local organization にかかわるものであるとされている。これは、3章で見た会話の連鎖組織について述べていると考えられる。一方で Schegloff は、「局所的な組織は全体構造組織 overall structural organization への参照なしには成り立たない」とも述べている。そのため、進行性は、全体構造組織とも相互に影響を与え合っていると言ってよいだろう。

　　ユニットや組織の秩序のすべてが（あるいはほとんどが）、様々な粒度に沿って一つのサブユニットから次のサブユニットへと進行性に従って作動するような局所的な組織 local organization と、そして全体的構造組織 overall structural organization を持つことが可能である（あるいは持つはずである）。全体的構造組織は、局所的な組織によって成り立つ。そして、局所的な組織は、全体構造組織（これは複数にもなりうる）への参照なしになしとげられることはない。

　　　　　　　　Schegloff(2011 : 378-379)［訳・下線は引用者による］

　このように考えると、語を構成する音声というミクロな要素から、活動を行う中の会話の全体構造に至るまで、「進行性」は広く関わる分析概念であることが分かる。

　さて、では記憶の心的述語は、実際の断片ではどのように進行性に関わるのだろうか。次項で検討する。

2. 話題開始を適切にする

本節で扱うのは話題の開始を適切にする「思い出した」等の記憶の心的述語である。次のような断片である。

発話例1. CallFriend japn6698［お昼であたしは思い出した］［聞こう聞こうと思って忘れたんやけど］

```
997  KN:→  .hhhh¥そうお昼であたしは(h)！思い出した¥  =  [.hh¥>ちょっと<
998  YU:                                                [>うんなに?<
999  KN:→  =¥聞こう聞こうと思って忘れて[たんやけ[どぉ,¥  .hhなんか前あの
000  YU:                            [う::ん.[なにぃ?
001  KN:    ¥うどん屋でよねぇ?[なんか変なのもらった(がねぇ)¥ehehe]
```

これは、話題の終了が可能な位置で、次の話題提示を適切にするやり方の一つである。連鎖は次のような基本的な連鎖組織をとる。

連鎖例1.　話題開始を適切にする使われ方
```
01  A & B : 話題の終了可能点                      SCT
02  A か B : 話題の開始準備  「思い出した」「忘れる前に〜」  Pre
```

本節の分析が「話題の開始」に大きく関連することから、次節ではまず「話題の開始」にかかわる先行研究について概観する。

話題の開始に関する先行研究

本節では、話題の開始についての先行研究を概観する。

既に述べたように、参与者は参与者が「話したい」ことを「話したい」ように話しているわけではない。そこには一定の秩序があり、その場の成員と調整される形で展開する相互的なものである[2]。

会話分析においては、串田(1997)によれば、「話題を探す」や「話題につ

いていく」というような表現は、会話が流れであるということを刻印された表現として定着している（p.176）。特に、流れに沿ったスムーズな話題の移行は、「切れ目のないトピック移行（stepwise topic transition/movement；Sacks, 1992：vol.2：566；Jefferson, 1984；Sidnell, 2010：204-241）」と呼ばれている。このようなトピックの移行では、話題が会話参与者たちの「共－選択co-selection」という、同じクラスのものに属する項目 term を話題として用いる手続きをすることによって、前の発話で話されていたことについて整合性を保ちつつ連続的に話題として言及することを可能にしている。

　例えば、「美味しいタコを食べたこと」が話題になった際には、同じクラスに属するものとして「美味しい食べ物」というクラスも可能であるし、また「タコ」の類似の食べ物として「イカ」、あるいはより広げて「海産物」、または参与者がタコを嫌うなら「他の嫌いな食べ物」と広げる事もできるし、仮に彼らが漁師であれば「漁場」というように、それがその参与者たちの中で類似のものであると共－選択される限りにおいて、整合性が保たれ話題が連続するというわけである。

　一方で、話題の移行が「境界付けられた移行 boundaried topic movement/transition」である場合もある。この場合、「トピック生成シークエンス topic generating sequence（Button & Casey, 1984, 1985；Sidnell, 2010）」という方法が参与者によってとられる。この連鎖には、他の参与者にトピック端緒を引き出すような質問をしたり（topic-initial elicitors「最近どう？」）、過去にあったことをニュース項目にして話題にしたり（itemized news inquiries「この間の T どうなった？」）、ニュースを述べる（news announcements「そういえば T があったんだけどさ」）などの方法によって、次の話題を産出する準備があるかを協同的に調整する方法を我々は持っているというわけである。

　さて、トピック移行が記憶の心的述語の関わりで問題になりうるのは、何か話を始める際に、「思い出した」という時、そもそも参与者たちは、この記憶の心的述語の使われ方で何を行っているのかということである。"素直に"認知主義的記憶観に従えば、話の開始時点に「思い出した」という事は、「X を思い出したから X を話題にする」という原因－結果関係にある二段階

第 4 章　会話の進行を調整する記憶のことば　　109

の行為を想定して記述することになるだろう。

　しかし、本章で分析するデータでは、「思い出した」などの記憶の心的述
語は、話題を大きく変えうる手段として用いられたり、特定の活動（例えば
噂話）を続けるための手段としても用いられている。そして、どのデータも
話題の適切でスムーズな移行を参与者が指向していることが明らかになった。
次節でデータを分析・記述する。

話題開始を適切にする記憶の心的述語の分析・記述

　話題の開始を適切にする使われ方の代表的な例は、記憶の心的述語の使用
は、これからの話題を予示し、準備することで、「適切に仕立て上げる」た
めに用いられているものである。

　この断片では、参与者の YU が仕事を探しており、求職の相談のために知
り合い A に会いに行こうとしている。A は KN の住んでいる場所の近くで
働いているため、A に会いに行くのであればついでに KN とも会えるため
に、一石二鳥であることが述べられている。

　ここで問題になっているのは、YU は A への訪問に先立ってアポイント
メントを取るかどうかで迷っていることである。KN は YU の迷いにアポイ
ントを取ったほうが良いと述べ、972–973 行目で【助言】する。

**断片 3.　CallFriend japn6698［お昼であたしは思い出した］［聞こう聞こう
　　　　と思って忘れたんやけど］**

972	KN:	[u-u-u-ん..hh かあその前に::::,電話してぇ::,
973		.hhh n-来ていいですかぁとかって言ってもしぃ,　　　　【助言】
974		(1.4)
975	YU:	あ h そっかぁ::.
976	KN:	.hh うんでもぉ:,.hh 行ってみ
977		(1.7)
978	KN:	る?　　　　　　　　　　　　　　　　　　　　　　　【提案/助言】
979		(0.8)
980	KN:	[ようわからんけど.　　　　　　　　　　　　　　　　　【撤回】
981	YU:	[う:::ん.°(どうし)°よう:::ahah!e[he

982	KN:	[uhuhu↑hu↑hu	
983	KN:	huhuhuhuhuɹu	
984	YU:	う::::ん.	
985	KN:	.hhh¥[↑う::ん.¥	
986	YU:	[まぁ,あの::あたしが:::,i-	【話題変換】
987		(0.2)	
988	YU:	i-もしいかなかったんにしろぉ, 00h:20m:00s	
989	KN:	う::ん.	
990	YU:	あの::いつかぁ,$あおっかぁ.$ (($$は嬉しそうな声))	【誘い】
991	KN:	うん!そうˌしよぉ:::¿	【受理】
992	YU:	う::ん.	【SCT】
993	KN:	うんうん.¥じゃぁ¥hahahhh [.hhh じゃ(h)ぁお昼一緒に¥	
994	YU:	[ahahi!	
995	KN:	¥食べま[しょ::?¥	【誘い直し】
996	YU:	[↑う::ん.	【受理】
997	KN: →	.hhhh¥そうお昼であたしは(h)!思い出した¥ = [.hh¥>ちょっと<	
998	YU:	[>うんなに?<	
999	KN: →	=¥聞こう聞こうと思って忘れて[たんやけ[どぉ,¥ .hh なんか前あの	
000	YU:	[う::ん.[なにぃ?	
001	KN:	¥うどん屋でよねぇ?[なんか変なの もらった(がねぇ)¥ehehe]	
002	YU:	[.hhh あ れ さ ぁ う ち で-うちでぇ,]	
003	YU:	パーティーの時見たでしょ?	【確認要求】
004	KN:	えっ?見てないよ?	

ターゲットラインは997と999行目であり、KNが「思い出した」「忘れていた」と記憶の心的述語を用いている。

まず997行目までの文脈を確認しておこう。

986–990行目で「今度会う」ための【誘い】が行われ、991行目でそれが【受理】される。その連鎖を閉じるやり取りが992–993行目の「うんうん」で行われ、「誘い」という活動が収束の話題/活動の完了点が生じている。

それを再度開く形で、993–995行目でお昼一緒に食べるということが笑いながら発話されている。これは990行目のYUの「あおっか」の内容を細かく述べて、KNが【誘い直した】第三の位置の連鎖であると考えられる(第一連鎖成分をもう一度行う第三位置の連鎖:First Pair Part Re-working

Post-Expansion）。しかし、993 行目の途中で発話された笑いの位置が、特に直前で面白いことがあったようには聞こえず、むしろ新しい活動の予兆のように聞こえる。

その後、ターゲットラインである 997 行目で KN は、「¥そうお昼であたしは (h)!思い出した¥」と言う。この発話は、「お昼で」という前の話題から続く項目 term とともに記憶の心的述語「思い出した」が用いられている。

「¥そうお昼であたしは (h)!思い出した¥」と述べることは、「これから話す内容が前の話題（「お昼」）と同じクラスに属している」ことを相手に示す。さらに、発話全体でこれから「お昼」クラスに属する、別の「面白い」話題を始めることを予示する行為であり、また、境界付けられた話題の移行をしている。

それを証拠に、この 997 行目の発話を聞き終えて 998 行目で YU は「うんなに？」と述べている。これは、「思い出した内容物」を問うているように聞こえるかもしれないが、話題という視点から見れば、その移行先の話題が何であるかを問う事によって話題の進行に協力していると記述できる。

また、突然に話を始めるのではなく、このように予示が産出されていること自体が、これからの会話が「お昼」と直前の話題と同様のクラスに属しながらも、その直前の話題とは性質の異なる話題をすることを指向していることも表している。

さて、KN はさらに 997 行目でラッチングし、999 行目にかけて「.hh¥>ちょっと<¥聞こう聞こうと思って忘れてたんやけどぉ,」と述べる。この発話は、この後の話題が話題として“昔から話そうと思っていたこと”であることを投射する。言い換えれば、「昔からこのことを話したかった」と言うことが、この位置で「お昼」クラスの話題を始めることの理由付けになっている。これは翻って言えば、この位置でこれ以降行う話題をすることが本来順当／適切ではないということ、つまり境界を自ら作っていること、に指向しているからに他ならない。この発話がなければ、不適切な位置の発話として、唐突な印象を与えてしまっていただろう。そのため、これは Schegloff (1980) の言う「準備のための準備（プレ・プレ）」に近いものであると考えら

112

れる[3]。

　以上から、記憶の心的述語の使用は、これからの話題を予示し、準備することで、話題を適切に仕立て上げることしていると結論できる。

　発話の冒頭要素を検討した伊藤 (2018) によれば、発話の冒頭に来る言語的要素はその発話以前を指向するものと、その発話以降を投射するものに分けることができるという。発話は以下のようであったが、997 行目と 999 行目を逆にすることは出来ないように感じる。

[断片 3 の一部再掲]

```
997  KN: → .hhhh¥そうお昼であたしは(h)!思い出した¥  =  [.hh¥>ちょっと<
998  YU:                                          [>うんなに?<
999  KN: →=¥聞こう聞こうと思って忘れて[たんやけ[どぉ,¥  .hh なんか前あの
```

　とすれば、「あたしは思い出した」、というのは、前の話題に連結してその話題を始めるターンを取ることに用いられ、「聞こう聞こうと思って忘れてたんだけど,」は後続する話題が、今まさに聞かんとするのが適切だということを話題の要旨として投射している (pre-beginning ; Sacks, 1992 : 799) と記述できる。

　次の断片も、直後の話題への移行を適切に仕立て上げる発話として理解される。この断片の参与者 MY と FE は、アメリカとカナダにそれぞれ住む友人である。FE が MY に向けて先日手紙を送ったのだが、その際に FE は「romantic heart break (ロマンチックな失恋)」をしたという事を綴っていた。それに対し、MY は誤読して「ロマンチックな Heart 大学の休み期間」だと思っていたが、後でそれが誤解であったことに気付いて、その悲しい内容に反して笑ってしまったという。それに対して、FE は傷づいてるのに笑われてショックだったと語る。

断片 4.　CallFriend japn1758 [あでも忘れる前に電話番号教えてぇ?マイさんの.]

```
663  FE:    ¥すごいでも傷ついてるのに笑われちゃってちょっとむ[っと,¥
664  MY:                                               [そぉ:::!
```

第4章　会話の進行を調整する記憶のことば　113

```
665  FE:    uhuhuhu! [hahaha
666  MY:          [あたしもあ<なんてひどい>[って自分のさぁ勝手な=
667  FE:                           [euhuhu
668  MY:    =ミスアンダス[タンドに.hhh<なん[てぇ,>わるい!
669  FE:            [uhuhu        [.hhhh
670         (.)
671  MY:    [.hhh って思い[ながら自分::で,うん.やったことに笑ってた.【語り】
672  FE:    [ehuhu    [思っちゃったぁ::?              【反応】
673  FE:  → .hh>°う::ん.°あでも!<忘れる前にぃ,        【理解】→【適切】
674      → 電話番号教えてぇ?マイ[さんの.            【情報要求】
675  MY:                   [あぁそうそう.
676  FE:    電話ってあるのぉ?
677  MY:    [あるよぉ.
678  FE:    [ehuhu! あるよねぇ? [.hhh いや-         [でもさぁ,
679  MY:                 [だからかけてん¥じゃんよぉ[ho¥.
```

　ターゲットラインは 673 行目の「あでも！」から、674 行目である。

　本データは 1996 年に録音されており、遠隔地に住む二人のやり取りは主に手紙か電話である。MY は最近住居を変えたことがこれまでに言及されているために、電話番号を伝えておくことは、今後の 2 人が人間関係を維持していく上で重要になる。

　ターゲットライン 673 行目の「°う::ん.°」は、TCU の完了可能点 possible completion であり、かつ話題の完了点と記述できる。言い換えれば、そのあと話題が続けられてもいいし、別の発話連鎖/話題が開始されてもよい位置である。

　その場所において、FE は「あでも！」と発話し、これまでの話題と何らかの逆接的な関係であることを投射する。そこでさらに「忘れる前に」と続けることは、これ以降の話題が緊急の課題であることを投射し、この話題を開始するための適切性を示す手続きになっている。

　ここでさらに特筆すべきなのは、発話が線的特性(Saussure, 1949)を操作する形で行われていることである。述語「忘れる」は、統語構造上「X を忘れる」とヲ格を要求すると考えられるが、「忘れる前に」と述べた時点では

「何を」忘れるかのヲ格が発話されていない。そのため、この述語は、ヲ格を必要とせずに利用可能な行為の言語資源であることが分かる。「X を忘れる前に、」という語順で利用する必要が必ずしもないことは、特筆すべきである。

　そのため、相手である MY にとって FE の発話はまず、「何か緊急の話題がここで開始される」ことがわかり、その後、どのような話題をこの場所で適切にしようとしているのか、FE の話を引き続き聞くことを要求されるような使われ方であることがわかる。

　675 行目の MY の反応も面白い。「あぁそうそう.」という際の「そう」は単なる肯定ではなく、他の参与者の直前の発話を貢献として組み込む（串田, 2006：197）使われ方をしている。その意味で、この MY の 「あぁそうそう.」は、FE がこの位置で緊急の話題が開始されることに対して、例えば「私もその話題をしようとしていた」等と、この場の貢献として見なす表現だと言える。

話題開始を適切にする記憶の心的述語の考察

　以上の分析から、「思い出した」「聞こうと思って忘れてたんだけど」「忘れる前に」等の記憶の心的述語には、話題開始を適切に仕立て上げる使われ方がある事を見た。

　この心的述語の使用は話題の「境界付けられた移行」を適切に行うこととして用いられている。記憶の心的述語は、これから開始する話題が、これまでとは違う話題であることを示しつつも、話題移行をその理由を示すことで適切に、スムーズにしようとする手続きに用いられていた。

　断片 3 では、記憶の心的述語を用いた発話「お昼であたしは思い出した」が直前との話題の連続性・類似性を、「聞こう聞こうと思って忘れてたんだけど」が、導入しようとする話題の性質を投射する使われ方をしていた。

　また、断片 4「忘れる前に電話番号教えて」では、それが今までの話題とは異なる、緊急の話題が行われることをあらかじめ他の参与者に表示することで、話題の適切な移行を確保しようとするものであった。

これらの意味から、単に「思い出した」「忘れていた」「忘れる前に」という想起、忘却の事実や、忘却の予定を報告しているのではなく、むしろ話題の急激な変化を他の参与者に示す行為であると言える。

この急激な変化は、次の話題が「本来順当ではない話題である」ことを話し手が示すことである。その意味で、この発話は「これまでの話とあまり関係のないものとして聞け」という、境界付けられた移行のマークとしても成り立っている。この連続−分断の双方を示すことができるということは特筆に値する。

認知主義的記憶観に素直に従えば、「X を思い出したから、X を話題にする」という記述が行われるかもしれない。しかし、以上のように考えると、「思い出した」という事を「X の想起すなわち X を話題に」と記述した際には、話題の開始が「境界付けられた移行」ではないことを示すこと、話題の開始が唐突だとマークすること、しかしそれを適切だとすること、等の記述が見過ごされてしまうことを意味する。よって、「X を想起し、それを話題に」という記述は、相互行為に対する精確な記述とは言えないだろう。

3. 噂話の話題の導入を確認する

次に本節で分析・記述するのは、参与者が噂話をする確認の前置きとして、記憶的意味を含む心的述語が用いられている場合である。典型的に、このような発話は「[人名]（って）覚えてる？」という形で発話され、前方拡張で話題開始の可否と内容の投射を行うことに用いられる。次のような断片である。

発話例 2. CallFriend japn6763［あっ! .hhh あのねぇナカヤマさん覚えてるぅ?］

```
002  Yum:      °あっ!そうなん[d-°
003  Toy:   →              [あっ! .hhh あのねぇナカヤマさん
004         →覚えてるぅ?
005  Yum:     ↑う[ぅ:::ん!
```

このような連鎖を持つ発話は、噂話などで話題が導入可能かどうかを他の参与者に確認する連鎖中で発話される。ゆえに、連鎖例はこのようになる。

連鎖例 2. 話題の導入確認の使われ方
```
01  A：話題導入の可否確認   「[人名]＋(って)覚えてる？」    FPP-pre
02  B：主張/立証(導入可能) 「うん」/「[職業]の人でしょ？」  SPP-pre
03  A：話題の結末部分      「～ってことがあった」        FPP
04  B：反応(「評価」「驚き」など)「そうなんだ！」          SPP
```

　この種類の「覚えてる？」は、前方に[人名]が来ることが多い。ゆえに、話題の開始と人に関する指示表現 person reference について、まずは確認する。

指示表現に関する先行研究

　Drew (1989) によれば、Sacks は 1971 年のレクチャーで、*Remember X?*（「Xって覚えてる？」）という表現は、マインドコントロールのようなもので、「質問」ではなく「命令 commanding」だ、と述べていたとしている。例えば「あなたが 10 年前持っていた車覚えてる？」と聞かれた相手は、その車について話すことに異議申し立て出来ないし、それを除外することもできないし、思い出さないように努力することもできず、頭の中に現れることを制御することができない、という[4]。この分析は、認知主義に偏った記述ではあるが、「Xって覚えてる？」という事が話題の導入として非常に強力なものであることを表している。

　本研究での分析において、「X(って)覚えてる？」という問いがなされるとき、基本的に X 部分は[人名]に関するものであった。そこで、まずは日本語における(人物)指示表現について、会話を記述的に研究したものを概観しよう。

　指示表現を扱ったものは会話分析の分野において多々ある (Sacks & Schegloff, 1979 ; Hayashi, 2005 ; Heritage, 2007 ; 串田, 2008 ; Enfield, 2013b ; 須賀, 2018 など)。

もっとも基本的な文献である Sacks & Schegloff(1979)は人物指示の際、「最小指示の選好(一つ以下の指示表現を使うこと)」と「受け手デザインの選好(認識可能子：recognitionals を使うこと)」の二つの対立する選好があるという。これを補強する形で、Enfield(2013b)は指示における選好を以下の5点にまとめている(p.443)[5]。

表 4-1：Enfield(2013)における指示表現の選好のまとめ(引用者作成)

選好	下位分類(あれば)	例(引用者作成)
(i)受け手へのデザインの選好	a.認識を達成せよ	
	b.関係の近さ/タイプを表示するか、引き出せ	×メアリー ○あなたが昨日会った子
(ii)表現の手段の最小化の選好	a.単一の参照表現を利用せよ	
	b.詳述より名前を用いよ	×あのかわいい子 ○メアリー
	c.可能であれば2項目あるうちの1つだけを用いよ	×メアリー・ジェーン ○メアリー
(iii)行われている行為に合わせた表現への選好		(愚痴を言うときに) ×メアリー ○あのメアリーの野郎
(iv)ローカルな文化や制度的制約への観察の選好		(海軍で同僚に) ×メアリー ○ワトソン少尉
(v)参与者に沿って表現を明示的に関連付けるという選好		×メアリー ○あなたの妹

　ここで注目したいのは、各種の選好が同時に指向されるわけではなく、表現が局所的に選択されることである。例えば(ii)と(iii)は一見矛盾しているように見える。しかし、逆に言えば「最小の指示をしない」ことによってある特定の行為をしているということが明らかになるだろう。それを証拠に、【愚痴】という行為の場合、「メアリーは」というより「あのメアリーの野郎は」というほうが、その行為に沿っているように聞かれる。このように、行為－指示は単に「認識を達成する」だけでなく、どのタイプの指示を行うか

が行為の資源になっているのである。

　また、Sacks & Schegloff(1979)やHeritage(2007)によれば、そもそも、ある指示を行う際に参与者について直近の課題(ジレンマ)となるのは、他の参与者にどのような形で指示すれば会話の進行性が妨げられることなく認識してもらえることができるか、であるという。確かに、ある人のことを知っていると思って話をはじめ、実は他の参与者が知らなかった、などとなればまた一から話を始めなければならないし、かといって、すべての人物を一から説明することは、進行性を阻害し、話題の焦点をぼかしてしまうだろう。

　人物指示によって進行性が妨げられないようにする方法としてHeritage(2007)は、英語の研究において、移行を拡張するスペース transition expansion space を挙げている。これは、他の参与者にターンを渡す前に自らスペースを拡張して認識を確保するものであり、しばしば「Xって知ってるよね?(you know X)」や「Xって覚えてる?(remember X?)」のような「より明示的に認知を引き出す形式」が用いられる。この場合、これら"you know X"や"rememberX?"などは、「訂正された指示 revised reference X」の直前[6]に来るという。次の例では、1行目のStellaが、2行目のStella Huntに訂正された例であり、その直前に動詞 remember(トランスクリプト上はremembuh)が使われている。

　　Example (11)［Her：OI：18：2：］
　　1 Jan:　Wel- .h uhm ah: j'st jadda ca:ll fr'm uh: (.) <u>St</u>ella =
　　2　　　　=<u>you</u> remembuh Stella ↑Hunt?

　　1 ジャン:　あのー .h えっと あ:　電話がかかってきたんだ(.)ステラ=
　　2　　　　　=覚えてる?ステラ・ハントって.

　　　　　　　　　　　　　　　　Heritage(2007：262)［日本語訳は引用者による］

　さらに、Schegloff(2007)は、英語の remember がニュースの前置き pre-annoucement に使われることを示している。Schegloff によれば、ニュースの

前置きには数多くの種類があるが、基本は以下のような形式で行われるという。一つ目の Guess に続いて、三つ目に Remember がある。

Guess		what		
		who		
Y'know	+	when	+	more or less detail
		where		
Remember				

Schegloff（2007：38）

　Schegloff（2007）の示したデータ中に述語 remember が用いられている実例はないが、作例するとすれば "Remember where we met for the first time?（僕らが初めて会った場所覚えてる？）" と述べた後に、「たまたまあそこの前を通ったけど全然変わって無かったよ」などとニュースを伝える場合がそれに当たるであろう。

　また、串田（2008）は日本語の中でこの種のジレンマがどのように扱われているかを記述し、「認識用指示試行（e.g.江守徹？）」「認識要求（e.g.ミキちゃん知ってるやろ？）」「知識照会（e.g.そういえばヨゼフってわかります.）」の3つの実践 practice を例示している。

　発話例2の「ナカヤマさん覚えてる？」、さらに本節で参照する断片は「認識要求」の実践に類似しているように見える。串田の言う「認識要求」とは、「って知ってるよね？」等の統語リソースを用いることで、他の参与者に提示し、「聞き手が指示対象を知っているという指示者の想定への確認を聞き手に求める」（串田, 2008：100；須賀, 2018：56）実践を指している。

　さらに串田（2008）は、この「認識要求」での「仕事」に3種が観察されたことを報告している。概略を説明すると、以下のように言うことができる。

①本題行為（main activity）のための前置き（pre-sequence；Schegloff, 2007）。
　　たとえばNさんにかかわる「依頼」を聞き手に行う前に「Nさんって知ってるよね？」→「うん」→電話してくれない？」というように聞き

手に確認する実践。

②本題行為の発話をどのようにデザインするかを定める予備的言及（pre-mention ; Schegloff, 2007）。他の参与者が「知らない」といった場合に、「Nさんって後輩がいてね」と発話のデザインを変えることが可能な予備的実践。

③認識できない可能性に気づいたり、認識できないことが顕在化した時の不十分さの解決。話しているときに理解齟齬が起こった際に、「Nさんって知ってるよね？　その妹。」というように、他の参与者の理解を助ける実践。

　この串田（2008）の記述が「覚えてる？」にも適用できるかを考える際にはまず、「覚えてる」が「知ってるっけ」「知ってたよね？」などの表現と同じ行為をするのか、という事についてまず確認する必要がある。串田（2008）では、認識確認の実践として「知ってるよね？」などの言語形式が用いられるとしていることを指摘している。

　では、「知ってるよね？」と「覚えてる？」とはどのように違うのか。ウィトゲンシュタイン派の日常言語哲学者である Malcolm（1977 : 102-103）は、記憶が、「ある種類の in some form」知識だと認めつつ、しかし、記憶と知識がすべてのケースで言い換え可能ではないということを示唆している。Malcolm の例によれば、ある人が不可思議な体験を幼少期の時にしたとして、その体験があまりにも不可思議であるために、ただの幻想であったと願っている場合を挙げている。その人は、不可思議な体験を「信じ」てはいないし、その体験をしたことを「知っている」とも記述できない。Malcolm はこの時、彼がその体験を「覚えている」かどうかについても、「そうとも言えるし、そうとも言えない」と態度を決めかねている。ここで Malcolm が感じていた（がしかし自覚的ではなかった）のは、ある場合で「知っている know」と「覚えている remember」が交換可能かは、その場の局所的な実践に大きくかかわっているということだろう。

　実際の断片で検証しよう。次の断片5では「知ってるっけぇ？」という発

話が、「覚えてる？」と交換可能と思われる位置でなされている。まず、発話の中に「っけ」が用いられていることを確認したい。この「っけ」はHayashi (2012)で話者が "想起の不確実性の宣言 claiming uncertainty in recollection" としているものに近く、「話し手と聞き手の過去のインタラクションの経験に紐づけながら新しいトピックを導入する方法」として記述されている (p.394)。

断片 5.　[比較事例] CallFriend japn6616 [Bee & Jelly のアイス知ってるっけぇ？]

```
000  Ram:   =あぁそういえばリサにまだイーメール出してないなぁ.=
001  Win:   =あほんとぉ.                        00h:01m:55s
002  Ram:   .hh[hhhhhhhh
003  Win:      [まぁあの人も昨日久々に会いにいった.
004  Ram:   ふぅ::::ん_(0.3)[よかったねぇ.
005  Win:→               [もうすごいよぉもうアイスクリーム4種類
006  Win:→  とか-=Bee&Jelly のアイス知ってるっけぇ?
007  Ram:   あぁ俺ぇ知らない.
008         (0.3)
009  Ram:   全然[わかんない.
010  Win:      [あぁそっか.=
011  Ram:   =俺ぇ::::あの,.ss31 な-なんだっけ<ロッキー[ベリーだっけ>
012  Win:                                    [あぁ::::_
013  Ram:   なんだっけあれしか[知らん.
014  Win:                  [知らない.
015         (0.4)
016  Win:   知らな[いな!
017  Ram:        [.hhh あれアメリカで何アイス喰ったことあるかなぁ::::.
((サーティーワンアイスクリームの話になる.しかし,リサの話は再開されない.))
```

　この005-006行目の発話を「Bee & Jelly のアイス覚えてる？」と置き換えて、比較してみよう。確かに、「アイス知ってるっけぇ？」という発話からは、おそらくその経験を話し手－聞き手間で行われたこと、そして、一度その知識が失われ、それを再度得ようとしている（遡及的知識取得 retrospective knowledge gain ; Hayashi, 2012 : 421）ことがわかる。

ただし、「Bee & Jelly のアイス覚えてる？」に置き換えてみると、まず、その経験が二者にとって「共通体験 shared experience」であることがことさら指向されているように聞かれうるだろう。いいかえれば、「（私たちが食べた）アイス覚えてる？」というように、である。

この比較は、「っけ」がマークする過去のインタラクションがより知識を指向しているのに対し、「覚えてる？」はその経験を前提としていることになる。その意味では、「記憶」は「ある種の知識（西阪, 1998：214）」である場合もあるが、経験である場合もあるのである。ライルは「「記憶しているremember」という動詞は、必ずしも常にというわけではないが往々にして、「知っている」という動詞の言い換えとして用いることが可能」と述べているが（Ryle, 1949＝1987：400）、「必ずしも常にというわけではないが」という箇所がまさにこの断片なのである（ただしライルは英国英語に関して述べている）。

ゆえに、双方を「想起の不確実性を宣言」していると記述するよりも、別の行為として記述するべきであろう。というのも、007 行目での聞き手の反応も、「覚えてる？」の場合では異なることが予測されるからである。例えば、「覚えてる？」に対して「えぇ、俺知らない」というときには、共通経験がそもそもないことを述べているように聞かれうる。「知ってたっけ？」と「覚えてた？」に対する聞き手の反応が違うと考えられる場合においては、その直前の行為が異なると考えることは自然であるように思われる。

以上の予備的分析では、記憶の心的述語の記述が、串田（2008）とは異なる可能性を示唆している。では、記憶の心的述語を含んだ発話は「聞き手が指示対象を知っているという指示者の想定への確認を聞き手に求めている」と記述できるか、さらに、串田（2008）の提示した①、②、③のどの「仕事」に該当するのか。これら疑問も含めながら、次節でデータを分析・記述する。

噂話の話題の導入確認のデータの分析・記述

本節でみるのは、串田（2008）の言う「認識要求」の用法のうち、①の「前置き」に、また、Schegloff（2007）のニュースの前置き pre-announcement に

第4章　会話の進行を調整する記憶のことば　123

類似しながら、聞き手への話題の導入が可能であるかの確認をしているものである。この用法では、ある人物(「名前」で指示された人)に関する情報価値を持った話題(＝いわゆる「噂話」)を始める際に、準備として、その話題＝「人名」の表現が、聞き手にとって導入・展開可能かどうかを尋ねている。

　まず、断片6を観察しよう。ToyとYumはアメリカに住んでいるが、Toyは年末に日本に一時帰国した後にアメリカに帰ってきた。Toyは一時帰国時について話している。その際、日本が寒すぎて風邪をひいてしまったことが話される。

断片6.　CallFriend japn6763[あっ！.hhh あのねぇナカヤマさん覚えてるぅ？]

000	Toy:	.hhh 友達に会うでもなくこんなか-ゴホゴホいって　　00:26:00
001		とても会えないって感じでぇ,
002	Yum:	°あっ!そうなん[d-°
003	Toy: →	[あっ！.hhh あのねぇナカヤマさん
004	→	覚えてるぅ？
005	Yum:	↑う[ぅ:::ん!
006	Toy:	[フミコナカヤマ.
007	Yum:	うんうん.
008	Toy:	.hhhh あの人ねぇ,
009	Yum:	うん.
010		(0.3)
011	Toy:	富山に帰ったよ.
012		(0.4)
013	Yum:	あっ!なんかハワイかどっかで勉強してるとか
014		ゆってなかっ[たぁ?
015	Toy:	[.hhhh それはやめてぇ,
016	Yum:	うん.
017	Toy:	それはぁ,それは最初の話しでそのハワイからねぇ,
		((「ナカヤマさん」が博士号を取ったが就職難で就職できず、富山に帰らざるを得なくなったという末路が説明される。))

　ターゲットラインは003-004行目である。この発話の特徴は、まず、以下のように記述できる。

1. 003 行目で「あっ！」、吸気による間、「あのねぇ,」と、直前のやり取りとは異なる活動が開始されたことがわかる。

2. 003 行目で「ナカヤマさん」という最小限の指示が用いられている。ハワイにいたナカヤマさん、富山出身のナカヤマさん、などではない。また、006 行目で Yum の反応の直後に「フミコナカヤマ」と情報を追加している。

3. 008 行目で「あの人」という指示がなされている（＝「文法的取り込み（grammatical anchoring, Hayashi, 2005）」）ことから、その段階で指示対象が双方で一致したことが言語形式的にわかる。

　さて、ターゲットである「覚えてる？」が含まれる 003–004 行目で行われていることのひとつは、串田（2008）が述べるような「ナカヤマさん」に対する認識要求の実践のうちの①「前置き」であるだろう。ただし、結論を先取りすれば、「ナカヤマさん」という話題を導入、さらに展開することが「ナカヤマさん」という指示表現で可能か、という指示表現の可否を問う「話題可否確認」として記述できる。

　まず注目したいのは、011 行目の結論が語られた後の反応である。Toy はこの「富山に帰った」という【報告】（の結末）を、情報的価値のあるものとしてデザインしている。また、012 行目で反応を待っていることからも、「富山に帰った」ということに、【評価】等の反応、たとえば「え! そうなの!?」といった驚きを求めているといえる。

　しかし、Yum は 013–014 行目でナカヤマさんの動向について昔の情報しか持ち合わせていないことを述べている。言い換えれば、ここで Yum は、012 行目で Toy の情報的価値に適切な反応ができなかったことへの【理由説明】を行っているのである。

　ここから明らかになるのは、Toy の Yum に対する前提[7] である。Toy は 015 行目以降、ナカヤマが博士号を取ったにもかかわらず、富山の日本語学校で働かざるをえない就職難の現状を説明する。そこから、"あの優秀なナカヤマさんが富山なんかに帰った" こと自体が驚きであるという情報価値を

含んでいたことが明らかになる。012 行目の沈黙は、Toy が Yum に対して求めていた反応が達成されなかったという齟齬が相互行為上はじめて明らかになる、まさにその沈黙であるのだ。

このことから、003–004 行目で Toy は、「覚えている」と主張するからにはこれから伝えるニュースに反応することができるか、を確認する「境界付けられた移行」タイプの話題移行を行っているといえる。

そのため、この用法における「覚えてる？」は、串田 (2008) の「認識要求」の①「前置き」の実践に、さらに【反応】への前提＝規範が加わったものであり、驚くことができなかった際に遡及的にその規範が明らかにされるようなやり方であるといえる。

さらに、仮に Yum が「当のニュースを知っていては困る」という側面にも注意したい。つまり、もうすでにそのニュースを知っているなら、この「驚いたニュースを伝える」という活動が台無しになる可能性がある。その意味で、「って覚えてる？」と話し手が聞く際、聞き手は最近その人に関わった驚いたニュースを自発的に出して（「富山帰ったんでしょう？」等で）、話し手を先取りすることもできるようなスペースを、話し手が用意することにもなっている。

それとは逆に、仮に他の参与者がその人物のことを全く知らないというような時、この活動自体が成り立たない可能性がある。串田 (2008) は、「依頼」を行う際に、「A：X ってマンガ知ってるよね？（準備）」→「B：うん.」→「A：あれ貸して」のように、「準備」が行われることを指摘している。この場合、もし相手が知らなければ「A：X ってマンガ知ってるよね？」→「B：え？どれ？」→「A：表紙の赤いやつで…」などと「認識要求」が失敗した後には、修復の活動を行うことができる。

しかし、この噂話のような活動の場合、「ナカヤマさんっていう人がいてね」などと大きく軌道を修正するような、進行性を犠牲にして一から説明する、という選択がそもそも乏しい。というのも、我々は全く知らない人の近況報告を受けても、それに驚くことは難しいからだ。

また、この前置きはされたりされなかったりするものでもある。見当が外

126

れる場合もある。以下の断片7では規範の齟齬が生じていることがあきらかになる。

断片 7. ［比較事例］CallFriend japn1684［覚えてるぅ？］

> ((共通の知人の最近の動向を Mym が報告している。知人のダンサーが舞台に立つことになった。そのために「ちょっとだけ帰ってく」という。))
>
> 003　Mym:　　そうそれで–ちょっとだけ帰ってくんだけどぉ,
> 004　　　　　　(0.3)
> 005　Mym:　　.hhh で↑ジ↑ョ↑ージがねぇ?
> 006　　　　　　(0.6)
> 007　Kyko:　　ジョージってだ[れ?
> 008　Mym:→　　　　　　　　　　[覚えてるぅ?
> 009　　　　　　(0.3)
> 010　Mym:　　ダイアンの友だちなんだけどぉ, .hhh　ジョー[ジ–
> 011　Kyko:　　　　　　　　　　　　　　　　　　　　　　[あ
> 012　Kyko:　　たし会ってないよジョージなんて.
> 013　Mym:　　#あぁ:::#会ってないかぁ.
> ((4行省略))
> 018　Mym:　　あれぇ?(0.5)トッドともあってな–あぁあったよぉ.
> 019　Kyko:　　トッドは会ったよぉ?
> ((Kyko はジョージと会っていないといい、Mym は会う機会があったはずだと食い違った話になる。ジョージの話はこの後なされない。))

　断片7では、005行目で「で↑ジ↑ョ↑ージがねぇ?」と、高いトーンでしかも大きく発話される。これは、(導入の可否が確認されずに)情報価値のある話題として導入されていることを意味する。しかし006行目の反応の不在、さらに「ジョージって誰?」という修復が開始され、Kyko がトラブルを抱えていることが明らかにされる。ただし、その発話を聞くとほぼ同時に Mym「覚えてる?」を発話していることから、007行目の「ジョージって」までで「非選好」の応答が始められたと判断したと考えるのが妥当だろう。

　その後、ジョージと会っていないことが明らかにされるが、さらに Mym は「ダイアン」「トッド」を導入し、「ダイアンの友だちであるから/トッドに会ったことがあるなら、ジョージにも会ったことがあるはずだ」と Kyko

第4章　会話の進行を調整する記憶のことば　127

の経験を確かめると同時に、自分の経験との同定を試みている。

　この事例から明らかになるのは、005行目「.hhh で↑ジ↑ョ↑ージがねぇ?」で Mym は、Kyko が「うん」などと反応することを求めているということである。この規範は裏切られるが、依然として、008行目において Mym は単に"想起を要求している"わけではなく、「ジョージ」にまつわる価値のある情報をそのように聞ける立場か(=導入可能か)を聞いているといえる。Kyko はジョージの話題を導入可能だとするのであれば、「○○のジョージのこと?」などと【確認要求】を行うことで、Mym に話を続けさせることができる。

　さらに注目すべきは、010–019行目の一連の同定が失敗した後、「ジョージ」について当初語ろうとしていた活動の軌道は失われていることである。つまり、進行性を犠牲にジョージが誰かという話を初めから行うという選択が、参与者双方にとって無かったということの証拠になっている。

　さて、断片6・7に齟齬が起こっている例であるとすれば、典型例にはどのようなものがあるのか。以下がその事例である。これは断片6の後に同じ参与者たちが噂話を続けているところである。

断片8.　CallFriend japn6763 [それからあとぉ, ナカハタさんって覚えてるぅ?]

```
((Yum が友人の住所を尋ねる。Toy は手紙で書いて送ると言う。))28m00s
010  Yum:  [うん!今度ぉ!うん!          [お願いしますぅ.
011  Toy:→ [必ず書いて送るわぁ.  うん!  [それからあとぉ:::,
012  Toy:→ ナカハタさんって覚えてるぅ?
013         (0.5)
014  Yum:  ナカハタさん.うんうん覚えて[るぅ.
015  Toy:                           [スチュワーデスだったぁ.
016  Yum:  うんうんうん.
017  Toy:  あの人には会わなかったけどねぇ,
018  Yum:  うん.
019  Toy:  年賀状はきたわぁ.
020  Yum:  tch!ほんとにぃ:::::!
021  Toy:  あのねぇ,(0.3)その前の年にねぇ,
((ナカハタさんが男の子を産んで母子ともに健康だ、という話がなされる。))
```

まず、断片 6 との共通点も含みながら、以下のことが記述できるだろう。

1. 011 行目の「それからあとぉ」で、断片 6 に続く報告するべき「リスト」の一部分であることが示される。
2. 「ナカハタさん」という、断片 6 と同等の最小限の指示表現が用いられている。
3. 015 行目で「スチュワーデスだった」と情報が追加され、知識を立証する手続きが行われている。
4. 017 行目で「あの人」という指示がなされていることから、その段階で指示対象が双方で一致したことが言語形式的にわかる。

本断片が断片 6 と異なり、より事態がうまく進行していると感じられるのは、020 行目の「ほんとに::::!」という【反応】が驚いているように聞こえることにある。これは、019 行目以前を情報価値のあるものとして反応していることを意味する。

さらに、021 行目の語りは 020 行目に触れない形で(例えば「ほんとなのよ」等ではない)行われている。言い換えれば、019 行目に対して十分な【反応】が来ているために、Toy はナカハタさんの話を続けることができるのである。

また、Yum も、断片 6 のように自身が持つ限定的な情報を表示するようなことはしていない。その意味で、Toy の噂話を聞き続ける、という協力をしている。

ただし、採収した断片の中で断片 8 のような協調的な反応が得られている事象は多くない。たとえば、断片 9 では、話し手の情報価値の投射が、聞き手がより噂話をする人物を知っていたことによって裏切られそうになっている。

断片 9. ［比較事例］CallFriend japn6763 ［マツモトさんって覚えてるぅ？］

((前の断片のナカハタさんが男の子を生んで母子ともに健康だ，という話がなされる))

第4章　会話の進行を調整する記憶のことば　129

```
006   Yum: <そっかぁ::::::[::.>                    00h:28m:45s
007   Toy:→              [あとマツモトさんって覚えてるぅ?
008        (1.0)
009   Yum: 男の人で英語が1級とか-英検1級とかっていう人?
010   Toy: あっ!1級だったんだそれはよく[知らないけどぉ,
011   Yum:                        [うぅんうんうん.
012   Yum: [男の人でしょお?
013   Toy: [あっほんと-
014   Toy: えっ!英検1級なんあの人ぉ.
015   Yum: うぅん.
016        (0.6)
017   Toy: あ知らなかったわぁ::::.
018   Yum: uhuhu!¥なんかぁ,¥うんそういう風に聞いたぁ.
019   Toy: はぁ::::そ-(0.4)その人今ねぇ.
```

　この断片で特徴的なのは、009行目で聞き手であるYumが、Toyを「マツモトが英検1級を持っていることを知る人」として取り扱って(しまって)いることである。このことは、Yumが驚くべきニュースをすでに知っているかもしれないという可能性を表示してしまう。

　しかし、相互行為においてある人について話すことが出来ないのは、ある程度「想定内」であるように思われる。というのも、まずToyは010行目で「それはよく知らない」というように言語形式として「対比の「は」」を持ち出して、本来語ることが別にあることを表示する。それに協調する形で012行目でYumもToyが知らないと言った情報を排して「男の人」という事だけを確認するように発話を作り変えている。さらに、Toyは、Yumの発話を新規の情報(014, 017行目)として受け取り、驚いてみせることによって、一つの挿入された話題として処理している。さらに、Toyは当初の軌道を019行目で続行している。

　このように、話を進めることができない際、それを処理する手立ては多数あることが予測される。相互行為的に処理が可能という意味において、話題の導入確認がなされても、それを解消する手立ては多数存在することをこの断片は示している。

噂話の話題の導入確認のデータの考察

本節では、話題を導入する際に、その話題が他の参与者にとって導入可能か不可能かを確認する行為を行う記憶の心的述語の使用を観察した。

記憶の心的述語は、前方拡張として用いられるものであり[8]、指示者が「名前と敬称のみ」の最小指示をまずは行い、その人に関して価値ある情報を持つことを投射し、その人が話題として導入 – 展開可能かを確認する行為に用いられていた。その際に、その価値ある情報自体は持っておらず、しかし【反応】できることが求められていた。

となれば、この記憶の心的述語の使用は、串田(2008)のいう「認識要求」の仕事である①前置きとして用いられているといえる。しかし、それは典型的な「依頼」などの前置きとは異なり、話題が成立するかの可否を問う表現である。というのも、「Pって覚えてる?」と名前のみの最小の指示で話題が導入できない場合においては、噂話という活動を行ったとしても情報価値を与える発話において【驚き】などの適切な反応が来ない可能性があるからだ。確かに、名前を聞いても誰か知らない人物の"近況"に「驚く」ことは難しいだろう[9]。

これらの点から、この「覚えてる?」が行っている行為は、「指示対象を知っているという指示者の想定への確認を聞き手に求めている」というよりも、これから知人の噂話を行おうとする参与者にとってはむしろ、ある人を話題として提供できるかどうかを確認していると記述できる。

4. 追加説明の参照点を確認する

前節では、ある人物の噂話を行う際に、その話題が導入可能かを確認する使われ方を見てきた。本節も大きくは会話の進行に関わるが、本節の使われ方は前節の「[人名]＋(って)＋覚えてる?」と同様の形式を用いながら、追加説明のための「参照点(common reference point ; You, 2015)」として用いられる、話の進行が滞った際の対処の使われ方である。以下のような断片がある。

第4章　会話の進行を調整する記憶のことば　131

発話例 3.　CallFriend japn6738 [コウイチさんって覚えてるぅ？]

```
039  Say:    その人ドンん？
040          (1.1)
041  Ast:    なんかねぇ,
042  Say:    うぅ[ん
043  Ast:       [a-
044          (0.4)
045  Ast:→   ええっとぉ:::(0.5)コウイチさん覚えてるぅ？
046          (0.5)
047  Say:    コウイチさん覚えてるよぉ.
048          (0.4)
049  Ast:    コウイチさんのぉ::,後にぃ,そのタイジさんがぁ,
050          そのぉ::日本人-の会を仕切るみたいなぁ,
```

　追加説明の参照点としての使われ方は、前節とは連鎖上の位置が異なる。主に修復(repair)の開始に来る要素であることから、前節で示した串田(2008)の「認識要求」の③「認識できないことが顕在化した時の不十分さの解決」と類似の行為であるといえる。この用法は、主に第三者やその人物にまつわる情報が分からない等の、進行に対する困難への対処に用いられる。

　本節の使われ方では、第三者である [人名] をトラブルに対する説明の「素材」として引き合いに出せば、聞き手が尋ねたことを聞き手は十分に理解するであろうと期待しており、さらに、その [人名] の表現が聞き手にとって導入 – 展開可能かを尋ねる実践であるといえる。

　基本的な連鎖は以下のようになる。

連鎖例 3.　追加説明の参照点確認の使われ方

01	A：説明等	「Y さんから電話があって,」	FPP
02	B：説明等が受理できない	「誰 Y さんって.」	FPP-Ins
03	A：追加説明の素材確認	「[人名 X]＋(って)＋覚えてる？」	FPP-Ins
04	B：可能の主張	「うん」	SPP-Ins
05	A：[人名]を参照点にして説明	「[人名 X]の後に入った人で～」	FPP

追加説明の参照点の確認要求のデータの分析・記述

まず、断片 10 を見てみよう。ここでは、コウイチさんという人が、帰国を理由に ミキとカホが所属する日本人会から脱退した後、その場を仕切ることになったタイジさんが、「共通の知人のユウコさん」にその役割を押し付けたことが話されている。

断片 10. CallFriend japn6738 ［コウイチさんって覚えてるぅ？］

((タイジさんがユウコさんに日本人会的なグループの代表を押し付けた話が ミキからなされ、一度話が終わりかける。しかし、カホはタイジを知らない。))

000	ミキ：	[.hhhhh なんかねぇ今日ぅ:::タイジさん	
001	ミキ：	からも電話があったんだって.	【情報提供】
002		(0.3)	
003	カホ：	誰ダイジさんって.	【説明要求–修復開始】
		((中略))	
029	カホ：	[タイジさぁん？	【003 行目のやり直し】
030	ミキ：	うぅん.って！(0.3)タイジっていう,(0.2)	
031		グリーンブライアンに住んでるんだと思うんだけどぉ,	【修復操作】
032	カホ：	あぁそうなんだぁ:::.	【新情報として受け取る】
033	ミキ：	うぅん.	
034		(0.3)	
035	カホ：	[えぇその人ドン？	【説明要求】
036	ミキ：	[から–	
037		(0.7)	
038	ミキ：	えぇ？	
039	カホ：	その人ドンん？	【説明要求–035 行目のやり直し】
040		(1.1)	
041	ミキ：	なんかねぇ,	【説明の開始】
042	カホ：	うぅ[ん	
043	ミキ：	[a–	
044		(0.4)	
045	ミキ：→	えぇっとぉ:::(0.5)コウイチさん覚えてるぅ？	【参照点の確認要求】
046		(0.5)	
047	カホ：	コウイチさん覚えてるよ.	【確認与え】
048		(0.4)	
049	ミキ：	コウイチさんのぉ::,後にぃ,そのタイジさんがぁ,	

050		そのぉ::日本人–の会を仕切るみたいなぁ,
051		.hhh ことになってたらしいんだけどぉ, 【参照点を用いて説明】
052	カホ	うぅん.
053		(0.5)
054	ミキ	ん–(1.5)なんだかぁ,なんていうのぉ何もしないでぇ?
055		よっ–[ユウコさんに押し付けたみたいな形に

　004 行目から 028 行目まで中断されていた「タイジさん」を特定する話は、029 行目のカホの「タイジさぁん？」という【説明要求】によって再開される。この 029 行目は、タイジという人物を知らないことを再度表示し、説明を要求している。

　しかし、031 行目でミキが「タイジさん」の居住地（グリーンブライアン）を説明しても、カホはそれを新しい情報として受け取る。それに対し、ミキが連鎖を閉じて沈黙する（033–034 行目）ことは、ミキがそれ以上情報を持っていないことを可視化する。

　それに対し、035 行目でカホが「その人ドン？」と尋ねることは、029 行目を Yes-No 質問に変換することである。それによって、その人物を特定すると言うよりは、その人の属性（ドンかどうか）の説明を要求することで、特定を放棄して話を先に進めるような手立てであると言える。その質問に対し、ターゲットラインである 045 行目では、タイジさんの特定に必要な別の人物である「コウイチさん」を引き合いに出し、【参照点にする】挿入連鎖を開始している。

　ターゲットラインである 045 行目は発話は、まず、ミキは「コウイチさん」という名前＋敬称という最小指示のみでその人物を表示している。

　さらに、「覚えてる？」に対して Yes で応答し、引き合いに出すのが可能だと主張したカホを、「コウイチさん」周辺の情報をも導入可能である者として扱っている。049 行目で「コウイチさんのあとにぃ」ということから、コウイチさんが日本人会を仕切っていたことを理解する者としてミキはカホを扱っている。

　このことから、記憶の心的述語が、前節でみた断片群が「新しい話題を導

入する【可否確認】」であったのに対し、この断片では「タイジさんが分からない」という課題に対し、「対処」するために、第三者の人物を参照点として利用可能かの確認を要求することに使われている。

　次に、同様の事例である断片11を分析する。この断片では、参与者であるアヤと、ケンは、もともと同じ日本人学校に通っていた高校生である。共通の友人のタマダ君の家が話題になっている。アヤはタマダ君の家が自分の家の近くだと思っていが、それが誤解だったことがわかる（005-027行目の省略部分）。その後の042行目がターゲットラインである。

断片11.　CallFriend japn6484 ［カメノさんって覚えてる？］

		00H:27m:31s
000	アヤ：	.hh!タマダくんはぁ:::どこにいるのぉ?　【情報要求】
001		(0.8)
002	ケン：	ん?彼ぇ?
003	アヤ：	うぅ:::ん.
004	ケン：	自分ちじゃん.　【情報提供-当たり前だという指摘】
		((中略:近くに住むカタオカ君と遊んでいたから、タマダ君の家が
		近くだと予測していたという誤解が明らかになる))
028	アヤ：	えでもなんでカタオカ君たちと一緒に遊んでるの?【理由説明の要求】
029		(0.5)
030	アヤ：	遠いじゃん.　【028行目への補足】
031		(0.6)
032	ケン：	⇒ん?それは知らないけどぉ::.　【説明不可能】
033		(0.6)
034	アヤ：	私だからぁ,.hhh すごい近くだ近くだと思って
035		たんだよ.　【000行目の行為の説明】
036		(0.6)
037	ケン：	へぇ::::::_
038		(0.9)
039	アヤ：	はぁ::::ん_
040		(1.3)
041	アヤ：	知らなかった.　【理解(NMPE)】
042	ケン：	→ ふぅ::ん_=カメノさんって覚えてる?　【受け取り】-【確認要求】
043	アヤ：	うん.　【確認与え】

第4章　会話の進行を調整する記憶のことば　135

```
044            (0.6)
045  ケン:   >カメノさん<隣の家だよ.              【032 の補償/補足説明】
046            (1.7)
047  アヤ:   家がぁ?
048  ケン:   うぅん.
049  アヤ:   へぇ↑:↑:↑:↑:↑:_                    【評価】
```

　ターゲットラインは 042 行目である。断片 10 との連鎖上の違いは、断片 10 が修復要求に対しての挿入連鎖であったのに対し、こちらはいったん連鎖が閉じかけたものを、ラッチングによって再度開きなおす非最小の後方拡張であることである。

　000 行目の情報要求に対し、004 行目以降で、ケンはタマダ君の家の位置を説明し、情報提供を行う。発話末に「じゃん」が使われていることから、タマダ君の家の位置が「当然アヤも知っている情報である」というように聞かれうる。

　034 行目では、タマダ君がカタオカ君と共に遊んでいることを理由に、タマダ君の家の位置が(アヤ宅に?)近い事を想定していたが、それが誤解であったことを示し、それは受け取られている(037 行目)。

　034-035 行目以前に生じていた誤解に対して、041 行目でアヤは「知らなかった」という言葉で、現在はタマダ君の大体の住む位置を理解したことを示す。それに対して 042 行目で【受け取り】がおき、それにラッチングをする形で、利用可能な【参照点の確認】が 042 行目で行われる。042 行目でラッチングをすることで、話題が変わる前に示すことができる。

　045 行目でケンは【補足】をすることで、アヤのこれまでの誤解に対処している。これは、032 行目で「知らないけど」と述べるようにケンが行った説明不可能であるという行為を、補償することになっていることにも注意したい。

　ケンのその【補足】は、047 行目で修復が開始されているものの、049 行目でアヤは参照点によって新たに産出された情報(＝タマダ君の家がカメノさんの家の隣であること)を誤解に対しての情報価値のあるものとして「へぇ

↑：↑：↑：↑：↑：＿」と受け取っている。

　ここで注意しておかなければならないことは、確かに、045行目の【補足】の活動自体はそもそも、会話の進行を遅らせるものだという事だ。そして、ケンもそれを指向している。相手が「知らなかった」と言って理解を示しているのにも関わらず連鎖を開きなおすことは、活動を遅延させるだろう。ただし、その進行を遅らせる活動の中で、記憶の心的述語は、手間のかからない方法でタマダ君の家の位置を説明するという、効率的に進行性を確保する手段に用いられている。例えば住所を説明しだしたり、行き方を述べていては、後方拡張がより長くなってしまうだろう。しかし、記憶の心的述語「覚えてる？」を使用して第三者である「カメノさん」を引き合いに出すことは、タマダ君の家の位置を説明するための後方拡張を出来るだけ短い形で行うための手立てになっている。その点ではやはり、記憶の心的述語はスムーズな会話の進行に指向していると言えるだろう。

　以上、2つの断片で、第三者についての話の進行が滞ったり、滞るような活動をなさなければならない場合の、対処の活動の準備の連鎖に用いられる、他の参与者と共通の参照点が利用可能かを確かめる使われ方を記述した。

追加説明の参照点の確認要求のデータの考察

　本節で使われている記憶の心的述語は、何らかのトラブルに対する「対処」の活動の準備の連鎖に用いられるものであり、ある人を引き合いに出すことによって解決が可能であるために、その人を参照点として利用可能かを他の参与者に確認する使われ方であった。

　確かに、人名が前方に来るという意味において、噂話においての話題が導入可能かを尋ねる前節の実践と類似している。本節の行為も「名前と敬称のみ」で行われ、その人物を利用可能かを確認する行為であった。しかし、前節との大きな違いは、記憶の心的述語の使用の直前に理解など何かしらのトラブルが生じていることである。そのことを串田（2008）の「認識要求」の③のように、「認識できないことが顕在化した時の不十分さの解決」と記述することは可能であるように思われる。しかし、そこで起こっていることは、

「認識できない」ということだけではなく、むしろ会話の進行が遅延する、という進行性に関わる問題である。

　ここでもまた、ある人物を一から説明することは、会話の本題活動を大幅に遅延させる可能性がある。しかし、その人物について説明しないまま進める事は、断片 10 では情報提供を行う上では恐らく不可能であるだろう。また、断片 11 においても、すでに閉じた連鎖を再度開くことは、進行的に負担がある。であるがゆえに、最も手っ取り早い方法で、参照点を二者間で利用可能にする方法として、記憶の心的述語が用いられているのである。

5.　充分な情報を与えたことを示す

　会話の進行に関わるさらなる事例として、「充分な情報を与えたことを示す」使われ方を本節では分析・記述する。この使われ方は特に、参与者が「忘れた/覚えていない」という忘却にかかわる心的述語を使用し、参与者が行為の進行に必要かつ充分な情報を与えていることを示すものである。断片例は以下のようなものである。

発話例 4.　CallFriend japn6688 ［なんかのデパートか忘れたけど］

34 カナ:→	.hh なんかねぇ::[あのぉ:::なんだったろなんかので–デパート	【情報提供】
35 ユミ:	[うんうん.	【継続支持】
36 カナ:→	か忘れたけど fu-あの:::,(.).hhh マスターだけどもぉ,	【情報提供】
37 ユミ:	うぅ::ん.	【理解】
38 カナ:	あのぉそうそう冬からでも入れる[ような p-プログラムぅ:::(.)にぃ:,	
39 ユミ:	[いけるんだ.	
40 カナ:	とかっつってさぁ.	【情報提供】
41 ユミ:	↑う↑ん↑う↑ん↑[↑う↑ん↑う↑:↑:↑ん.	【理解】

　我々は会話中、ある特定の項目が再現できず、それを恥じたり、気まずくなったりすることがあり、それを「忘れた」と表現することがあることは確かである。しかし一方で、再現できないことはすなわち"悪いこと"、というわけでもない。以下の連鎖例 4 で示すように、本節で見る記憶の心的述語

138

は、直前の自身の発話に添加 increment 中に用いられ、会話の進行に充分
な情報がすでに与えられたことを示す使われ方をしている。

連鎖例 4.　充分な情報を与えたことを示す使われ方

01　A : 情報提供　　　　「冬から入れるだって.」　　　　　　　　FPP
02　B : 理解　　　　　　「そっか.」　　　　　　　　　　　　　　SPP
03　A : 01 行目への添加　「なんだったかは忘れたけど, (01 への添加)」　FPP

　では、さっそく次項でデータを見ていこう。

充分な情報を与えたことを示す記憶の心的述語の分析・記述

　次の断片 12 では、アキとクミが電話で「相談」をしている。クミは、ア
キとお昼を食べるついでに、転職の相談をするために共通の知人である A
に 1 人で会おうと考えている、と述べる。しかし、クミは、A の会社に直
接予告なく行くべきか、それともアポイントメントをとるか迷っている、と
いう。クミはアキに、A に電話したほうがいいと思うか、と聞き、アキは
まずアポイントメントをとるべきだと冗談気味に助言する（862 行目）。

断片 12.　CallFriend japn6698 [寄ってみてだったか遊びに来てだったかは忘れちゃったけど]

862　アキ:う::ん.やっぱ.hhh<何事も>.hh アポは電話が先(h)よ(h)hoho	【助言】
863　クミ:あぁ:::[そっか.	【受け取り】
864　アキ:　　　　[¥.hh よくわからんけど uhuh!¥.hhh[なんか:::.ん.:	【変更】
865　クミ:　　　　　　　　　　　　　　　　　　　[う:::ん.	
866　アキ:でも電話::してみてぇ:,遊び来ていいですかとかって, .hh	
867　　　ゆっても[いいしぃ:::,¥なんか h-¥	【助言】
868　クミ:　　　　[hahahaha.hhh 遊びに行っても aa-[あそっかぁ:.　【受け取り】	
869　アキ:　　　　　　　　　　　　　　　　　　[.haha!.hhh あっ,	
870　　　そ:::,ま:::なんかお話:::,	
871　　　(0.6)	
872　アキ:まぁ,電話:::してみたほうがびっくり::しないかもしれない	
873　　　[し:::,	【助言】

第4章　会話の進行を調整する記憶のことば　139

874	クミ:[あぁ::そうだよねぇ?	【受け取り】
875	アキ:°う::ん.°[.hまえo::やった時はぁ,向こうの人が::,	
876	クミ:　　　　　[°うん.°	
877	アキ:あれぇ?電話する::とかってゆったぁ?	【情報要求】
878	クミ:.hh	
879	(.)	
880	クミ:ううんあのぉ違う-あhぁh.	【情報提供-開始】
881	(1.4)	
882	クミ:>うん<電話も:::うん.その時にあのまた:::あのぉ:::,	
883	(1.2)	
884	クミ:わかったら,	
885	アキ:[うん.	
886	クミ:[連絡する:ってゆってぇ,電話番号渡したんだけどぉ,	
887	アキ:う:::ん.	
888	クミ:それで::じゃ「↑た↑ま↑に↑あ↑の:::,」あの::「寄って	
889	クミ:みてよ!」	
890	(1.8)	
891	クミ:→って言い方されたのね?=寄ってみてよか遊びに来てよっていっ	
892	→たかはぁ-忘れちゃったんだけどぉ_	【情報提供-終了】
893	アキ:あぁ!う::ん..hh[ああそっかぁ.	【理解】
894	クミ:　　　　　　　　[うん::だから:::,	
895	(.)	
896	クミ:あぁ[の-	
897	アキ:　　[じゃあ:::,	
898	(0.3)	
899	アキ:行ってみ-	【助言】
800	(.)	
900	クミ:[う::ん.	【受け取り】

((この後アキはＡがどんな人か知らないのでわからない、何度か前もって電話してもいいと思う、と述べる。結局クミがどうするかは決まらない。))

添加 (889-890行目の矢印注記)

　ターゲットラインは891-892行目の「寄ってみてよか遊びに来てよっていったかはぁ-忘れちゃったんだけどぉ_」という発話である。

　862行目のアキの「〈何事も〉」という言い方が、冗談めいた音調でなされていることに対して、863行目でクミはそれを冗談ではなく真剣に受け取っ

ている。「あぁ::：」は冗談に対する反応というよりは、納得した、という
ときに用いられるだろう。

それに対してアキは、864 行目「よくわからんけど」、872 行目「びっくり
しないかもしれない」と述べる。これは、先の助言を、より程度の低いもの
へと【変更】している。さらに、アキが 875 行目、877 行目で詳しい経緯を
聞いているのは、状況を再考しようとしていると理解される。

クミはそれに対し、880 行目から、その時の状況を説明し始める。クミは
訪問先である A 自体の言い方が曖昧で、アポイントメントが必要であるか
どうかわからないということを、A の発話を引用するやりかたで述べてい
る。891 行目で、「言い方」、という言葉を用いていることが、その発話がい
かにクミを混乱させるものであったか、ということを示している。

それに対し 891 行目の後半は、ラッチング（＝）によって添加 increment さ
れており、892 行目「けどぉ」で、それが前の発話に先行すべき要素であっ
たことが示されている。891–892 行目でクミが「忘れちゃった」と述べてい
る内容は、言い方がどちらでも、アポイントメントが必要であるかどうかわ
からない言い方だ。ここで「忘れちゃった」と発話することは、「詳細はど
ちらだったか今ではわからない」こと、しかし他の参与者が「そのどちらか
を言った」ことは確かである（Coulter, 1979＝1998：120）こと、という対比的
な情報を示している。これにより、「それ以上情報を持ち合わせていないこ
と」が示されている。

さらに、891–892 行目は、そもそも 877 行目の【情報要求】に対する応答
としてなされている。この 892 行目の終了に対して、893 行目でアキは「あぁ!
う::ん.」と第三の位置で連鎖を閉じている。この位置は、877 行目からの
情報提供に対してさらなる情報や発話の修復を求めるのに適切な位置である
が、アキは利用していない。つまり、891–892 行目を聞いて、877 行目から
の連鎖を終了するに足る情報が得られたことを指向している。

つまり、ここでの記憶の心的述語は、「寄ってみてよって言ったか遊びに
来てよって言ったか」再現できないということで、他の部分の再現（どちら
かの言い方で誘いを受けたこと）は正確であることを対比させている。その

第4章　会話の進行を調整する記憶のことば　141

対比によって、聞き手に必要・充分な情報としてそのまま受け取らせ、詳しく情報を求めることを妨げ、進行性を確保するような行為に用いられているといえるのである。

　次の断片13でも、同様の状況が起こっている。この断片では、職場の近況が語られている。カナとユミは以前同じ職場で働いていたが、カナは退職する一方、ユミはその職場に残っている。2人が働いていたときに同僚だったアンディーが職場を去ったことが噂話にのぼる。

断片 13.　CallFriend japn6688 ［なんかのデパートか忘れたけど］

```
00 カナ：　.hhhhhh °ほぉんと°-=でもぉ,アンディーもあれだね?ついに:::,
01　　　　　 (.)
02 カナ：　.hhh[あのぉ::あそ[こを,　((あそこ=職場))　　　　　 [25m27s]
03 ユミ：　　　 [.hh　　　　 [よかったよね!
04　　　　　 (.)
05 カナ：　地獄を去ってやっ[と.　　　　　　　　　　　　　　　　 【情報提供】
06 ユミ：　　　　　　　　 [うぅ:::ん.　　　　　　　　　　　　 【理解】
((中略:アンディーの後任の話が挿入される))
15 ユミ：　.hhh たぶんね学校四月かぁ::-.あっ!　((アンディーの話))　【情報提供】
16　　　　　 (0.4)
17 ユミ：　°たぶん来期ってことはえいつやぁ.=来期って今度いつだろ.° 【自己修復】
18　　　　　 (0.4)
19 ユミ：　学[校.　　　　　　　　　　　　　　　　　　　　　　 【自己修復】
20 カナ：　　 [.hhh
21　　　　　 (0.3)
22 ユミ：　↑な[つからか.　　　　　　　　　　　　　　　　　　 【確認要求】
23 カナ：　　 [いやぁ-
24　　　　　 (0.2)
25 カナ：　あのぉ:あれだよもう,もう始まるんじゃない?　　　　　 【確認要求】
26　　　　　 (.)
27 カナ：　たしかあそこセメスターでしょぉ::.だからぁ,.hh　　　　 【確認要求】
28 ユミ：　あっそうなんだ.　　　　　　　　　　　　　　　　　 【受け取り】
29 カナ：　今月の終わりかぁたぶん,
30　　　　　 (0.2)
31 カナ：　二月のぉ,なんか言ってたもん冬から入れるんだって.　　 【情報提供】
```

```
32 ユミ：  あっそうかそうか[だっ,だからかだからか::.          【理解】
33 カナ：           [う:んう::ん.                    SCT
34 カナ：→ .hh なんかねぇ::[あのぉ:::なんだったろなんかので-デパート  【情報提供】
35 ユミ：           [うんうん.                    【継続支持】
36 カナ：→ か忘れたけど fu-あの:::, (.) .hhh マスターだけどもぉ,    【情報提供】
37 ユミ：  うう::ん.                               【理解】
38 カナ：  あのぉそうそう冬からでも入れる[ような p-プログラムぅ:::(.)にぃ:,
39 ユミ：                   [いけるんだ.
40 カナ：  とかっつってさぁ.                        【情報提供】
41 ユミ：  ↑う↑ん↑う↑ん↑[う↑ん↑う↑:↑::↑ん.               【理解】
42 カナ：         [う::んであの人はそういうのあってるよぉ.    【評価】
43 ユミ：  .hhh[あってるそういうやっぱ本のなかでそうやって勉強してねぇ,  【同評価】
44 カナ：    [あ-あ-アカデミックとかその-              【評価】
45 カナ：  そうそうそうそう.                          【同意】
46 ユミ：  やんのが.
```

ターゲットラインは 34-36 行目である。

　ユミもカナも、「アンディー」の近況について "ある程度の" 情報があることを示している。15 行目でユミは、アンディーがいつ大学院（？）に行くかの情報を述べ始めるが、「たぶん」と自ら特徴づけるように、ユミにとってアンディーに関する情報は確固たるものではない。

　23 行目から、ユミとカナのアンディーに対する情報についての状況は急変する。23 行目の音調的強勢でオーバーラップにおける競合に打ち勝ったカナは、25 行目で「もう始まるんじゃない？」と【確認要求】する[10]。その後、カナは 27 行目で、学校がセメスター制であること、2 月から入学できること、そしてなによりも 31 行目でそれが、アンディーから直接聞いた情報 first-hand information であることを述べる。第三者に関する情報を、当の本人から直接聞いた情報であることを言うことは、その真正性を宣言するために誰か別の人から聞いた情報と比べて有効な手段のように思われる。ここでカナがユミよりもよりアンディーに対する多くの情報を持っていることが明らかになるのである。そして、32-33 行目で連鎖を閉じる第三の位置が起こり、話題の終了が可能になる位置が来る。

第4章　会話の進行を調整する記憶のことば　143

　その後の 34–36 行目は、一度閉じられた連鎖を再度開きなおしている。「ど
このデパート(メント＝学科)か、ということの詳細は忘れた」が、しかしマ
スターコースで、(前にも述べたように)冬であることが述べられる。38 行
目が 31 行目の繰り返しであることで、「これ以上語ることがない」ことを示
していると理解できる。さらに、37 行目でユミは情報を受け取ったことの
みを示しているようにみえる。

　このことから、34–36 行目のターゲットラインの発話は、どこのデパート
メントかはわからないという再現の不可能さを述べることで、他の部分の情
報(マスタープログラムであること、冬入学であること)は正確である、とい
うことを対比している。

　さらに、37 行目でもなされているように、「忘れた」部分をそれ以上詳し
くカナに情報を求めることはできない(しない)。

　このことから、ここでの断片もまた、記憶の心的述語は、「デパート(メン
ト＝学科)」を特定できないということで、他の部分の再現(どこかのマスター
で冬から入るプログラムであること)は正確であることを対比させ、聞き手
に必要・充分な情報としてそのまま受け取らせ、詳しく情報を求めることを
妨げ、進行性を確保するような行為に用いられてる。

充分な情報を与えたことを示す記憶の心的述語の考察

　本節では、その場での活動を進行させるうえで、情報が必要かつ充分であ
ること、つまりその場で与えた情報の精度が充分であることを表示する使わ
れ方を見てきた。

　断片 12 の相談活動では、「A の言い方については情報を持っていない」
ということで、「どちらの言い方にしても、それは曖昧な言い方だった」と
いう情報は持ち合わせている、ということが示されている。それは、「曖昧
な言い方」である部分が忘れられていることとは関係なく"相談"という活
動が行われ続けることへの指向を観察可能にする。もちろん、再現できるに
越したことはないのだが、しかしそれがなくても、実際には活動が前進して
いることが参与者によって指向されている。そのことを考えれば、ある項目

を再現できないとしてもそれは忘却ではなく、それ自体が活動の達成に充分な情報であったということを示すことになっている。

同様に、断片13の噂話では、共通の知人に対する現状についての情報提供が目下の目的になっている。「なんのデパート（メント）か忘れた」ことを言うことによって、共通の知人の所属に関する詳細情報が、それ以上発話されないことを参与者は承諾している。その後、すでにした話を繰り返すことで、情報提供の終了を予示していることから、情報提供が噂話を行うに足りる形で示されたことを、参与者が指向していることがわかる。

言い換えれば、断片12では、「アポイントメントを取るかどうか」という相談においては、「寄ってよ」か「遊びに来てよ」かがどちらであったかは決定する必要のない情報であり、同様に断片13の噂話という活動においても「どのデパートメントに所属したか」は、「職場という地獄を去ったアンディー」が今どのような幸せな生活を送っているかを語る上では必ずしも必要な情報ではないのである。

確かに、これら発話で「忘れた」ことが述べられた後に、それを「思い出して」と受け手は要求することもできる。しかし、その発話が妥当でありうるのは、主にそれを思い出すことが有意になる場面、つまり、必要性、緊急性、思い出す役割としての妥当性等があるときにおいてだろう。例えば、AとBの2人がドライブに行こうとするときに車の鍵がなく、AがBに「どこに置いたか思い出して」というときには、"まさに今それが必要である"いう必要性と緊急性、そして"Bが車の鍵を最後に触った人である"というようなBの想起が妥当であるということが説明されうる形で文脈に現れている（Malcolm, 1977 : 43）。しかし、今回のケースにおいて「思い出して」と言おうとするならば、その必要性/緊急性/妥当性を説明できるような形で提示されなければならないが、連鎖上適切な位置でもそのようなことは行われていない。このことからも、翻って考えれば、受け手にとって（も）、その情報は取り立てて今必要な情報ではなく、今ある情報が進行には充分であるということに同意しているからに他ならないことがわかる。

以上のことから、「忘れている」ことは単に記憶の欠落や不調をあらわす

のではなく、活動進行に必要充分な知識を提供し、不確定な要素はさておい
て話を先に進める行為になっている。さらに、参与者がそれ以上情報を要求
しないのは、今起こっている活動に必要かつ充分な情報が示されたことを証
拠づけているといえる。

　翻って考えれば、「確かに寄ってよって言ってた」や「Xというデパート
メントに入ってね」というふうに"想起"したとしても、活動がスムーズに
進行している以上は、それが再現できてもできなくても参与者にとっては大
差はない、そういう情報であることが互いに確認されている。その場で話題
が作り上げられていく日常会話において、その場その場に応じて必要分だけ
が話されるだけで充分であることをこれら断片は示している。

6.　第4章の小括

　本章では、「話題」と記憶概念との関わりについて、それぞれの使われ方
を分析、記述、考察してきた。これら発話は、広くまとめて会話の進行上の
様々なジレンマに対応していることを分析した。話題のはじめを適切にした
り、これからの話題の主要な物や人物を導入可能か確認したり、進行が滞っ
た時に充分な情報を与えたと示すことは、会話上の進行をスムーズにするこ
とに寄与する。言い換えれば、これから話す項目が不確定である（かもしれ
ない）、しかし話を進めなければならない、という会話進行上のジレンマに
対し、それを確定させたり、または確定を放棄したりする対処によって、進
行性を確保する使われ方をしていた。

　また、記憶の心的述語の使用が同じ進行性への対処といっても、それが予
備的対処か、あるいは事後的対処も含むか、という点で異なる。

　2節では、「思い出した」と述べることが、話題の切れ目に異なる話題を
出す際に用いられていた。分析によれば、この使われ方は、他の参与者に話
題の急激な変更を投射し、境界付けられた移行を行うことを知らせる手立て
になっている。その意味で、これは急に話を変えると話に「ついてこられな
いかもしれない」という、予測/これまでの経験に基づく予備的対処である

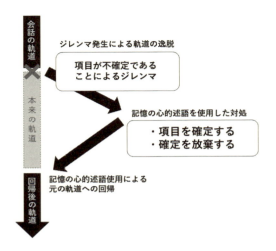

図4-1：4章で分析したジレンマと対処

と言える。

　3節もまた、記憶の心的述語の使用は進行性の確保に関する予備的対処であると言える。というのも、「Xさんって覚えてる？」ということは、その人を知らないことで、せっかくの噂話やニュースが台無しになってしまうというジレンマにあらかじめ対処することができるからである。

　4節も、記憶の心的述語の使用は予備的である。会話中に他の参与者が分からない項目について、それを他の参照点を出すことによって対処する行為は確かに事後的ではあるが、その対処を行うことを最も手っ取り早く行うという意味では、後方の進行性を指向するような予備的対処ともいえる。

　5節においては、記憶の心的述語の使用は予備的・事後的のどちらの属性も持ち合わせていると言える。発話者自身がそれ以上情報を提供できない際に、現在出した情報をもって充分だと述べる際に用いるのは、これから他の参与者が行うかもしれない様々な情報要求を防ぐという意味で予備的な対処であると同時に、すでに出された情報が充分であるとその前に述べた情報の価値を高めるという意味においては、事後的な対処でもあるからだ。

第4章　会話の進行を調整する記憶のことば　　147

　この「会話の進行の調整」という、相互行為にとって極めて重要な行為群
は、認知主義的なプロセスの説明では多くの場合において取りこぼされてし
まうと言える。
　確かに「スムーズさを確保する必要があるのは、やはりそれぞれの記憶が
私秘的でアクセスが不能だからではないか」という反論もあるかもしれない。
しかし、ライルであれば以下のように再反論するだろう。

　　　私が他人の沈黙の会話［つまり内言］を立ち聞きすることができない
　　ということは、他人が［個人の生活史という意味で］日記を暗号で書い
　　た場合や、または鍵をかけた場所に日記を仕舞い込んでいる場合に私が
　　その日記を読むことができないということと同様なのである。

　　　　　　　　　　　　　　　　　　　　　　　Ryle（1949＝1987：266）

　ライルのこの言葉を援用すれば、我々は確かに他者の生活史への接近の難
しさを持っている。しかし、それは私秘的、内的であるために接近不可能で
ある、ということではない。我々は例えば「Pさんって覚えてる？」という
表現を用いられた場合、それを肯定したり否定したりできる。また、その場
においてようやく、記憶概念が有意になるのである。その意味で、我々の生
活史は個に閉ざされた、接近不可能な神秘的な、特権的なものではなく
（p.258）、単に近づくのが難しい、という程度の差である。
　また、この進行性の調整は、記憶概念が時間概念と結びつきやすいことと
連関を持っている。しかし、ここで明らかになったことは、記憶概念は単に
「過去」（やいわゆる「展望的記憶」でいう未来）という大まかな時間感覚と
連関するのではなく、「生活史の空白」を指向する場合もある（例えば3、4
節はそれにあたる）、ということである。しかし一方で、それらはあくまで
進行性の調整を行ういわばきっかけであり、かつ、進行性の調整をするから
と言って時間概念との結びつきが必要ではない場合もある。例えば2節でみ
た「忘れないうちに、」という言い方は、話題の急激な転換を投射するので
あって、ここに「未来に忘れる可能性がある」と記述を持ち込んでもその場

の事態を精確に記述できるわけではない。我々が記憶の心的述語を用いるとき、それが「進行性」という相互行為上の対処に用いられていることは、この私秘的、内的な記憶観では捉えきれない現象である。そのことが、分析・記述によってまず明らかになったと言えるだろう。

注

1) このような性質から、進行性は会話が「阻害されること」によりそれが明らかになるような性質を持っているといえる。例えば、我々は、道路で流れが悪くなる際はそれを「混んでいる」、「渋滞している」と特殊な語でカテゴライズする。一方で、空いたり混んだりの変化がない道に対して、我々は特にそれを「空いている」とか「混んでいる」というカテゴライズを行わないだろう。行う場合でも、他の混んでいる道との対比の中で行われるだろう。そのため、渋滞は進行性を阻害するが上に、何らかの「問題」として参与者の前に出現するのである。

2) 反論として、雑談を振り返り、ある人がずっと自らのことについて話していて、「この人はずっと自分のことばかり話しているな」と嫌な思いをすることがあるために、会話が相互調整されていない、と感じる人があるかもしれない。しかし、「嫌だ」と自省的に感じるということ自体が、話題が本来相互行為的に調整されるべきだ、という規範を指向していることに注意されたい。

3) Schegloff(1980)は、ある行為の前置き(Pre)に対して、さらにそれを前置くような行為があることを報告している。そのような行為予示は、それがデリケートだと示したり、注意を喚起したりするために用いられる。この場合は、999-001行目の【確認要求】が、話題に上りうるものであることを予示するために用いられているという意味で、プレ・プレに近いと言える。

4) これはドストエフスキーのエッセイに影響を受け、Wanger(1987)らによって考案されたironic process theory(皮肉的過程理論)の言及に近い。例えば「白い熊について考えないで(Don't think about a white bear.)」という命令ないし禁止が、結果的に白い熊の心象を(皮肉的にも)生み出してしまう、という議論である。

5) ただし、Enfieldも述べるように、これは言語や、その場でなにが参照されているかによって異なる。上記のケースは、すべて「人名」について行われたものであり、さらに英語圏でのデータを参照している。

6) これは英語の語順の影響を受けている。

7) これを「期待」と記述できるようにも思われる。しかし、そのように記述しない理由は、端的に「期待する」が何らかの心的・内的な状態を連想させるか

らである。これと関連し、Wittgenstein（1953=2003, 2013）は、「期待する」は「満たす」とよく似ている動詞だと述べている（2013：253§445）。その意味では、「覚えてる？」はニュースに【反応する】ことを満たすことが可能かどうかを問うているとも考えられる。

8）これが前方拡張に特有だということは、例えば、参与者二人がつい先ほどまで話していた第三者Pに関して、例えば第3の位置でどちらかが「Pさんって覚えてる？」と聞くのは不自然である（ないし、相手の反応が薄いなどの特殊事情がある）ことからもわかる。この不自然さは、導入の可否の検討がもともと準備の用法であり、事後に聞くことが余剰であるからに他ならない。

9）ここでは噂話が「近況」であることが効いていると考えられる。例えば全く知らない人でも驚くことができる噂話はある。例えば「突拍子もない行動」は常識に照らし合わせてその突拍子もなさに驚くことができる。

10）ただし、「んじゃない？」という相手の反論を許す形になっていることには注意を要する。ユミはこの段階ではまだ「えぇそうだっけ？」などカナの情報の間違いを精査することができる。

第5章　同じことを示す記憶のことば

　前章では、記憶概念と進行性の連関の関係を見てきた。本章では、参与者が項目を同定したり、他の参与者に同調したりする記憶の心的述語の使われ方について言及する。

　我々は会話の中で、ある人が主張する事実や意見を同じものとして定めたり、他の参与者の主張に対して同調したりする。しかし、我々は同定や共感をする際、その根拠・権利・権限をどのようにして示すのかという難しさ≒ジレンマを抱えている（岩田 2013）。その難しさに対処する方法として、記憶の心的述語が聞き手の発話に対し、その場その場に応じて同定・同調するために「同じ立場」であることを示すやり方に用いられていることを、本章では例証する。

　本章で見る発話は、①第一連鎖成分で発話される場合はその直前の第二連鎖成分に対して連鎖を拡張する第一連鎖成分として用いられるか（Non-minimal Post-Expantion の FPP：NPE-FPP）、②第二連鎖成分（SPP）で発話される。Sacks（1992）が、英語において remember が用いられる際、それが直前に対する反応であることを指摘している（vol.1：24）ように、広くとらえれば、どちらも連鎖の直前の発話に反応する形での発話になっていることが指摘できる。

　本章では、まず記憶概念が「参与フレーム」や「成員カテゴリー」として理解されてきた先行研究に触れ（1節）、その後、それぞれの断片を参照しながら、分析・考察を行う（2節以降）。

1.　記憶と参与フレームに関する先行研究

　従来、相互行為において記憶が可視化される際、会話の参与者がどのよう

な立場でその会話に参与しているか、ということが度々分析されてきた。記憶概念の会話の分析において、「成員カテゴリー（前田 2008）」ないし「参与フレーム（西阪, 1998, 2001a, 2008）」の問題として扱われてきた現象である。これらの概念は似ているが、しかし異なる点もあるために、以下で概観しておきたい。

　まず、「成員カテゴリー化」と記憶概念の関係から見ていこう。Sacks（1992）や、Stokoe（2012）、西阪（2018）によれば、成員カテゴリー化装置は「男」「女」のような性別や、「子ども」「大人」などの成長段階と、それらのステレオタイプに依拠し、かつ分析の説明装置として働くような成員の特徴付けのことである。例えば青少年のグループセラピーに新たに入ってきた男の子に向かって「今自動車の話をしてたんだ」と古参のものが述べるとき、「男子というのは自動車に興味を持っているものだ」というステレオタイプに依拠するからこそ、【誘い】に聞こえるのだ、というように説明される（Sacks, 1992 : Vol.2, 302）。

　一方、カテゴリーは局所的に指向されるが、局所性を無視するのであれば、それをつねに適用できるという特徴もある。例えば本書の著者は「男」でもあるし、「大学教員」でも「納税者」でも「父」でも「運動不足の人」でもあるが、会話中には状況に合わせて、局所的にそのうちのどれかが（あるいは複数が）有意になる、というわけである。

　以上をふまえて、前田（2008）は、記憶に関わるやり取りを「成員カテゴリー化」の実践として記述している。前田は、言語聴覚士（ST）と患者（P）との制度的場面のやり取りを分析しながら、その訓練において{専門家－利用者}という成員カテゴリー対がいつでも利用可能な装置（omni-relevant device ; Sacks, 1992）であると記述している。訓練という活動では、ST は専門家であり、P は利用者であるために、そのように振る舞うことが期待されていると言える。以下のようなやりとりである。

　　→12S：°うん。°終戦記念日ももちろん,何月何日か＝
　　　13P：＝ええ。しち月の

152

```
→14S:°うん?°
  15P:じゃない,=はち月の
  16S:うん。
  17P:はつかですね。
→18S:ん?終戦記念日,はち月のはつかでいいですか?
```

前田(2008:208)

　この際、14S、18S は、P の答えを誤ったものとして扱い、正確な事実を導出しようとしている。この際、2 人は|専門家(ST)－利用者(患者)| という成員カテゴリー対を用いていると言えるだろう。

　しかし、この成員カテゴリー対は、会話の局所性によって利用されないこともある、と前田は記述する。例えば、患者が訓練中の話の横道として戦争についての記憶＝体験を話す際には、|専門家－利用者| というカテゴリー対ではなく、|未経験者－経験者| というカテゴリー対が使用される。以下のようなデータである。

```
      52S:   °ん。°やっぱり,あの終戦(.)記念日が近くなると,
      53S:   こういう戦争の時の話とか,
      54P:   うん。
      55S:   ニュースに上がってますね。
      56     (.)
  →   57P:   ぼくはね,
      58S:   °うん。°
      59P:   (苦労しようた時ね)
      60S:   うん。
  →   61P:   終戦の時ね
      62     (0.2)
  →   63P:   思い出は::,(0.2)あ,あの::,(0.4)発電所の地下室でね。
  [引用者中略:「玉音放送」を聞いて地下室から上がっていったことが語られる]
  →   72P:   き,聞いてね,ことこと上へあがってきたことを覚えてますね。
      73S:   °う::ん。°終戦の時はおいくつだったんですか?
```

前田(2008:213)

第5章　同じことを示す記憶のことば　153

　61-63 行目でＰは物語を話始めるが、それが 72 行目で終わる。前田は、この一連の物語はこの前に語られた話への第2の語り second story[1] になっており、戦争体験を語ることが、この直前の語りへの理解を示しており、また、この体験を語る権限 entitlement を有していると分析している。この際、ＳとＰは｜専門家－利用者｜というカテゴリー対にはない。実際に彼らは｜専門家－利用者｜だが、そのように彼らはふるまっていない。この会話にはむしろ｜経験者－非経験者｜として参与しているといえるだろう。これが成員カテゴリーの実践である。

　しかし、この「カテゴリー」という語には、注意が必要である。前田氏と同様の関心を持つ西阪氏は、自身のレビュー論文(西阪, 2018)で「カテゴリーという表現をルーズに用いてしまった」と自戒している(p.276)。西阪(2018)の説明によると、このルーズさは以下の2点による。

　まず、サックスが述べた成員カテゴリー化装置は「男」「女」のような性別や、「子ども」「大人」などの成長段階と、それらのステレオタイプに依拠する。しかし、｜専門家－利用者｜のカテゴリーにはある程度のステレオタイプが見て取れるが、｜経験者－未経験者｜のステレオタイプがどのようなものであるかは、「男女」という時のそれとは異なるように感じられる。

　また、カテゴリーは会話の場面場面において局所的に指向されたり、されなかったりするものであるが、局所性を無視するのであれば、それをいつでも適用できる特徴がある。確かに、｜医師－患者｜、｜専門家－利用者｜はそのような意味で成員カテゴリーであるが、しかし、｜経験者－未経験者｜が局所性を無視した際に適応できるかに疑問がある[2]。

　このように見ると、｜専門家－利用者｜というのは社会成員としてのステレオタイプや、局所性を無視しても適用出来るために成員カテゴリー対と呼べるが、一方で｜経験者－非経験者｜というのは、サックスの言う厳密な意味で「成員カテゴリー対」とは呼べない。

　著者の考えでは、「成員カテゴリー」と「参与フレーム」は、「制度的」－「非制度的場面」と区別と連動している。上の前田(2008)のデータで戦争体験が語られる際、前田も分析するように、これは訓練から外れた、いわば「フリー

トーク」になっている[3]。この時、|専門家－利用者|という対が用いられないのは、それが「フリートーク」であると参与者が指向しているからに他ならない[4]。

　では、このフリートーク＝雑談における|経験者－非経験者|のような「立場」は、どのように表されるのか。そのもっとも近い概念が、「参与フレーム」である。もともとこの概念は、Goffman（1974, 1981）によって展開されたものであるが、その中でGoffmanは「話し手」「聞き手」という概念をさらに細部まで展開し、会話に際して様々な参与の在り方がある事を示した。しかし、串田（2006：45-48）によれば、Goffmanの「参与枠組みparticipation framework」という概念は、会話が時間軸にそって進行したり、人々が会話中において参与の構造を変化させることに注意を払っていない、という。そのため、本研究で用いる「参与フレーム」という概念は、Goffmanの概念をより相互行為上変容するものとして捉えなおしたものである、と言える。会話分析における「参与フレーム（参加フレーム）」を、西阪（2008）は以下のように説明している。

　　相互行為の具体的な展開のなかで行われる特定の活動にふさわしいやり方で志向が分配されるとき、その志向の分配のことを、「参加フレーム」と私は呼んでいる。参加フレームは、名指すことのできる一つの活動を構成している。

西阪（2008：87）

　また、西阪（1998：223）では、参与フレームを「現在語られていることにたいして、語り手および聞き手がどのような関係に立つか、といったこと」であるとしており、それは状況に合わせて「逐次変化」していくことができる、という。これは、雑談の中での|経験者－非経験者|という、自然言語でいうところによる「立場」に近いものであると考えられる。

　例えば、西阪（1998：216および2001a：167-168）は、雑談を分析しながら、「そうだ」「あっ！」「はい, はい, はい」などを「想起標識」と呼び、その使

第5章　同じことを示す記憶のことば　　155

われ方を、それまでの話題について ¦語り合えない者¦ であったものを、¦語り
合える者¦ へと変化した際の参与フレームの変化をマークしている、と記述
している。以下のデータに見て取りやすい。

　　　［前略］
　　3　C:　　あのね::,(.)もう一人の友だち,富田
　　4　　　　さんっていうんだけど::,
　　5　A:　　うん,ん,ん.
　　6　C:　　あの:::,(.)スケートパーティ[んとき来てた子:::,
　　7　A:　　　　　　　　　　　　　　　　[はい,はい,はい.
　　　［後略］

　　　　　　　　　　　　西阪（2001a:160）［前・後略は引用者による］

　　西阪はここで、7行目でAの行っていることを、「富田さん」をCとの「共
通の生活史に位置付け」、「共通の知識を互いに参照できる者という参与アイ
デンティティを確立すること」であると述べている。つまり、雑談中、¦説明
を言うもの−説明を聞くもの¦ という参与フレームが用いられても、¦説明を
聞くもの¦ が「思い出す」ことを主張することよって ¦語り合えるもの同士¦
という参与フレームに再設定される、と記述したのである。
　　そのような意味で、厳密な意味での「成員カテゴリー」という言葉は本研
究の関心とは異なる。むしろ、雑談のような非制度的場面では、西阪の言う
ように、発話者が「語り合える者」という参与の仕方を示していたのではな
いか、という「参与フレーム」のほうが適切であると考えられる。
　　本章で分析・記述する断片は、この参与フレームという分析枠組みが、特
に参与者間の対立的な立場を調整・解消する際に重要になる。では以下で、
どのような記憶の心的述語がいかなる使われ方をしているのか、分析・記述
していこう。

2. 言い換えによって同定する

本節では、「覚えはある」や「忘れられてる」などが、確認要求に対する確認の「言い換え」を行うことで、同一の参与フレームにある事を同定する行為を記述する。断片例には以下のようなものがある。

発話例 5. CallFriend japn6414 ［確かもっていきましたよねえ?→そうそうそう確か見た覚えはあるし］

```
031 Rig: うちのやつシャープであれは[けっこう,.hhhh(.)うう:::ん    【説明】
032 Lef:                          [うん!
033 Rig: .hhhh!(0.3)うぅんもっ-(.)たしか持っていきました
034      よねぇ?                                              【確認要求】
035 Lef: →そうそうそう確か見た覚えはあるしそっ[ち行ったときにも見[た.【同定】
036 Rig:                                    [うんう-        [↑あ↑ぁ
```

観察するデータは、もっぱら相手の発言を肯定するものである。これは形式的に「そう」が前方につくことで、相手の発話を会話進行上、貢献あるものとして認めていることを示し、さらにその後に相手の発話を要約する役割を持っている(串田, 2006)。連鎖例は以下のようになる。

連鎖例 5. 確認要求に対し言い換えで同定する使われ方
01 A：確認要求 「持っていきましたよね?」   FPP
02 B：同定
          「そう, 覚えはあるし, そっちいったときにも見た」 SPP

肯定も否定もしない記憶の心的述語の使われ方に関する先行研究

Lynch & Bogen(2005)によれば、イラン‐コントラ事件における公聴会でオリバー・ノース海兵隊中佐が述べた「私がそう言ったことは否定しません。でも、言ったことを覚えているという事も言っていません。」という発言は、質問に「肯定も否定もしない」使われ方をしていることを報告している(第2章も参照のこと)。また、Goodman & Walker(2016)は、いわゆるIPV

（Intimate Partner Violence：パートナーからの暴力）における Memory talk（記憶語り）を DP の立場から研究し、その戦略的ともいえる使用について分析している。覚えていない、という場合、それらは 1）答えるのが難しい質問や加害者として取り扱われるような質問を避けること、2）相手のパートナーを問題として取り扱うこと、に用いられるという。このような制度的場面では、記憶＝体験にかかわる他の参与者の発言の同定・否定は慎重に、時に戦略的に行われる。

　また、Drew（1992）のレイプ容疑にかかわる事件に関する、加害者の弁護士が行う被害者への反対尋問（cross-examination）における研究では、被害者が詳細を「覚えていない」と承認・否定の二極化を避けることが観察されている。この時、被害者は「事件が起こった時にそのような場所に関心を払う必要がなかった」と感じていたことを表示することができる。以下のようなデータである。

　（8）［Da：Ou：45/28：2］
　弁護士：うんと(.)あなたは(0.4)食堂が開いていたかに(0.9)(き-)気づきました
　　　　　か？
　　　　　(0.4)
　原告：　うぅん覚えていません
　　　　　(0.8)
　弁護士：そこに車が停まっていたかはどうですか？
　　　　　(0.9)
　原告：　うぅん覚えていません
　　　　　　　　　　　　　　　　　　　Drew（1992：480-481）［訳は引用者による］

　Drew によれば、食堂が開いていたり、車が停まっていたりするなどの詳細な（些細な）ことを「覚えていない」と発言することは、容疑者とのやり取りの際にその場に関心を払っていなかったことの主張となり、それは「容疑者がレイプをしてくる」などという「疑い」を抱く理由がなかったことを示

158

しているという。また、そのような些細なことを覚えていないということは、その印象が薄かったという意味において、原告が被告に、そもそも性的な意図を持っていなかったこと(つまり、性行為が合意の上でなされるはずがないこと)を示すことができるとしている。

ただし、これらの使われ方は、公聴会や裁判というように、その場で"本当は何が起こったのか"が問題になるような制度的場面である。本研究が対象とする非制度的場面/雑談では、違う分析が可能であろう。さっそく、次項で確認しよう。

言い換えによって同定する記憶の心的述語の分析・記述

まず次の断片を見てみよう。次の断片では、発話者の経験が同定されている。次の断片では、トシがヒデに対して、ビデオカメラを買う際にファインダーではなく液晶付きのものを買うほうが良いか[5] 確認を求めている。

断片 14.　CallFriend japn6414［たしかもっていきましたよねえ?→そうそうそう確か見た覚えはあるし］

```
((ヒデには幼い子どもがおり,トシには電話越しに叫んでいる声が聞こえている.))
001 トシ: なんか叫び声が[聞こえ[るぅ.                 00h:17m:33s
002 ヒデ:           [u-    [e-V-uuuVCRのテープを:::¥出してる.¥hehh
003 トシ: huhu! .hhhh
004     (.)
005 ヒデ: [.hhhh .hhh
006 トシ: [.hhh あぁ!そうださぁVCRといえばさぁ,
007     (.)
008 ヒデ: あぉ::::ん_
009 トシ: あなたんちはあのぉ::::(0.4)液晶のついてるやつだったけぇあのぉ:::
010 トシ: ビデオカメラ.
011     (0.6)
012 ヒデ: あぁ:::そうで[すよぉ.
013 トシ:       [液晶画面の.
014 ヒデ: うぅ:::んあ[のぉ:::
015 トシ:       [ぜったいあっちの方がいいよねぇ.
016     (.)
```

第5章　同じことを示す記憶のことば　　159

```
017 トシ: あのぉ普通のなんて言うのぉ?=
018 ヒデ: =うぅ:::んそう゜そう[そう゜.
019 トシ:                 [ファインダーのぞくやつ[よりも.
020 ヒデ:                                        [.hhhh うぅ:::んい
021 ヒデ: やぁ:::::>あわわ-<よい-撮りやすいですよぉ.
022      (0.3)
023 トシ: 絶対そうだよ[ねぇ.
024 ヒデ:            [うぅ:::ん.[うぅ:::ん.
025 トシ:                       [もうこれがぁ:::このまま画面に
026      なるといい-思いな[がら撮れるんだよねぇ?
027 ヒデ:                 [そう-そうそうそう.いまはねぇソニーとかぁ:::
028 ヒデ: シャープ6)とかぁ[あるしぃ.
029 トシ:                [うんうん.
030      (0.3)
031 ヒデ: うちのやつシャープであれは[けっこう,.hhhh(.)うぅ:::ん      【説明】
032 トシ:                        [うん!
033 ヒデ: .hhhh!(0.3)うぅんもっ-(.)たしか持っていきました
034       よねぇ?                                              【確認要求】
035 トシ:→そうそうそう確か見た覚えはあるしそっ[ち行ったときにも見[た.【同定】
036 ヒデ:                              [うんう-          [↑あ↑ぁ
037 ヒデ: >そうそうそう[そう.<[うんあれはやっぱりぃ゜すごくいいですよ.゜
038 トシ:          [うぅ::[ん.
039 トシ: [ねぇやっぱり゜あれだよね.゜
040 ヒデ: [さい-再生もすぐ見れるしぃ,
041 トシ: うん!(0.3)そうだよねぇ.
042      (1.0)
043 ヒデ: うぅ:::ん.[あれはぁ,お勧めぇ.
044 トシ:          [よしやっぱりそれや.
045 ヒデ: うん.[お勧めぇ.
046 トシ:     [うぅ:::ん.
```

　この断片ではビデオカメラを買うにあたって「ファインダーのぞくやつ」
よりも「液晶のついてるやつ」のほうが良いか、トシがヒデに確認を求める
活動が006行目で開始される。009行目以降のトシの発話は、明示的ではな
いものの「助言」を求めているようにも見える。しかし、すでに「液晶のつ

いてるやつ」のほうを 015 行目で「絶対あっちのほうがいいよねぇ」と言ってることから、購入する候補は「液晶ついてるやつ」に偏っている。ゆえに、【確認を求め】ていると記述するのが妥当だろう。

031-034 行目でヒデは、「うちのやつシャープで」と、カメラの製造元を述べることで描写を始める。それをヒデは 033 行目で打ち切って、「たしか持っていきましたよねぇ」とトシに見たことがあるかという経験の【確認を求め】ている。

このことは、Sacks の「相手の知っていることについては話さない」ことを指向しているように思える（Sacks, 1992 : 438）。ここでヒデは【確認】することによって、カメラ自体についての説明を続けることを避けているのである。037 行目でヒデがカメラを「あれ」と指示し、その評価を与えていることは、その説明を"飛ば"したことを示している。

034 行目に対する 035 行目の反応は、「そうそうそう」で始まる。単に肯定するだけなら、「うん」などでもよい。しかしここでの「そうそうそう」はそれが他の参与者のターンの貢献を組み込んだ形で（つまり、相手の言っていることはこれから自分の話すことに都合がいいという意味で）、さらに話を続ける（「行為スペースを拡大する」串田, 2006 : 197）使われ方をしている。この場面で使われる心的述語「見た覚えがある」は、その直後に位置する。

035 行目の発話時点まで、トシとヒデは |相談をする人 − 相談を受ける人| という参与フレームにおいて、「ビデオカメラの購入の相談」という活動を行っていた。しかし、トシの「持っていきましたよねえ」という【確認要求】は、その |相談を受ける人| に期待される、「無知」という可能性を解消する手段になっている。言い換えれば、相手を |現物を見たことがある人| として扱うために、「君は見たことがあるから、そんなにたくさん質問しなくても、ビデオカメラのことについては知っているだろう」と言っているのである。

それに対する「確か見た覚えはあるし、」という心的述語の使用は、「そうそうそう」と貢献を認める発話と同等の公的資源であるといえる。035 行目トシは、第一に、相談という活動の中で、現物を見た経験を用いて確認を与

第5章　同じことを示す記憶のことば　　161

えることを行っており、自らを¦現物を見たことがある人¦という、ヒデと共通する参与フレームに位置付けるものである。第二にヒデは「持ってきたときに見た」ことと「そっちに行ったときにも見た」という、複数回性を追加で説明することで、相手の貢献を補足している。これを、自己の経験によって他の参与者の確認要求に対しその事項（この場合では経験）を【同定】している、と記述できる。

　次の断片も同様のことが行われている。ハルとヒロはアメリカに留学している男子学生である。038行目までで、ハルとヒロは¦親と話さなくなった人¦という共通の参与フレームであることが確認される。

断片15.　CallFriend japn6632 [～とかそういう感じでしょ?→そうそうそう.
　　　　マジで存在ぃ,(0.4)>あもう<忘れられてる最近]

		((ハルの家の近くには映画館がない.ヒロはハルに,車を買えと勧める.ハルは親がそのうちに買ってくれるんじゃないか,と予測していることを述べる.))
020	ハル:	[うぅ::::ん.
021	ヒロ:	[こ-このごろゆ-話してないわけそっ-
022	ハル:	うぅ:::んなんもはなしてない.
023		(0.4)
024	ハル:	.hh なんか電話すんのもウザイからさ最近.
025		(0.9)
026	ヒロ:	°あ°hahh 親と>話さないよなぁ.<
		((中略:親と電話でも話さないことが共有される))
038	ハル:	¥全然,¥(0.4)話さない(0.2)しぃ.
039		(0.3)
040	ハル:	.hhhhh
041	ヒロ:	大体時々急にかえってきて,(0.3)「あらぁ,」(0.2)
042	ヒロ:	「もう帰ってきたの」とか[ぁ¥そういう感じでしょお.¥【同定要求】
043	ハル:→	[¥°そうそうそう.°¥　　　【同定】
044	ハル:→	.hhh マジで存在ぃ,(0.4)>あもう<忘れられてる　　【同定】
045	ハル:→	最近.
046		(0.5)
047	ヒロ:	特に君そうだよな.=夏休み帰ってきたら
048	ヒロ:	急にお前のぉ,

```
049            (0.3)
050    ヒロ:    家族がぁ::::[旅行に行っちゃうでしょぉ
051    ハル:              [ehehh そうそうそうそう． .hhh
```

　ターゲットラインである 043 行目の構成は「そうそうそう」で受け取りが行われ、ハルが話を続けているという点で、前の断片と似ている。異なるのは、ヒロの貢献の仕方、である。

　ヒロとハルは 026 行目で 2 人が ¦親に連絡しない人¦ という同じ参与フレームにいることを確認し合う。ヒロはハルの 038 行目「全然話さないしぃ」の内容を、041-042 行目で具体的に予測し、「そういう感じ」と具体的レベルでも同じ参与フレームにいるのかを確認している。

　041-042 行目のカギ括弧でくくられ、引用として音声的にもマークされた発話は母を実演 enact し、ハル 038 行目の「全然話さないし」を言い換え、同定しようとしている。それを聞き終えると、すぐにハルは反応（「そうそうそう」）を始める。ここで、ハルはヒロの具体化するという 041-042 行目の貢献を評価していることが分かる。「そうそうそう、まさにそういう感じ」という形だろう。

　さらに、044-045 行目で「存在忘れられてる最近」という発話は、「あらぁ」「もう帰ってきたの」という架空の母の発話を、自分側の体験として説明しなおしたものである。ここでは記憶の心的述語「忘れる」の動作主は第三者（母や家族）であり、また、全体として受動文（忘れられる）であるために、断片 14 と異なるように見えるかもしれない。しかし、ここでも前の断片と同様に、相手の貢献のターンを補足していることは指摘できる。相手の話を「言い換える」際に、記憶の心的述語が用いられている点では共通である。

　前の断片との違いはむしろ、これが二人の共通の経験によって参与フレームを変化させるのではなく、二人がアメリカに留学する留学生として同等の参与フレームを（何度も）確かめるところにある。いわば、同一の参与フレームであればよく起こる「あるある」ないし「お決まりのできごと」を話しているのである。ヒロはその後、確かにハルのほうがその程度が激しいことを

第 5 章　同じことを示す記憶のことば　　163

指摘しているが(047 行目)、その対立は後に解消されている。

言い換えによって同定する記憶の心的述語の考察

　以上の二つの断片で見たように、記憶の心的述語の使用は、まず対立した、あるいは同一の参与フレームに参与者たちがおり、他の参与者が【確認要求】を行うことから始まる。その【確認要求】を、活動中に貢献あるものであると認める発話が起こり(「そうそう」等)、心的述語の使用でそのターンを「言い換え」という方法で補足する使われ方をしていた。

　この実践は、確かに「そう」に寄るところが大きいが、それだけでは完結しないこともまた示している。もし仮に「そうそうそう。」で発話が終わってしまえば、その直前で示されている貢献が "どのようなものであるのか" が示されないことになってしまう。

　それとは異なり、ここでの心的述語は、「そう」の後に用いられ、相手の発話を「言い換える」ような発話で用いられている。相手の発話の言い換えは、相手の発話に対して単に繰り返すよりもより「強い」理解を示す証拠立てになる(Sacks, 1992 : 141-144 ; 平本, 2011a)。しかし、ここでは「理解」よりもむしろ、言い換えにより、相手が確認を要求した内容、特に経験を【同定】することによって、その場の活動への貢献を認め、共通の参与フレームに落ち着いたり、共通の参与フレームを確認したりするような使われ方であると言えるだろう。

　この使われ方において、記憶の心的述語はもっぱら経験を【同定】することに用いられているといえる。これがもし経験ではなく人物で、かつ第一連鎖成分で用いられる場合、その使われ方は 4 章で見た進行性の確保と連続した関係を持っていくように思われる。それを証拠に、断片 14 の「持っていきましたよねぇ？」は説明を "飛ばす" ことで進行性を確保していると記述可能だと思われる。

　本節では、記憶の心的述語が同一の参与フレームの指向によって経験を同定する使われ方を見てきた。次節からは、参与者が同じ参与フレームにいることを示すことによって、他の参与者に同調する使われ方を分析・記述する。

3. 同調する

　本節では、会話参与者が共通の立場を確認することで、他の参与者に同調的な態度を示す使われ方の記憶の心的述語を分析・記述する。ここでは、「記憶がある」「思い出すものってあるでしょう」「覚えられた」などの心的述語が用いられており、それらはたいてい後方拡張連鎖の第一連鎖成分である。

　まず、次項で同調行為の持つジレンマと、その解決をどのように人々が行っているかについての先行研究を概観する。次に、参与フレームを同一化することで他の参与者に【同調】する用法を分析・記述する。

同調（共感）のジレンマに関する先行研究

　ここで、本節と次節で重要になる「同調 affiliation[7]」についての先行研究を概観しておきたい。会話分析における同調という分析基準は、感情的、ないし行為水準の協力のことを指している、とされている（Lee & Tanaka, 2016 ; Stivers, 2008 ; Stivers et al., 2011）。ただし、連鎖組織を分析の基本とする会話分析においては、ここでの同調は会話中の行為という水準でまずはとらえられる。たとえば、連鎖環境において、【誘い】や【依頼】に関して【了解をする】ことは、それが選好応答であると同時に、同調的な行為である、と説明される。Heritage（1984）は、選好応答を「社会的連帯をサポートするような協力的な行為」であると説明している[8]。

　しかし、会話中の「同調」にはジレンマがある。例えば、我々は他の参与者が悩み相談などを行ってきた際に、同調して「わかるよ」などといわれる場合がある。しかし、それを「口先だけで言ってるだけなんじゃないか」などと後から考えて疑心暗鬼になることもあるだろう。また同様に、他の参与者から深刻な悩みを打ち明けられたとき、安易に同調することは、その同調への〈主張〉ではなく、なぜ同調ができるのか、という〈立証〉が出されなければならないこともしばしばある（平本, 2011a）。

　東北大地震の後の足湯ボランティアの相互行為を記述した岩田（2013）は、

第5章　同じことを示す記憶のことば　　165

「共感」を示すためには共感の権利の明示が必要あると述べている。しかし、例えば、震災の経験者に対し「私も同じような経験があって…」と権利を明示的に示すことは、それが「よくある経験」として語られることを免れないため、未曾有の大地震を経験したという他の参与者の固有の経験を脅かしてしまう危険が伴う。ゆえに、そこには「私も同等の経験をして共感できる」のではあるがしかし「共感することで相手の固有の経験を脅かす」かもしれないというジレンマが存在するわけである。

　しかし、我々はそれを解消する「やり方」を持っている。岩田は、このような場合、共感として聞き得る場所に「共通性」が言語的に非明示的に配置され、それを共感する側が操作する様子を記述している。

　例えば、3.11 東北大震災のあと、「農業ができなくて寂しい」という足湯の利用者に対し、ボランティアが「うちの実家も農家なんでちっちゃいころからおじいちゃんとおばあちゃんの手伝いをしていたんですけどやっぱ農家って楽しいですもんね」と返す事例などが挙げられている。この事例では、農業ができないことに対していわば「ひとことで」返すわけではなく、「楽しい農業ができない」ことは「寂しい」という共通性を、「ちっちゃいころから」とある程度の長さをもった経験として提示することで、共感の権利を獲得しているというわけである。しかし、それは「わかります。」や「共感します。」というように、明示的に語られているわけではない。その非明示性が、経験の固有性への侵害という共感のジレンマを解消する手立てとなっているというのである。

　では、本節で見る同調にかかわる断片はどのように同調のジレンマを解消しているのか、そして、そこに心的述語はどうかかわるのか。以下で分析・記述をしたい。

同調としての記憶の心的述語の分析・記述

　同調の使われ方においてもっとも単純なものには、他の参与者の評価に同調するという方法で、「私も共通の評価をする人だ」という同等の参与フレームを他の参与者に示すものがある。しかしそれは、記憶の心的述語の反駁可

能性（後に自らあるいは他者によって覆されうること）を利用することで、自分の意見が変わりうることも示すことができる。

連鎖例6.　ひとまず同調する使われ方

```
01　A：評価要求　　「どれがよかった？」　　　　　　　　　　FPP
02　B：評価　　　　「ロシア」　　　　　　　　　　　　　　　SPP
03　A：評価にひとまず同調　「ロシアよかった記憶がある」
```

Minimal Post Expantion（MPE）

　次の断片では、「世界の美女」という、各国の美女の写真が載ったウェブサイトを見ながら、何人の女の子が好みかを話している。この「鍋パーティー」の前にカツは、全員が登録しているソーシャルメディアのFacebookでこのウェブサイトをこの会のメンバーに共有していた（ただし、見ていないメンバーもいた）。ダイ、ナツ、マサ、アキは、トシが操作するパソコンのモニターを見ている。カツは別の活動をしている。

断片16.　男子会Ⅱ［あぁロシアよかった記憶がある］

```
006 マサ：　　何[じん？
007 カツ：　　　[リオデジャネイロがいいんですけどぉ　((国・地名はその国の美女))
((中略))
012 ダイ：　　　　　　[¥いやぁやっぱケチュア族じゃないっすかぁ¥?
013 マサ：　　ケチュア[族
((中略))
022 カツ：　　リオデジャネイロがいいっすよぉ.
023　　　　　　(0.3)
024 トシ：　　↓あ↓い↓じ↓ゃ↓あ↓は↓い↓も↓っ↓か↓い↓最↓初↓っ
025 トシ：　　↓か↓ら↓あ.=　　((トシがパソコンのマウスを操作している))
026 ダイ：⇒　=えっこれ!
027　　　　　　(0.2)
028 ダイ：⇒　みんなぁ,
029　　　　　　(0.2)
030 ダイ：⇒　どれにしたぁ?　　　　　　　　　　　　　　　【評価要求】
031 マサ：⇒　俺ロシア.　　　　　　　　　　　　　　　　　【評価】
```

第 5 章　同じことを示す記憶のことば　167

```
032           (0.7)
033 カツ：    これまだぁ,=  ((机の上の箸を手に取るが、マサとダイのやり取りとは無関係))
034 ダイ：→  =あぁロシアよかった[記憶がある.                              【評価】
035 トシ：                      [あぁ!
036 トシ：    °確かにルーマ[ニア°.
037 カツ：                [使ってない.
038 マサ：    [ルー↑マ↑ニ↑ア[他↑に↑もおる-
039 ダイ：                [これでもルーマニアねぇ![これねぇ!
040 マサ：                                        [<他おる
041 マサ：    でぇ.>
```

　ターゲットラインは 034 行目である。
　025 行目付近では、ナツ、ダイ、トシ、マサ、アキは画面を注視しており、トシがマウスで操作している。カツは、食べ物を食べるために箸を探しており、少し離れた場所にいる。024-025 行目でトシは、これまで美女に対して意見を述べていた活動を仕切りなおし、ウェブページの先頭から美女を見直そうと強制する。
　一方で、028-30 行目で、ダイはその活動とは別の活動を「えっ」でマークし、この場にいる各々がどの美女を気に入ったか、ということを他の参与者に【評価要求】している。
　マサの 031 行目「俺ロシア」はダイの 030 行目の【評価要求】「どれにした？」に対して、「俺」という言葉を用いて自分の評価であることを表し、さらに「ロシア」という地名によって、自分の好みの女性を示している。つまり、【評価】しているわけである。それに対して 034 行目のターゲットラインでのダイの心的述語を用いた発話「あぁロシアよかった記憶がある.」は、「ロシア」という共通の語、さらに「よかった」と

図 5-1：断片 16　025 行目終了時

いう評価を表す語を用いて、ロシア女性と、直前のマサの031行目を同時に【評価】している。

ただし、この使われ方は単に「ロシアの女性がよい」、という事を言っているわけではない。

まず、034行目のターゲットラインの発話は、それぞれの参与者が自らの好みを述べる場において、|ロシア美女派|という複数人が属する参加フレームをこの参与者の中で作り出している。これは、ダイがマサに対して【同調】している、と記述できる。無論、美女の好みに対する意見対立はこの場面において予期可能であり、一方で共通性があってもよいものである。

また、このダイの「あぁロシアよかった記憶がある」という発話は、目の前でこれからウェブサイトをスクロールする際、「ロシア美女を注目ポイントとしてみるべきだ」という提案にも聞こえる。このように、「ロシアよかった記憶がある」というとき、「注目するポイント」としてのロシア美女を再確認してみようという【確認要求】ともとれるのは、この活動にかかわるうちの少なくとも2人が、同一の評価をロシア女性に行ったからに他ならない。そのような意味で|ロシア美女派|という参与フレームに指向しながら、他の参与者もそれに同調する機会を作り出しているといえる。

ただし、この【同調】は単なる賛同ではない[9]。仮に共通の参与フレームを示すだけならば、「俺もそう思った」などという事もできるだろう。ただし、そのように言うことは、すでに「美女の品定め」という活動を完了した存在として、当該の活動に参加することになるという違いがある。それに対し、「記憶がある」という事はまだ品定めを完了していない者として会話に参与することをも可能にする。ロシア女性を焦点として吟味しながら、自分の評価を先送りにすることで自分の意見を会話中に確定させず、変更しうるものとして会話に参与することを意味する。言い換えれば、「肯定寄りではあるが未だ曖昧である」態度を示すことができるのである。そして、それは記憶概念が反駁可能、すなわちあとで記憶違いだったとして撤回可能[10]であるからに他ならない。

これらのことは、「美女の評価」に対して（雑駁に言えば）「ああだこうだ

第5章　同じことを示す記憶のことば　　169

言い合う」という、意見の相違が問題とならないような雑談中の活動特有の同調のバランスを表しているといえる。相手にひとまず【同調】しながら、評価を先送りにすることは、ダイが別の参与フレームにも容易に移行することができるという意味で、この活動がそのような主旨のものであることを理解していることを示す。言い換えれば、この場での【同調】は、さほど"重くない"ものであることを、ダイが指向していることの証拠になる。実際に、意見対立が全くない場合、この手の会話は楽しみを欠くように思われる。

　また、この断片は、「覚えている」と述べる事と、「記憶がある」と述べる事は、まったく別の行為を構成することを例証している。Ryle（1949=1987）は、「覚えている」が「ある事を習得し、それを忘れていない」ことを表すとしていたが、一方で本断片で見たように、「記憶がある」は、ある事について【いったん同調する】行為の資源になっている[11]。

　次に、「クイズ」活動が行われた後、その「難しさ」に対して【同調】する例を見たい。次の断片では、051–052 行目でニアが「覚えられた」と記憶の心的述語を用いている。

連鎖例7.　クイズ後に同調する使われ方
　01　A：クイズ　「サーティーワンってなんていうか知ってる？」　FPP
　02　B：誤答　　「ロバートソン…」　　　　　　　　　　　　　　SPP
　03　A：正解　　「バスキンロビンスでしょう？」　　　　　　　　FPP-post
　04　B：反応　　「そっか」　　　　　　　　　　　　　　　　　　SPP-post
　05　A：連鎖を閉じる発話　「そう.」　　　　　　　　　　　　　SCT
　06　　　誤答への同調「私もやっと覚えられた」　　　　　　　　FPP-post

　この断片では、アメリカにあるいくつかアイスクリーム店の名前が出され、食べたことがあるかないかが話されている。日本で「サーティーワンアイスクリーム」として知られているアイスクリーム店は、アメリカでは社名の「バスキン・アンド・ロビンス」と呼ばれている。

断片 17. CallFriend japn6616［私もやっと覚えれた］

038	ニア：	知らな[いな!	00h:02m:08s
039	カズ：	[.hhh あれアメリカで何アイス喰ったことあるかなぁ.	
040	カズ：	(0.3)ハーゲンダッツってあったっけア[メリカに.	【確認要求】
041	ニア：	[あるよあるよぉ:::¿	【確認】
042		(0.2)	
043	カズ：	.hhh あ食べたことないなぁ.	
044		(0.2)	
045	カズ：	[hehhhhhh	
046	ニア：⇒	[でもサーティーワンってなんていうか知ってるでしょぉ?	【クイズ】
047	カズ：⇒	ろぉ-ロバートソン:::	【候補提示】
048	ニア：⇒	ちぃがうよバスキンロビンスで[しょぉ?	【答え】
049	カズ：⇒	[あぁそっかそっか	【理解】
050		そっかそっか[そっか.[.hhh huh!	【理解】
051	ニア：→	[°そう.°[あたしもやっと覚えれた.覚えら	
052		→れたって[感じ.	【許容】
053	カズ：	[んあぁ!	【理解】
054		(0.2)	
055	ニア：→	.hhhhh やっと[覚えたって-	【052 やり直し】
056	カズ：	[だってぇ:::でも俺ぇ-(0.3)	【情報提供】
057	カズ：	んんそのなんとかなんとかロビンスはぁ:::::	
058	カズ：	いい覚え-ロビンソン[は覚え-	
059	ニア：	[バスキンロビンスねぇ.	
060	カズ：	うぅん喰ったことあるよ.	

　ターゲットラインは 051、052、055 行目である。

　まず、046 行目の「知ってるでしょぉ?」という言い方は、すでに答えをニアが知っているような「クイズ活動」になっている。この二人がアメリカにあるアイスクリーム屋について述べていることから、アメリカに住む人なら知っているであろう項目を試すクイズが行われていることに注意しよう。

　それに対して、047 行目でカズは「ロバートソン」という回答の候補提示を、「ろぉ-」とカットオフしたり、音の引き延ばしとともに行っている。発話トラブルを示す要素で、クイズへの答えがサーティーワンと呼ばないことは知っているが、実の呼称についてはよくは知らないことをニアが把握でき

る資源になっている。

　ニアはその応答に対し、048行目でカズの候補を正し、正答をカズも知っていることを確認する形式（「でしょ？」）で教えている。カズも49-50行目で「そっか」と本来知っているはずだった、というスタンスを示すように応答している。

　051行目の小声「°そう。°」は連鎖を閉じる三番目の位置において発話されている。それから間髪おかずに「あたしも」と始めることは完了可能点で前の話を続け、ターンを確保する手段になっている。

　さて、ターゲットラインである51-52行目でニアは「やっと」＝様々な困難を経て、「バスキンアンドロビンス」という日本では馴染みのない呼称を言うことができるようになったのだ、という「難しさ」について、他の参与者の失敗を借用しつつ〈立証〉している。また、「私も」と述べることで、自分も相手と同じ立場でかつてあったことを示している。そして、それによって、カズの候補提示（「ロバートソン」）が、実は妥当であったことを遡及的に【許容】する手段になっている。

　雑談中であっても、クイズの連鎖がおこなわれるとき、それは¦質問者－回答者¦という参与フレームの制約を作りだすように思われる。とすれば、質問した側は、回答者を明確な別の参与フレームに置くことになる。しかし、クイズの活動直後に「私も」と言って難しさを述べることは、その¦質問者－回答者¦という参与フレームを解消し、¦同じ困難を持つもの（持ったもの）同士¦という共通の参与フレームに変更する手立てになっている。これもまた、同調する際に明らかになる参与フレーム上の対立というジレンマを解消する手段となっている。

　また、この断片でも同様に、「賛同」することと【同調】することが違う行為であることが分かる。というのも、クイズ活動を始めるという事は、ニアは¦答えを知っている人¦として振る舞う制約を与える。そうなれば、カズが答えられないことに対して「私も答えられない」などと「賛同」することはできない。しかし、自らの困難の経験（バスキンアンドロビンスが言えなかったこと）を示すことによって、【同調】は行うことができるのである。

また、次の断片では、FE が彼氏をひどい別れ方をして、それを MY に報告している。FE は彼氏と別れてひどく落ち込み、大学で同級生に心配されたぐらい落ち込んでいることが顔に出ていた、という話がなされている。509行目で始まる同意要求の挿入連鎖に反応可能かを確認する際に、「思い出すものってあるでしょう？」と【同調を要求】している。

連鎖例8.　同調を引き出す使われ方
01　A：同意・同調の要求　「思い出すものってあるでしょう？」　FPP-Pre
02　B：同意・同調　　　　「うん.」　　　　　　　　　　　　　SPP-Pre

断片18.　CallFriend japn1758 [見るたびに思い出すものってあるでしょぉ？]

491	MY:⇒	[[そ う か そっ]かぁ::[もうちょっとは元気になったぁ::¿ 　【説明要求】
492	FE:	[うぅ:::ん.
493	FE:	=tch うん!あのぉ:::, 　　　　　　　　　　　　　　00h:26m:08s
494	MY:	うぅ:::ん_
495	FE:⇒	うん!あ[のぉ,iu-全般的には>もう-<だって!k 電話ですごい
496	MY:	[じゃあよかったぁ_
497	FE:⇒	元気でしょぉ?　((ここで FE は FE 自身のことに言及している))
498		(0.4)
499	MY:	うんまぁねぇ?[声はねぇ:::¿
500	FE:	[うん!
501	FE:	うん!=
502	MY:⇒	=とっ[ても元気だけどやっぱりまだぁ,.hhh あぁのお話してて
503	FE:	[でも-
504	MY:⇒	涙が出る[っていっ[たからぁ::,　((FE は過去にこのように述べていた))
505	FE:	[tkn　　[.hhh
506	FE:	う::ん.
507		(.)
508	MY:	[まだちょっとぉ,
509	FE:⇒	[なんかほらぁ::,　　　　　　　　　　　　　　　　　【説明】
510		(.)
511	FE:⇒	あると思うんだぁ:::[そのぉ,　　　　　　　　　　　　【説明】
512	MY:	[まぁねぇ::[:?
513	FE:→	[ii なにか- (.) .hh (.)

第5章　同じことを示す記憶のことば　173

```
514  FE:→  なに::-なにか::,[見るたびに::::[その思い-思い出すもの
515  MY:              [°うぅ::ん.°  [そうねぇ::?
516  FE:→  [ってあるでしょぉ?                    【同意要求】
517  MY:   [そうねぇ:::                          【同意】
518  MY:   うぅ[::ん.あるわねぇ::[:.                【同意】
519  FE:      [ね?うんうん.    [<たとえばほら,>   【SCT】→【例示】
((後略:テニスコートを見ると分かれた彼のことを思い出す,ということが語られる))
```

　ターゲットラインは 513-514、516 行目である。

　491 行目の MY の質問「もうちょっとは元気になった¿」は【説明要求】の発話デザインになっている。実際、FE も「うん!(493 行目)」と述べ、「全般的には(快復している、の意で:495 行目)」と言い、さらに「電話で元気だ(元気に聞こえるだろう、の意で)」と証拠も出している。

　それに対し、502-504 行目は 491 行目の「もうちょっと[12) は元気になった¿」の説明要求の前提が、その前に FE が語った「涙が出る」ということと関係していたことを明らかにする。この発話は、Pomerantz(1980)の「つり出し装置」に近い働き(第 3 章も参照)をしているように思われる。つまり、「話していて涙が出ると言っていたから」に続く形で話し続けてもいいし、「ああそうだったね」などといって話をやめてしまってもいいような、プライバシーに指向した、しかし完全にそのプライバシーを尊重しているわけでもないやり方(Pomerantz, 1980)で、返答する選択を与えているわけである。

　さて、509 行目で FE ができることは、これまで話していない情報を述べて説明することである。そのために、MY が適切に反応できるかを問う予備的な質問として、ターゲットラインである 511-514 行目は用いられている。

　516 行目が「でしょう?」という形式とともに用いられることで、この発話が他の参与者から【同意】を要求するものであることが分かる。「思い出すものがある」という事を共通体験として組み立てようとしている、というわけだ。「見るたびに思い出すものがあって、」という風に話を続けるわけではなく、単にこのやり方は、「思い出すものがある」ことが、FE のものだけではなく、MY も共通に持つ経験であるということを要求するようにも聞

こえる。このことから、|同一の経験を持つ者| として FE と MY が共通の参
与フレームで話を聞くことが重要なものであると、指向されていることがわ
かる。

　ただし、514-516 行目の同一の参与フレームにおいて聞くことを引き出す
ような【同意要求】は、うまくいっていないことにも注目しよう。519 行目
で「<たとえばほら>」といって例示することは、その前の 514、516 行目の
ターゲットラインに対する 517-518 行目の反応が不十分であったことを表し
ている。517-518 行目で何が来ることが最も適切であるのかを確定させるこ
とはできないが、おそらくは相手に同調するための経験の語りなど、何らか
の証拠立てが必要であっただろうと考えられる。一方、【例示】する行為が
「あるものを見ると失恋した相手のことを考えてしまう」というような経験
であることから、遡って 514-516 行目のターゲットラインがそのような |同
一の経験を持つ者| という共通の参与フレームを指向していたことの例証に
なると言える。

同調としての記憶の心的述語の考察

　本節では、記憶の心的述語が同調を示したり、同調を確認するような使わ
れ方を見てきた。これらの断片中に起こる参与フレームの相違は、確かに大
きな問題にならない意見差程度のものである。しかし、それが参与者にとっ
ては不都合なジレンマであるために、参与フレームを同様にすることで、【同
調】のジレンマを解消していた。そこに、記憶の心的述語が用いられている。

　美女を評価する断片 16 では、どの国の美女が一番良いか、というのを各
自が述べる話題であるために、それぞれの意見が異なることは予想の範疇で
はあるものの、同調できることも求められている。その場合、「ロシアよかっ
た記憶がある」という事は同調でもあり、しかし、ウェブページを見ていく
うえで変化するかもしれない評価の確定の保留でもあった。

　また、クイズ活動を行う断片 17 では、「クイズ」という行為がそもそも |答
えを知っている出題者| − |答えを知らない回答者| という対立構図を生み出
す。記憶の心的述語は、クイズを正解できない相手に寄り添う行為に用いら

れていた。

　さらに、断片18における同意要求では、後に述べる自分のつらい状況の体験を共有する行為であった。つらい経験をしている人が、同様の経験がある参与フレームにいることを確認・要求しておくことは、相手が同調できる人かを確認する手段であるといえる。

　このように考えると、それぞれの状況は異なっていながら、しかしそこには参与フレームの相違というジレンマをどのようにやりくりするのか、という共通性もあった。それぞれの状況に応じた参与フレームの相違があり、それを解消するための合理的な理由が記憶の心的述語の使用にあったことも明らかである。この相違というジレンマに対処するのが、記憶の心的述語の同調としての使われ方であると言える。

　本章2節で考察したように、この用法のほとんどは、記憶の心的述語に経験概念がかかわっている。ある共通の経験を再現できることは、同調をするための資源であると言える。ただし、「ロシアよかった記憶がある」のような評価の場合に、これを「【ロシアよかった】と過去に評価したときの経験」と呼ぶには抵抗があるだろう。というのも、その後に「あ、そんな経験があるの？」と確認することに違和感があるからだ。逆にバスキン・アンド・ロビンスを「やっと覚えられた」という相手に対し、「あ、そんな経験があるの？」と聞くことはその困難な経験を語る場所を作るという意味で、ありうる状況であると考えられる。

　そのために、記憶の心的述語を使用する際、経験のみが想起と共に用いられるわけではないということも、明らかになったといえる。むしろここでは、同調のために"共通している"ことが、重要なのである。

4.　語りの終了を示し同調する

　第5章の分析の最後に、語り（Sacks, 1992 : 764-772）の終了部分で用いられる記憶の心的述語の使い方について分析・記述する。本節で分析・記述する記憶の心的述語は、語りの最後に用いられ、その語りが終了することをマー

クしている。しかし、単に語りを枠付けるだけではなく、その前の別の参与者の「経験」に類似したものを語ることによって、他の参与者に対して【同調】する行為も構成している。断片例としては以下のようなものがある。

発話例6. CallFriend japn1841 ［どこのことなんだろうと思ってそ:こだけ
辞書ひいた記憶があるよ。］

21 ヨリ：ど(h)こ(h)のことかわかんないじゃない?=専門用語で. 　　　【同意要求】
22 マミ：>うん[うんうん<
23 ヨリ：→ 　　[.hhhh 　　>で<↑どこのことなんだろうと思[ってそ:こだけ辞書
24 　　　　　　　　　　　　　　　　　　　　　　　　　　[.hhh
25 ヨリ：→ ひいた記憶があるよ。= 　　　　　　　　　　　　　　　【語りの終了】

　前節が共通の経験を指向していたのに対して、本節で記憶の心的述語が用いられる直前までの経験の語りは、完全に同一ではなくむしろ類似の経験である。そのため、経験が語られる際、その経験が他の参与者の直前の話題に対して十分な類似性を持つかどうか、つまりそれを「共通の経験」として呼べるかどうかの判断は、【同調】を行う上ではジレンマである。というのも、自分の語った経験が、他の参与者の経験と異なっていると聞こえては、【同調】を達成できないからである。

　この使われ方における【同調】は、このジレンマを克服するために、他の参与者にその【同調】が【同調】として充分であるかどうかの共通性を判断させ、委ねることに用いられていた。連鎖例は以下のような形になる。

連鎖例9. 語りの最後に用いられ同調する使われ方
01　A&B：　話題の終了が可能な場所
02　B：　　語り「X という記憶がある」

　まず、語りに関する先行研究を概観する。次に、データを分析し、考察を述べる。

語りに関する先行研究

　本研究の研究手法である会話分析においては、まず、「語り」は開始‒終了という構造をもつ、一つの組織だった行為である（Mandelbaum, 2012）。さらに、Sacks（1992=1995：18）によれば、語りの特徴は、複数の発話、ターンにそれがおよぶ点にあり、また、複数のターンをコントロールしようとするものである、とされている。

　このように複数のターンを用いて話し手が語る間、聞き手は聞いているだけではない。語りの途中においても、うなずきやあいづち等で適切な反応をしたり、評価をしたりすることで、語りに協働しており、また、話し手は聞き手の反応から得られた知識状態に合わせて語りの方向を修正するような相互行為的性質を持っている（Mandelbaum, 2012）。このことは、語りが一方的な行為ではないという特徴を表している。

　また、語りは、行為の媒介としてもちいられる。批判や、文句、からかいなどのために、語りが用いられることも多い。そのため、たとえば「覚えてる」や「記憶がある」などで語りを終えることも、それが何らかの組織だった行為の媒介であることが期待できる。

　さて、参与者の会話を観察していると、ある語りが行われた直後、別の類似した語りがおこなわれることがある。これを「第二の語り second story（Sacks, 1992）」と呼ぶ。本節で観察する断片は、記憶の心的述語の発話の直前に「語り」が語られている場合もあるし、そうではない場合もあった。しかし、その直前がなにかしらの経験についての話題を構成している点では共通している。別の参与者のそのような「経験」の描写に対して「（第二の）語り」を行うことは、多くの点でこの「第二の語り」の組織と共通している。

　Sacks（1992：771）によれば、最初の語り（first-story）が行われている最中の立場が、第二の語りを探す際の強力な強烈なヒントになっているという。話者は「第二の語り」を行うことで、「同意をする」こと「あなたは正しいことをしたと言う」こと、「理解を示す」こと、などを行うことができる。第二の語りは最初の語りで語られた人の立場をどのように捉えたかを示すものであるために、第二の語りでの中の語り手の役割や立場が全く違うように

聞こえた場合でも、それは最初の語りの語り手と異なった理解をストーリーに対して行なったこと（つまりは“誤解”したこと）を示すことになる。

　特筆すべきは、この第二の語りを「探す」という事について、サックスは以下のように述べていることである。

　　　強調しておきたいのですが、［第二の語りを語る際の］このような特殊な状況での想起は、みなさんがそれをすることによって疲れてしまうようなタスクではないということです。この想起を私は「活動」や「選択」という形で話しましたが、しかしストーリーというのは「頭の中にパッと起こる pops into your head」ものなのです。みなさんが意識的にストーリーを探すようなことはありません。ストーリーがあなたに起こり、あなたはそれを話す［だけ］なのです。これはあなたが初めの語りを話すときと同じような、自然に産出されるものです。

　　　　　　　　　　　　　Sacks（1995：771）［訳・下線は引用者による］

　この「想起がプロセスではなく『出来事』である」という視線は、ギルバート・ライルのそれとよく似ている。では、語りが「活動」や「選択」ではなく『出来事』であり、それが「同意」や「理解」を示すことになるのであれば、そこで記憶の心的述語が関わることはどのような相互行為的資源なのだろうか。次項で確認しよう。

語りの終了を示し同調する記憶の心的述語の分析・記述

　語りによる同調の使われ方を分析するにあたって、3つの断片で共通連鎖の抽出と各断片の記述を行う。

　まずは断片19を見てみよう。ヨリとマミの二人が話をしている。マミは言語学を専攻し、アメリカの大学での滞在が長いため、「様々な専門用語を英語では知っているが、日本語では知らない」という母語と学習言語との逆転が起こっている。ただしマミは、英語の Republican Party や Democratic Party ぐらいであれば、日本語で「共和党」「民主党」と言われてもそれが

第5章　同じことを示す記憶のことば　179

何を示すかはかろうじてわかるという。同様に、上顎の一部である口蓋（こうがい：palate）は英語でなにかとヨリは尋ねるが—言語学を専攻するマミにとっては音韻論において基礎的な知識である—、マミが間違った語をいったため、ヨリはマミを茶化している（028–029行目）。

断片19.　CallFriend japn1841　辞書引いた記憶

```
019 ヨリ： .hhh(.)あ::口蓋って英語でなんていうの:？
020 マミ： <口蓋は:::::>　す-.hhh(0.2)どっちだったかな::
021　　　　あたしあれは::laryngalだと思ったん°ですけど°
022 ヨリ： リンガル？
023　　　　(0.6)
024 マミ： larynk- larynx かな.<あ<口蓋>やじゃないや=あそれだったら::
025　　　　.hhh hhh(0.3)>あごめん.<なんかわたしすんごいことをこのrecord
026 マミ： してるところに言ってたhかもしhれなhいh　　((larynxは喉頭の意))
027 マミ： [HAHAHAHAH ha ha ha ha ha ha ha ha [ha　[ha::
028 ヨリ：⇒[uHAHAHAHA ha ha ha ha　　　　　　　[.hhh[¥>これが<言語学の:¥
029 ヨリ：⇒[[¥え::学生の¥
030 マミ： [[(だから)
031　　　　(0.2)
032 ヨリ： <日本語が分かんないって言ったじゃん口蓋は::>
033 ヨリ： >あ::あ::あ::<
034 マミ： >(　　　　　)<場所はどこだか分かるよわた[し::
((中略))
043　　　　.hhh なんか(0.4)それはなんかおれ発音::-(0.2)i-日本語の発音::の
044　　　　本をなんか(0.3)面白がって読んでたときにい,　　　　【語りの開始】
045 マミ： ん::::_
046 ヨリ： .hhhh あの::(.)いろいろと英語で説明があって::　　　　　【語り】
047 マミ： ん::
048 ヨリ： であ::なるほど舌をどこにつけるあそこにつけるって書いてあんだ
049　　　　けどぉ:::　　　　　　　　　　　　　　　　　　　　　　　　【語り】
050 マミ： ん:
051 ヨリ： i-i-字でね?((解剖図などでなく、の意))　　　　　　　【自己修復操作】
052 マミ： ん::_　　　　　　　　　　　　　　　　　　　　　　　　　　【理解】
053 ヨリ： ど(h)こ(h)のことかわかんないじゃない?=専門用語で.　【同意要求】
054 マミ： >うん[うんうん<
```

```
055 ヨリ:→        [.hhhh >で<↑どこのことなんだろうと思[ってそ:こだけ辞書
056 マミ:                                              [.hhh
057 ヨリ:→ ひいた記憶があるよ。=                              【語りの終了】
058 マミ: =あ::あたしぃそれを英語で言ってくれれば分かるんだけど::,  【不満】
059 ヨリ:  >あ::あ::.<                                    【理解】
060 マミ:  あのぉ::日本語で言われると:もう分かんないん °>だよ<°.(.)お手上  【不満】
061       げって感じ。                                      【不満】
062 ヨリ:  あ::あ::hhhh                                     【理解】
063 マミ:  °は::あ[ん°
064 ヨリ:⇒       [>ま<日本語だってふつう口の中の細かい場所のい−位置なんて
065    ⇒ 分かんないよね:                                   【同−意見提示】
```

　043 行目でヨリは、専門用語の外国語での困難性に関する語りを始める。
それは、「英語で見た本の専門用語がわからないので辞書を引いた」という
経験についてである。その語りに対して、マミは 058 行目で、英語であれば
わかるのだが、日本語だからわからないと述べる。これは、032 行目と同様
の内容でもある。

　この断片から 055–057 行目でのヨリの「記憶がある」という発話の特徴を
3 つ、記述できる。

　まず、①ストーリーの終わりを表示し、相手からの反応を適切にする場所
を設置している。ヨリの 57 行目の「記憶があるよ」に近接する形で、マミ
は次の発話を始めているが、それまでマミは「ん:::」等の短い応答により
ヨリが複数のターンを保持し続けることを了解している。それゆえ、「記憶
があるよ」の発話は、語りの終了を示すオチ punch line として用いられ、
語りを終了したものとして枠づけているといえる。

　さらに、②「記憶があるよ」ということは、この断片の直前で行われたマ
ミが困ったという語りに【同調】する形で連接している。言い換えれば、ヨ
リは同様の体験を語ることで、確かに "辞書を引くぐらいに" 困難なもので
ある、と述べることをしており、それが同調（の試み）になっている。相手を
｜専門用語がわからない者｜という同一の参与フレームに組み込むストーリー
を展開することで、前の話題への同調を示す語りに用いられているのである。

第5章　同じことを示す記憶のことば　181

　ただし、ヨリのこの【同調】はうまくいっていないことにも注目しよう。まず、028-029行目で起こったからかいが“尾を引いている”ように見える。英語圏に長く住んでいるが単語を誤り、それが言語学を学ぶ学生の実力だとからかわれたマミに対し、ヨリの語りの発話は、「辞書を使う」という¦語学学習者¦としての対処方法により同一の参与者として同調を示そうとしている。一方、ヨリの語りの後にマミが058行目で「英語で言ってくれればわかる」と語気を強めて防衛 defense しているのは、その“辞書を使う”という行為をマミが行わないことを示している。つまり、英語に熟達していないヨリと同じ参与フレームに属していないことを示す手立てになっているだろう。翻って言えば、「属していない」ことを示す必要があるのは、ヨリが¦専門用語がわからない人¦という同一の参与フレームを用いる形で【同調】しているからに他ならない。しかし、マミの「言語学の学生」としての専門性から言えば、それでは困るのである。

　さらに、③記憶の心的述語の使用が、形式的に行為と結びつきにくい形で行われている。そもそも、「記憶がある」ということは、共感を示すことが連鎖の位置の上で可能であるとしても、それを、例えば064-065行目で実際にやり直しているように、「ふつう口の中の細かい位置なんてわかんないよね」というほどにはその行為が明確ではない。というのも、064-065行目のやり直しは単なる繰り返しでないために、何らかの操作(この場合は具体化)が行われていると考えられるからである。この断片での「記憶があるよ。」という発話は、「がある」という存在を表す言語形式を採用しているために、「…細かい位置なんてわかんないよね」という言い換えに比べて、行為 action − 言語形式 formulation の関係が希薄な発話であるように思われる(Schegloff, 1984)。

　次に、同様の活動が行われている断片20を記述する。この断片では、記憶の心的述語が同一の参与フレームを示し【同調】しているが、一方でその行為が参与者にとって曖昧であることが分かる例である。

　この断片では、テキサスの大学(UMHB)に留学していたジンと、同じ大学に現在留学中のタツの2人が話している。断片以前に、ジンは同じ時期に

留学していた日本人クラスメートたちの欠点を揶揄し、タツもそれに同意している。タツとジンは、¦クラスメートに低評価を与える人たち¦という共通した参与の仕方をしている。

この断片直前では、共通の知り合いである「ガッチャン」当人がガールフレンドと別れたということ、そしてその影響が第三者のマサにも迷惑をかけたことが語られている。

断片 20. CallFriend 6167　フォートワースいくのとか聞いてた記憶がある

00	タツ：	huhuhh hh! 一番迷惑してたのマサだった¥んじゃないかっていうのも¥
01		¥あるんだけどねぇ.¥ ((ガッチャンがガールフレンドと別れて、の意味))
02		(0.6)
03	ジン：	うぅ::ん_
((8 行中略))		
12	タツ：→	.hhhh あぁ! .hhh そういえばぁガッチャンがぁまさにぃ, (.)
13	→	あのぉ,¥「こん::kuku 今週末ぅフォートワース¹³⁾ いくのぉ:::」とか
14	→	¥聞いてたなんか記憶があるのなんかぁ.¥　　　　　【語りの開始-終了】
15		(0.8)
16	ジン：	¥へ¥eehe?　　　　　　　　　　　　　　　　　　【修復要求】
17		(0.7)
18	タツ：	「フォートワース行くのぉ:::」とかいって聞いてたじゃん
19		毎週末のようにぃ.　　　　　　　　【修復操作-性質として描写】
20	ジン：	¥うぅ::ん毎週末聞いてたねぇ.¥　　　　　　　　　【受け取り】
21		(0.3)
22	タツ：→	あぁ:::れを俺はふっと思い出したんだそういえばぁ.　【14 やり直し】
23	ジン：	.hhhhh [へ g-うんな¥毎週末いけるわけねぇじゃねえか.¥　【揶揄】
24	タツ：	[huhh huhh huh　　　　　　　　　　　　　　【同意】
25	タツ：	[hehehh
26	ジン：	[.hhhh　¥「サイトウくん」みたいなぁ.¥　((ガッチャンのこと))
27		(1.5)
28	タツ：	あぬぅ:::ん.
29	ジン：	だってなぁもう結局ぅ, (1.4) もうぅ:::んでももう,
30		あそこ((UMHB))はいいやぁって感じかなぁ¿　　　　【意見提示】

　　　ターゲットラインは 12 行目-14 行目、およびそのやり直しである 22 行目

第5章　同じことを示す記憶のことば　183

である。

　ターゲットラインは、① 12 行目から始まったタツの（短い）語りの終わり
が表示され、反応を適切にする場所（TRP）が起こっている。これまでタツ
とジンは別の知人の噂話をしているが、そのターゲットがガッチャンに移る。
12–14 行目のタツの「記憶がある」発話は、笑いを含んだ音調でなされてい
るため、ジンの笑いの反応が適切になるターンの終わりの位置であると記述
できる。

　しかし、15 行目の沈黙、16 行目の「¥へ¥eehe?」で、修復 repair が開始
される。これは非特定型の修復開始子（open-class repair initiator：Drew,
1997）であり、同時に、笑いを含んだ反応であるために、単に聞き取りや理
解の修復なのか、それともタツの語りに対しての第二成分としての同意の反
応であるのかが、タツにとってわかりにくくなっている。

　それに対し 18 行目でタツは、ガッチャンの発話を再演し、さらにそれが
ジンも知っているはずであるというスタンスを「ジャン」を用いて示してい
る（千々岩, 2015）。19 行目でさらにそれが「毎週末のよう」で過－頻度であ
ることを表示する。この際、12–14 行目の出来事の語りは、18 行目において
ガッチャンの性質の描写に修復されていることがわかる。「今週末」が 1 回
的な出来事を表すのに対し、「毎週末」はガッチャンがそのように言いがち
である、という性質ないし傾向を表しているからである。

　しかし、20 行目は修復先の 12–14 行目に対する反応が起こるはずの場所
であるが、ジンは直前の 18–19 行目の【受け取り】しかしていない。そのた
めに、22 行目でタツはそれを「ふっと思い出したこと」として【やり直し】
ている。それによって、タツは 12–14 行目をやり直すとともに、ジンの反応
を引き出す機会を与えている。実際に、23 行目でジンは大きく反応してい
る。

　このように記述すると、12–14 行目は、この断片で行われているガッチャ
ンを揶揄する活動において、タツ自らがガッチャンを揶揄する語りを示すこ
とで、直前のジンに対して【同調】しているが、それが上手くいっていない
場面であることが分かる。12–14 行目でタツは、フォートワースに行くと言っ

ていた記憶を端的に語っているわけではない。むしろ、ガッチャンの発言を揶揄する発話の中で断片直前にジンが行っていたガッチャンへの揶揄に対しての【賛同】を行っている。12行目の「まさに」という表現は、直前の発言のなかの状況を、端的に例示するために用いられていると考えられる。

そもそも、12行目の位置は、まったく別の話題にも変えることができる位置である。それゆえ、ジンには、語りをきいてそれを遡及的に適合 retrofit させることがまず求められている。しかし、15行目の沈黙、ならびに20行目の単なる【受け取り】という反応は、ジンの"記憶がある"の発話が、揶揄を補強するような【賛同】としてタツに理解されていないという齟齬を示している。その結果、22行目の「やり直し」が起きている、と記述できるだろう。

さて、この齟齬が「今週末」起こった出来事についての語りの形式で行われたことに原因があるのか、記憶の心的述語の形式「記憶がある」に原因があるのかという疑問は確かにある。しかし、20行目で毎週末と言い換えてそれが【賛同】として理解されず、14行目を22行目で「ふっと思い出したんだ」と言い換えることによってその活動が【賛同】として理解されていることを考えると、後者に原因があるというように分析・記述可能である。であるならば、「記憶がある」という記憶の心的述語は、同一の参与フレームを示すのにはしばしば形式として曖昧である場合があると記述できる。

次に、断片21を分析・記述しよう。この断片では、電話の掛け手であるメグが、このCallFriendの会話録音の目的についてケイから質問をされている。しかし、メグはCallFriendのプログラムの詳細について詳しく知らないために、予測で答えている。会話の内容に制約はなく、しかし音声学の録音でもないことがメグから話されている。それに対して、ケイは不思議だね、と述べている。その後、メグが研究に関わっていないことを確認する。

断片21. CallFriend japn1841 心理学のテストを受けた記憶

12 ケイ： メグが調べてること[じゃないんだ.	【確認要求】
13 メグ： 　　　　　　　　　[あこれは全然あたし関係ないもん.	【確認】

第5章　同じことを示す記憶のことば　185

```
14  ケイ：  へ:::[:::::.                                        【理解】
15  メグ：      [>お:::ん.< .hhh なんかね::やれればいいんだけどね！ 【意見提示】
16       (0.3)[そのぉー
17  ケイ：       [不思議だね::.                                 【意見提示】
18  メグ：  うぅ:::ん_                                          【同意】
19  ケイ：  へぇ:::::[:_
((中略))
25  メグ：  う::ん.よ[くわかんないけど.                          【意見提示】
26  ケイ：        [あ::ん.                                      【理解】
27       (0.2)
28  メグ：  .hhh は::[ん
29  ケイ：          [TTTT 大んとき心理学の::テストとかいうの
30       やらされたよ.                                          【情報提供】
31       (0.3)
32  メグ：  あ[そ::                                            【情報受理】
33  ケイ：   [>やらされたっていうか<(0.2)なんかやっぱ            【語り】
34       みんな卒業<する>人たちがさ::
35  メグ：  ふ::ん_
36  ケイ：  卒業::>え<-なんか論文かなんかにやるってゆうんで[::
37  メグ：                                       [う::ん
38  ケイ：  なんで::あの::(0.7)受けてくださいとか°いう°-受けてくれ
39       る人いませんかとかいうから::
40  メグ：  う::ん
41  ケイ：→ 受けた記憶があるよ.                                 【語りの終了】
42  メグ：  .hhh >それ<タダでやんの?                           【情報要求】
43       (0.4)
44  ケイ：  それはもちろんタダだけど::                         【情報提供】
45  メグ：  ふ::ん
46  ケイ：  なんかそれでいっぱいあの(.).hh なんていうの?し-tu 問題に答えなき
47       ゃいけない=                                          【語り】
((以下略：大量の心理テストの中に,真面目に答えているかを確認するために,まったく同
じ質問が二度出てきたり,変な質問(「私は絶対に嘘をついたことがない」等)があったこ
とがケイによって語られる.))
```

　ターゲットラインは33行目から41行目である。

　この断片が始まる前からすでにケイは、電話の掛け手であるメグに目的を

尋ねている。しかし、メグはそれを十分に答えることができない。

　さらに、12行目メグが実験にそもそもかかわっていないことが明らかになる。そこ参与フレームは変更され、17行目で目的がわからないことを「不思議だね」と言い合うメグとケイは、同一の参与フレーム（｜目的のわからない実験を受けている人たち｜）にあるといっていい。

　20行目のメグの発話は、録音目的を知らないからこそできる発話であり、25行目で「よくわかんないけど」と述べていることからも、録音に関わっていない人物であることが再度語られる。その直後29-30行目のケイの情報提供は、メグの録音実験と同種の話として聞かれうる位置である。ゆえに、29-30行目の発話は、語りがその後に生ずる可能性を示すものであるといえる。

　特筆するべき点は、33行目である。ケイはメグの受け取りの発話を聞くや否や、話速を速めて「>やらされたっていうか<」と述べる。前の発話、特に30行目の「やらされた」という語の選択 word selection の誤りを修復していると記述できる。そして、33-41行目まで語りが行われる。

　41行目の「記憶がある」発話は、①語りの終わりを表示し、他の参与者からの反応を適切にする場所を設置しているといえる。その次の42行目はメグの反応が適切になっている。さらに、②｜目的のわからない不思議な実験を受けたもの同士｜、という同一の参与フレームを示すケイ自らの経験を語っている。それにより、その連接関係に対する期待から、メグの境遇への親和的な態度をあらわしている。33-41行目でケイは、ボランティアとして心理テストを受けた、という語りを始めるが、その後にメグが謝金について尋ねていることが、メグがこのストーリーを類似のものとして捉えていることの証拠になる。メグ自身が、ケイのストーリーを類似したものと聞いているからこそ、「あなたのストーリーでの実験ではタダだったのか？」と対比できているからだ（属性の全く別のものを対比することはできない）。

　しかし、③形式が行為と結びつきにくい形で行われているとも記述できる。ケイの語りは共通の参与フレームを示すのに曖昧な形式である。というのも、メグの42行目の謝金の質問は、実験のボランティアという点では類似（しているがゆえに対比可能）であるものの、実験目的の「不思議さ」についての

理解ではない。言い換えれば、メグの質問は"的を射ていない"ということになる。

　そのためケイは、46行目で語りを再度語りなおして、語りの終盤でさらに、実験中での質問群が変である、という体験を明示的に語っている。これは、17行目の「不思議だね」に類似する表現である。

語りの終了を示し同調する記憶の心的述語の考察

　本節では、「記憶がある」という記憶の心的述語発話が、①語りの終了を示す資源であること、②体験を述べることで相手に同調する行為であること、③同一の参与フレームを示すには曖昧であること、の3点を特徴とすることを例証した。

　まず、「記憶がある」という発話は、「語り」の終わりを表示し、相手からの反応を適切にする場所を設置することができる。

　この特徴は、記憶が多くの場合、経験の語り、ないしストーリーと関連付けられて語られる原因ともなっているといえる。ストーリーの終わりを「Xがある」の形で示すことは、それ以前をそのXと関連付けがちだ。例えば、「Xニ興味があります」で終わる場合、ニ格項を興味の「対象物」として聞くことを要請するように聞こえる。同様に、「記憶がある」ということは、記憶の中に語るべき対象物があり、それをあらわしているのだ、というように聞かれうる。

　しかし、そもそも日本語では、「Xがある」は述部である。そのため、日本語の統語構造では文の後方に配置され、TCUの終わりに配置されがちだという性質がある。また、日本語では、統語上早期の投射が制限される状況にあるという（遅れた投射可能性：delayed projectability；Fox, Hayashi & Jasperson, 1996）。ゆえに、日本語の統語上の制約を利用して、TCUの終わりを示すために用いやすい、という記述がまずは可能であるだろう。それは、言語構造上の制約であり、概念上の制約ではないために、記憶があることと語りの内容、ここでは経験とを積極的に結びつけることは誤謬ともいえる（これはCoulterがEdwardsを批判していた際にも言及されていた。第2章4

節も参照のこと)。

次に、「記憶がある」ということは、その前方に配置された評価、愚痴、不満等への同調に用いられている。

浦野(2007)、Hacking(1995=1998)も述べるように、記憶を語ることは、体験そのものを語ることではなく、その体験を現在得た(新たな)概念を用いて再記述する作業である。このように考えると、「記憶がある」ということは、会話中に他の参与者から得られた参与フレームに即して自らの体験を語ったことを示すことになるだろう。

例えば断片19では、「専門用語はいつも使わない言語ではわからなくて困る」という概念(あるいは命題)によって、経験を振り返り再記述したのだ、ということを「記憶がある」ということによって示している。それは、「あなたが先ほど語ったまさにその同じ概念によって記述された経験であるのだ」ということを明示する。

同時に、【同調】は、それに必要な証拠を示すことで、同様の概念/命題を持っていることを示す必要がある。まったく別の概念を持っている人に「共感するよ」「賛同するよ」と直接的に語られても、根拠を示す〈立証〉がなければそれを疑うことになるだろう。

そのため、「記憶がある」と述べることは、他の参与者が示した概念/命題を理解したことを、経験を再記述しながら証拠立てて示すことで、【同調】を行っているといえる。

しかし、それは合理的に曖昧である、ということもできるだろう。「記憶がある」という形式が【同調】に用いられるのは分析から確かだが、一方で、「Xがある」という形式であるため、この形式は〈証拠〉を出すだけだからだ。ということは、その証拠をどうとらえるかの判断を、他の参与者に委ねているような行為であると考察できるのである。

この委ねるような発話に対しては、反応を産出する聞き手はそれを【同調】として聞くか、それ以外の行為として聞くか、という選択を行うことができる。それとは対照的に、仮に、ここで最も効果的に「証拠を示しながら」「形式と機能が結びつく形で」行うとすれば、以下の作例14.のような形を用い

第5章　同じことを示す記憶のことば　189

るのがよいと考えるかもしれない。また、作例 15. のように "共感を示す"
発話が用いることもできる。

作例 14.
Ⅴた記憶があるから、共感するよ。

作例 15.
Ⅴた記憶があるから、よくわかるよ。

　しかし、それでは、いわば、あまりに共感が露骨すぎるのである。逆に、
例えば Pomerantz(1980)の「つり出し装置」は、聞き手にどのように聞く
かを選択させることができる実践であった。またすでに見たように、東北大
地震の後の足湯ボランティアの相互行為を記述した岩田(2013)によれば、共
感を示すためには共感の権利の明示が必要あると述べているが、それには相
手の固有の経験を脅かしてしまう危険が伴う。そのために、共感として聞き
得る場所に共通性が言語的に非明示的に配置され、それを共感する側が操作
する様子を記述していた。
　本節で見た断片では、この断片の前方に、聞き手が直面している困難点や
揶揄が、決して明示的ではない形で語られていた。それは「ほのめかされて
いた」といってもいい。それぞれの状況において、ほのめかしに対して経験
を語る聞き手にとって、自らの経験が理由となりうるか、他の参与者が述べ
る困難点や揶揄と同等の性質を持ち合わせているか、同調に十分に値するか
どうかの判断は時として困難だろう。それゆえ、直接的に言語化する方法を
避け、相手に自らの経験を語る形式(「〜の記憶がある」等)で述べることに
より、それが【同調】に値するかどうかを、他の参与者にゆだねている、と
いう戦略的な用い方がされていたと記述できるのである。
　例えば平本(2011a)が示したような「わかる」という共感を行い、その後
に「分かち合いのためのの連鎖」を投入するという事は、その第 2 の連鎖を
〈立証〉する手立てとして全面に出してしまう。この第 2 の連鎖が語りの場
合、その「語り」は同調として聞けという制約を課してしまうのである。し

かし、すでに述べたように、経験がどのように受け取られるかは予測できない。よってその主旨が異なる場合には、参与フレームの齟齬が表面化してしまう危険性があるのである。

しかし、この「記憶がある」という言葉で語りを締めくくることは、それを発話者自身の経験へと帰着させる。言い換えれば、それを「分かち合い」のための第二の語りと聞いて同調したと考えてもよいし、また「へー、そんなことあったんだね」という形で、相手の経験として別種のものとして聞いて、【同調】と受け取らない余地を残す、安全な（safe：Sacks 1992：597-600[14]）指し手なのである[15]。合理的に曖昧であることが、相手に同調できる証拠として利用可能かの判断をゆだねることを保証しているのだ。

さらに、「記憶がある」という発話が用いられる語りは、発話者が前の会話から得られた概念を用いて、連続した経験から新たに経験をその概念を用いて再記することであると同時に、同調することに用いられている。ゆえに、その語りは文脈上、前の発話に連接した場所に出てくる。

このことから、「記憶」は、連続した経験からあらかじめ有意なものが選ばれて貯蔵されて、適時必要な情報を利用している、ということではないことがわかる。なぜなら、それが"有意である"ことは過去のある時点において、その後の未来に起こることであり、とすれば何が有意になるかどうかはわからない。もし仮に「この体験はもしかしたら何かに用いることができそうだから、記憶の引き出しにでもしまっておくか」と選択的に記憶しているとすれば、その選択の基準は何によって生まれるのか、という説明が必要になってしまう。仮に"記憶に残る"特異なことを覚えている、というのであれば、なぜ我々は些末にも思える過去の出来事を語ることが可能なのか。むしろ順序は逆で、今新たに得た概念（つまり他の参与者による評価的な発話）において、ある経験を"些末ではないもの"として、同調の資格として＝同一の参与フレームを持つものの証拠として、扱っているのである。

だとすればここで「記憶がある」ということは、記憶の存在を主張しているわけではなく、またその存在が脳内のどこかにある、ということを述べるためのものでもない。むしろ、新たに得た概念を用いて体験を再定義し、相

手へ同調するための、一つの相互行為的な資源になっているのである。

5. 第5章の小括

　本章では、相手の発話を言い換える【同定】としての使われ方や、相手への【同調】を示す使われ方をしている断片を分析・記述した。そしてこれらは、同一の参与フレームが分析・記述の主眼になっていた。本章で見た使われ方は、相手の発話を言い換えて「確かにそうだ」と同定したり、自ら同調を示したり、同調を確認したり、相手に同調する語りをすることに用いられている。これらは、大きく言えば、同等の参与フレームにあることを示したり、そのように相手に要求したりする使われ方であると言える。そしてそれは、同定したり、同調したりする際に問題となる非－同一性ともいえるジレンマに対し、相手と同一の参与フレーム内に立つことで対処することに用いられていた。

　2節では、参与の仕方が異なる他の参与者からの確認要求や実演に対し、「そう」という形で相手のターンの貢献を認め、さらに記憶の心的述語で相手の発話を同定することに用いられていた。これは、単に他の参与者を「そう」と肯定するだけでは、参与フレームを同じくするには足りないことを示している。これに対処するために、自らの参与フレームを変化させ、他の参与者と同じ参与の仕方を行う者として同定するという強い証拠立てに用いられていた。

　3節では、同調や、同調を要求する際に、同一の参与フレームであることを主張したり、尋ねたりすることが行われていた。これらの行為が必要なのは、それぞれの連鎖例によって、様々なジレンマがあるからに他ならない。例えば連鎖例6では、他の参与者の評価に同意しつつ、しかしその後その評価が変わるかもしれない、という先行きの不透明さに、評価の確定をペンディングするという対処方法として用いられていた。

　4節では、直前の参与者に【同調】として出された経験が、【同調】に十分であるかを、他の参与者の判断にゆだねるような発話として記憶の心的述

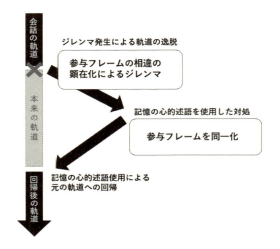

図5-2：5章で分析したジレンマと対処

語が用いられていた。経験の語りが、他の参与者の直前の経験に同調するために見合った語りであるかどうかは、参与者にとって大きなジレンマである。連鎖例9では、「Xという記憶がある」そのジレンマに対処するために、他の参与者にそのことを委ねる対処を行っていた。

　個々の参与者がそれぞれ別の体験や経験と言った記憶や生活史を持ち、会話の中で異なった参与フレームを構成する。ここで行われていることは、そのような記憶が個々人に秘められてアクセスできないものだというよりもむしろ、同一の参与フレームを作り出し、同調するためのの資源となるような使われ方である。ゆえに、ここでは同一の参与の仕方をしているということが参与者にとってはまず重要なのであり、それを示すような語として記憶の心的述語が使われていることを示している。

　同時に、我々はそれが同一であるかどうかを、一方的に決めつけているわけではない。端的な例では4節で確認したように、それは相互行為の俎上に載せられ、吟味される必要があることもある。その意味ではやはり相互行為的な性質を帯びているのである。

注

1）詳細は5章4節を参照のこと。「第二の語り」とは、ある語りが行われた直後に、別の参与者がターンをとり、"類似した"話を行う事を指す。話者はそのことで「同意をすること」「あなたは正しいことをした」と言う事、理解を示すことなどの行為を行う（Sacks, 1992）。

2）例えば、「ベテラン医師」は経験者であるが、「ある喫茶店の常連」もまた喫茶を十分に経験した者である。後者はしかし、喫茶店とかかわる場面以外には、前者と異なり、適応するのが難しいだろう。

3）前田（2008）も述べるように、フリートークが課題訓練の間に挟み込まれるのはよくあることのようである（p.192）。

4）ただしこれは、非制度的場面において成員カテゴリー化装置が全く用いられないということを意味しない。

5）この録音が1995–6年であることに注意されたい。90年代前半はビデオカメラもファインダーを覗くタイプが主流であったが、この頃ようやく液晶が外に飛び出すタイプが売りに出されていた。

6）ここではイメージがシャープ、という意味ではなく、SONYと並べられていることからSHARPという日本の電気メーカーを指す。031行目も同様。

7）本書の「認知主義的な用語を避ける」という制約から英語affiliationに対する訳語に対して、「共感」と訳するのを避けて論じる。というのも、共「感」というとき、そこにはなにかしらの内的な感覚があり、それが発露される、という2段階の出来事を（否応なく）自然言語が我々に連想させてしまうからである。この言葉は「他の参与者が行う行為に対して協力を表示すること」を狙って用いられる。

8）このような意味において、たとえば「落とし物を拾って届ける」「困っていそうな人に道を教えてあげる」というような活動が共感/同調的かどうか、という水準での議論はなされていない。あくまで連鎖レベルである。

9）例えば相手の愚痴に【賛同】しないながらも【同調】することはあるように思う。不倫をした友人に対して、倫理的にそれが悪いことなので【賛同】はできないかもしれない。しかし、不倫に対して「俺は本気だ」という友人の熱意に「そうだね、大変だね」と【同調】することはできるからである。

10）これは、例えば汚職への関与を疑われた政治家が「記憶にございません」と言っておきながら、写真などの決定的証拠を見せられた際に、「写真を見たら、だんだん思い出してきた」といえることと類似している。

11）確かにここで「記憶がある」を「覚えている」とすると、かなりそのことに確証があることを示すことになるように思われる。作例：「あぁロシアよかったこと覚えてる.」

12）音声から「もう少し」の意味の「④もうちょっと」ではなく、「すでに少し

は」の意味の「①もう＋②ちょっと」であることがわかる。（○中の数字は語のアクセントが語中に初めて落ちる場所を表す。）

13）フォートワース（Fort Worth）は、UMHB から 200km の位置にある繁華街。おそらく UMHB から一番近くにある学生たちが「遊べる」ところであるのだろう。200km 離れた遊ぶ場所に"毎週末のよう"に行こうとするガッチャンに対する揶揄として働いている。

14）ここで Sacks は、ルイーズという女性がカウンセリング・セッションにやってこない際に、「女の子が一人ぐらいいるほうが良いよね」という男性メンバーのルイーズに対する【褒め】が、男性メンバー全てを排除する形であり、「じゃあ俺はどうなのか」という問いを他の男性メンバーが発する必要がないために、安全（safe）であると述べている。この場合では、記憶の心的述語の発話が同一の参与フレームであるという受け取り方を強く要請しない、という意味での安全であるために、Sacks のオリジナルの記述とは視点が異なる。

15）著者には、同調として出されていると感じられる語りが、最後まで聞いてみても同調として的を射ていないと感じる場合もしばしばある、という生活経験がある。

第6章　抵抗する記憶のことば

　本章では、記憶の心的述語の、他の参与者に対する抵抗や対抗する際の使われ方を記述・分析する。本章で観察する行為は、前章とは対照的に、参与者への抵抗という意味で非同調 disaffiliative 的である。

　雑談中であっても、他の参与者と意見が対立したり、言ったことに対して自身が疑われたりすることは、けっして気持ちがよいものではない。しかし、ことさらそのことを取り立てて話せば、「大げさ」だと言われたり、「むきになっている」と言われたりするかもしれない。そのようなジレンマを避けながら、しかし自分の情報が正しいものであると述べたり、自らの主張を通すことが必要になるのであるが、その抵抗や対抗の手段として、記憶の心的述語が用いられている。このことを本章では見る。

　まず、本章では他に記憶と抵抗の関係を取り扱った先行研究を概観し（1節）、それぞれの断片の分析・記述・考察を行う（2節以降）。

1.　抵抗のための記憶に関する先行研究

　認知主義的記憶観において、記憶は知識ないし情報であり、脳内に残る痕跡 trace として扱われている（Malcolm, 1977）。2章で見たように、我々は記憶が出来事を脳内へと「複写」した情報である、という感覚すらある。しかし、すでに Lynch（2006）や Lynch & Bogen（2005）が指摘したように、知識や情報は個人に内在的なものではなく、他者とのかかわりの中で持っていることが期待されたり、あるいは期待されなかったりするものである。その意味で、この痕跡のように思われる情報や知識は私秘的なものではなく、相互行為上の課題となる公的なものである。

　情報としての記憶の相互行為的側面について、Wooffitt（2005）は、怪奇現

象を相手に話すというデータを検証している。Wooffitt は克明に"思い出す"ことができるフラッシュバルブ記憶(=flashbulb memory；フラッシュをたいた時のように鮮明な記憶)が、認知主義的記憶観におけるコード化‐保持という過程よりもむしろ、「会話中に疑いを持つ他の参与者に対してそれを説得する」資源として用いられていることを指摘している。

Wooffitt は、人々が怪奇現象に関してフラッシュバルブ記憶を「思い出しながら」語る時に、しばしば使われる「私は X(怪奇現象)が起こった時ちょうど Y(日常の動作)をしていた」という定型表現 format に着目している。Wooffitt によれば、これは単に事実の報告ではない。なぜなら、「X：怪奇現象」が起こった際に「Y：日常動作」をしていただけだ、とコントラストを出す事によって、「怪奇現象と見間違えるような特別なことはしていない」ということを示すことになり、その怪奇現象に対する他の参与者の懐疑の可能性に前もって抵抗しようとする発話であるからだ。

このことから、記憶が鮮明であるから「フラッシュバルブ記憶」である、とカテゴライズをすることは、相互行為的資源で語られた中身(情報)のみを研究者が恣意的に取り出した記述であるということが分かる。ここで参与者にとって課題なのは、怪奇現象という経験をいかにそれを経験したことのないものにとって信じられるものとしてデザインするのかという、相互行為上の課題への対処なのである。

本章で観察する断片群においての記憶の心的述語の使われ方は、一見すると「フラッシュバルブ記憶」の相互行為を表面上で見た際のように、単に情報を提示しているように見え、その記憶の内容に目が行きがちである。しかし、後に詳しく述べるように、他の参与者の疑いに抵抗する資源である。

また、このような抵抗の行為は、会話分析において、非協調的 disaligning 行為であると考えられている。協調性 alignment は、会話の構造レベルでの協調のことを表す分析尺度である(Lee & Tanaka, 2016；Stivers, 2008；Stivers et al., 2011)。Stivers(2008)によれば、誰かが語りをする際に「うん」「なるほど」などと相手の話を聞き続けることは、語り手がターンを取り続けるという非均衡的な会話中の構造を支援するという意味で、協調的な行為である。

第6章 抵抗する記憶のことば 197

　また Raymond（2003：949）は、極性質問（Yes-No 質問）に対して Yes また
は No で答えることが、第一連鎖成分の質問の項目や前提を受け入れること
になるような、協調的な応答であるとしている。例えば浮気を疑うパートナー
が「あなた、あの女のこと好きなの？」と質問したとして、それに対して Yes
や No で答えることは、浮気関係を認めることなどの、第一連鎖成分が産出
される上での前提を受け入れることになり、答えることによってそこで進行
する会話を支持し、進行させる。その意味で、会話上は協調的な応答、とい
えるのである[1]。

　しかし、進行性が乱される際にそのことがレリヴァントになるように、協
調性もまた、それが乱されるときに参与者にとって会話上の問題となり、レ
リヴァントになることは見やすい。Lee & Tanaka（2016：3）も、従来から協
調性に関する研究は質問に対する抵抗 resistant responses に集中されて行
われてきたことを指摘している。

　では、本章の断片で見るような、抵抗に用いられる記憶の心的述語は、非
協調的と記述されるべきだろうか。そして、それはどのような行為に用いら
れているのか。次節以降の分析・記述で明らかにする。

2.　根拠提示で抵抗する

　本節では、発話者が記憶の心的述語を使用する際、自らの情報提供や意見
に対する根拠を提示する方法で、相手に【抵抗】する使われ方について分析・
記述を行う。

　このタイプには、次のような例が挙げられる。

発話例7.　晩餐会Ⅱ[なんかトリビアの泉でやってたのすごい覚えてるんですよ.]

10	トモ：	あぁ[そうなのぉ？
11	ユキ：	[そうなんだぁ！
12	ユキ：	[[へぇ：：：：！
13	マミ：	[[えぇ？[°¥そうなの？¥°
14	ハナ：	[°°そうですよ.°°

```
15  マミ：  あっそうなんです[か.
16  ハナ：→              [>なんか<トリビアの泉でやってたの
17      →すご[い覚えてるんですよ.
```

　以下で見る三つの連鎖例 10～12 は、連鎖環境がそれぞれ異なるが、しかし共通して、他の参与者からの非選好的応答に対して根拠を示すことで【抵抗】を行う事例である。

根拠提示で抵抗する記憶の心的述語の分析・記述

　本節でまず見る連鎖例は以下のようなものである。

連鎖例 10. 根拠提示で抵抗する使われ方

01	A：情報提供	「ゴリラって全部 B 型でしょう」	FPP
02	B：驚き・疑い等	「そうなの？」	FPP-Ins
03	A：抵抗	「トリビアの泉でやってたの覚えてる」	SPP-Ins
04	B：反応	「へー！」	SPP

　次の断片では、トモ、マミ、ユキ、ミサ、ハナの 5 人が食事をしている。とある動物園のゴリラが SNS 上でイケメンだと話題になっており、トモがタブレットでそれを検索して見ていた。その話題が収束しようとしている。

断片 22.　晩餐会 II [なんかトリビアの泉でやってたのすごい覚えてるんですよ.]

```
00  マミ：  これからゴリラが¥もてる時代が来るん[ですよ¥きっ(h)と_ .hh .hhh
01  ユキ：                      [>ゴリラ ha!< hahh hahh hhahh
02      (0.8)
03  ユキ：  .hhhh(0.8).hhhh
04      [hhhhh
05  ハナ：  [¥>ゴリラと相性はいいと思う°んだよなぁ°_<¥ ((マミに向けて))  【同意要求】
06      (1.3)
07  マミ：  相性°(いい)ですかぁ?°=                【明確化要求/修復開始】
08  ハナ：  =°あの°ゴリラってぜんぶ-全員 B 型 なんでしょお¿((マミに)) 【確認要求/修復】
09      (0.5)
10  トモ：  あぁ[そうなのぉ?                       【疑い】
```

第6章 抵抗する記憶のことば　199

```
11  ユキ：     [そうなんだぁ！                                    【驚き】
12  ユキ：     [[へぇ::::!                                      【驚き】
13  マミ：     [[ええ?[°¥そうなの?¥°                             【疑い】
14  ハナ：          [°°そうですよ.°°                             【肯定】
15  マミ：     あっそうなんです[か.                                【驚き】
16  ハナ：→              [>なんか<トリビアの泉 でやってたの
17  ハナ：→  すご[い覚えてるんですよ.((ミサ,トモ,ユキに順次視線を合わせる))  【根拠提示】
18  ミサ：       [うぅ:::ん_
19          (0.3)
20  マミ：  [へぇ:::::::.
21  トモ：  [へぇ::::::_
((ハナが,自分はB型の人間が好きで,相性もいいということを語る))
```

　ターゲットラインは16、17行目である。

　05行目の発話は、発話時のハナの視線からマミに向けられたものであるが、その発話の内容はマミにとって解しがたいものであったことが、07行目の【明確化要求】からわかる。その要求に対して、08行目でハナはゴリラがすべてB型であるという事実を、確認をマミに要求する形式(「なんでしょう？」)で述べている。

図6-1：5行目の発話のハナの視線

　08行目が、ハナの視線からマミのみに向けられたものであるにも関わらず、マミを含んだトモ、ユキもそれを知らなかったものとして受け取る反応をする(11、12、13行目)。ここで話題が公共化(戸江, 2013)され

図6-2：14行目終わりのハナ視線

ている。この際、ハナは組んでいた腕を解き、驚きを示したトモとユキに身体の前面と視線を向ける。いわば、「ゴリラと相性がいい」という話題が、マミ－ハナ間の話題から、その場にいる5人の話題へと変化することが身体的にも示されている。

その後の「覚えてる」が用いられているハナのターゲットライン16-17行目は、いくつかの点で特徴づけられるだろう。

まず、テレビ番組「トリビアの泉」[2] の内容であることをリソースとして出しているという点である。この「トリビアの泉」は、この場の誰からもアクセス可能であるようにデザインされている(「テレビ番組で」とも言われていないし、「トリビアの泉っていうテレビ番組があってね」などとも言われていない)。その意味で、情報のリソースが聞き手が過去にアクセスを持っていた身近なものであるということを表示することに成功し、実際に参与者はそう聞いている。そしてそれは、「トリビアの泉という身近なもので知ったから、私が覚えているようにあなたも覚えていると思った」というように、知識の見積もりの失敗への弁解 account としても聞かれうる。

また同時に、「すごい覚えてる」というのは、ゴリラが全員B型であるという情報を、単にハナが覚えているというだけではなく、リソースを含めた形で提出できるほど確証のある情報であるということを表示している。

さて、同様のことを「トリビアの泉でやっていた」「トリビアの泉で見たことがある」という事もできるかもしれない。しかし、ここで「覚えている」ということの戦略的価値が見えるのは、「すごい」という程度副詞との共起である。

例えば「Vたことがある」というのは、経験を示す形式として用いられるが、それは「単に経験」を表しているように聞かれうる。一方で、「覚えている」は「すごい」という副詞を共に使用でき、その副詞において印象の程度を表現することができる、という利点を持っている。そしてその利点は、「根拠を示す上で間違いのない印象を伝える」というこの場の行為となじむ。

一方で、ここで「すごい」と言わなければならないのは、「覚えている」という述語が、反駁可能だからに他ならない。つまり、他の参与者が「あれ

実は違うらしいよ」というような発話を行う余地を、ハナは残しているといえる。でなければ、「トリビアの泉でやってたのすごい覚えてるんですよ」と「すごい」を言わない形で充分であるはずだからだ。ここで副詞を使い、その程度を強いものとして主張しなければならないことそのこと自体が、裏返せば反駁可能であることを含意しているのである。

　以上をまとめると以下のように言うことができる。

①他の参与者によってその情報が驚かれた後に起こっている。
②情報リソースである「トリビアの泉」という "鮮明な" 固有名詞を含めて "覚えている" と主張することで、「鮮明であるがゆえに確証がある」と抵抗している。
③「すごく」という副詞を同時に用いることができ、程度を示すことができる。それは反駁可能性を指向している。

　また、次の断片では、最小ではない後方連鎖拡張の位置で、候補提示の根拠として心的述語が用いられている。この断片では、アニメ「アンパンマン[3)]」について話されている。しょくぱんまんを好きなはずのドキンちゃんが、カレーパンマンとの間に子供ができて結婚する、という噂を、ネネが歩いていた時に後ろにいた女子高生たちがしていた、という話にツッコんでいる。

断片23.　YKNE07［わかんない_=「えぇうそぉ!」ってあたしもゆった覚えがあるもん.］

013	ユカ：	ふん!でもバタコさんが誰かと結婚してるっていうのは	
014		¥聞いたことあるよぉ.¥	【情報提供】
015		(0.6)	
016	ネネ：	huhuhh .hhh¥ジャムおじさんではな[く?¥	【候補提示】
017	ユカ：	[ちがうちがう	【否定】
018	ユカ：	[ちがうちがうちがう.=なんかぁ,パンの誰か.	【候補提示】
019	ネネ：	[hehaha!	
020		(0.8)	
021	ユカ：	¥パンの中の誰か_¥	【候補提示】

202

022		(.)	
023	ネネ:⇒	.hhh ¥嘘やん.¥	【疑い】
024	ユカ:⇒	¥ほんと!¥	【主張】
025		(1.0)	
026	ネネ:	<u>パンと結婚しとったん</u>_	【疑い】
027	ユカ:	しょくぱんまんだったかなぁ.	【候補提示】
028	ネネ:	えぇ?<¥しょくぱんまん?¥>[hahh!	【否定】
029	ユカ:	[huhuhuhu!	
030	ネネ:⇒	¥うそぉ.¥	【疑い】
031	ユカ:	°.hhh hehh .hhh .hhhh°	
032		(0.9)	
033	ネネ:	だからドキン(0.3)ちゃんはぁ,	【?】
034		(0.9)	
035	ユカ:→	わかんない_=「えぇうそぉ!」ってあたしもゆった	【受け入れ】
036	→	覚えがあるもん.	【根拠提示による抵抗】
037		(2.5)	
038	ネネ:	muhe hh!	
039		(0.7)	
040	ネネ:	チーズじゃなく¥て?¥	【候補提示】
041	ユカ:	huhuhu	
042	ネネ:	huh huhuhu[¥.HHH!¥ huhuhh	
043	ユカ:	[犬?	【否定】

　ターゲットラインは035-036行目である。

　この断片以前では、アニメ「アンパンマン」のとあるキャラクターが「結婚」している、という話を立ち聞きしたという話がなされており、その話を面白がりつつ、疑っている。その類似性に指向して、013行目から「誰かから聞いた」話が始まる。018行目でユカはネネの前の候補を否定し、「パンの中の誰か」とバタコさんが結婚したことを述べる。023行目のネネ「嘘やん」に対しての、024行目ユカの「ほんと!」は、情報の正しさを主張し、ネネの懐疑に抵抗している。

　ユカは疑うネネに対して026行目から029行目までその立証を試みるが、030行目で依然としてネネはそれを「¥うそぉ¥」と疑わしいものとして評価している。033行目でネネは話(ドキンちゃんについての何か)を始めるが、

第6章　抵抗する記憶のことば　203

034 行目の間を利用して、ユカは 035-036 行目のターゲットラインを発話する。

　035 行目は「わかんない」にラッチングする形で直前の発話を補っているように聞かれうる。言い換えれば、単に「わかんない」わけではなく、驚くべき内容であったこと、そしてその際に驚いたという経験を述べている。発話の前に 024 行目、027 行目と様々な【抵抗】を試みていることから、その抵抗が継続されており、「私は話を聞いた時に驚いた、だから結婚した相手がパンでも不思議ではない」というように根拠を提示し（直し）て、抵抗を継続している。以下のようにまとめられる。

　①他の参与者が主張に対してそれを「疑っている」。
　②話を聞いた際の経験を示すことで、その情報が「驚くべきものであること」を示している。
　③「えぇうそぉ！」とその場の経験を再演することで、驚きが大きかったことを鮮明に示している。

　上記の断片から、記憶の心的述語が、相手の疑いや驚きなどに対し、くだんの情報を聞いた際のリソースを示すことで、その情報が自らも驚いた経験を持つ、事実であったことを示すことで、【抵抗】に用いられていることがわかる。

　また、以下の断片では、反論の根拠を示す際に記憶の心的述語が用いられている。この断片でアイはアメリカに留学している大学院生である。会話の参与者ではない日本語母語話者と思しき留学生 A が、アイが通う大学の学部生として来ているが、英語が下手だったり、日本人なら持っているであろう常識がなかったりしており、どこで初・中等教育を受けたのか疑問に思っている。

連鎖例 11. 妥当性の提示の使われ方

01	A：意見提示	「英語が下手で常識もない」	FPP
02	B：異意見提示	「1 年生なら英語が下手でも仕方ない」	SPP
03	A：抵抗	「1 年生じゃないと思う.去年も見た.一度見たら忘れないよ」	FPP

断片 24.　CallFriend japn6666 ［一度見たらうぅ::んて感じで忘れないよ!］

131	アイ：	[.he!　hhhhhhhhhh す-だって,<↑英↑語↑が>すごく::,下手	
132	レナ：	[.hh hh .hh hh °e-°	
133	アイ：	みたいなのね?	
134	レナ：	°°u-°°	
135		(.)	
136	レナ：	そんなに下手なんだぁ.	
		((中略：様々な理由を考えたことをLが述べる))	
164	レナ：	ま大学一年生なら:::,n まぁ[下手でもねぇ¿]	【意見提示】
165	アイ：	[.hhhhhhhhh] 一↑年じゃない	
166		と思うけどなぁ.	【異意見提示】
167		(1.4)	
168	アイ：	<↑去↑年>あたりからふらふら::,なんか学部のあたりふら	
169		ふらしてんの見かけてるしい.	【根拠提示】
170	レナ：	そうなんだぁん.=	【理解】
171	アイ：	=う:::ん.nn なんか眉毛が u-u-薄くてさぁ::,	【描写】
172	レナ：	う:::ん.	【理解】
173	アイ：	.hhh なんかぁ,一歩間違ったら,	
174		(1.1)	[22m00s]
175	アイ：	ヤンキーって感じの子(h)や(h)か(h)ら hh[hhhhhhh	【描写】
176	レナ：	[そうなんだぁ!hah	
177	アイ：→	.heeeee ¥だから一度見たら「うぅ::ん!」って感じで¥	
178	→	忘(h)れな(h)い(h)よ.[hhh hhhhhhh .hh .hh[h	【根拠提示】
179	レナ：	[nahihi!　　　　　　[.hhhhh	
180		°>もう<°日本で勉強し↓な↑かっ↑た↑ん↑じゃ↑な↑い↑の?=	
181	アイ：	=.hh ¥知らな::い¥ihihih[hhhhh	
182	レナ：	[.hhhh°も:::::.°	
183	アイ：	°.hhhhhh° hhhhhhhh	
184	レナ：	そういう人いるからね?	
185	アイ：	°うぅ:::ん.°	

ターゲットラインは 175–178 行目の「忘れない」という心的述語を含んだ発話である。

　164 行目のレナは、アイの 161 行目以前の問題の学生 A についてのいささか厳しい低評価に対して、A を擁護するような立場の発話である。一年生という単語が出てきたのは、これが始めてなので、レナが話を聞いたうえでの予想ということになるだろう。A が「下手でもねぇ¿」というのは、下手でも仕方がないのではないか、という発話に聞かれうる。そのことから、A を擁護していると言える。

　それに対して 165 行目からアイは、レナの擁護の前提を取り崩してしまうような発話を行う。アイが、問題の学生 A が去年からふらふらしている、と説明するのは、それが 1 年生ではないと思う、という 165 行目の発話の根拠になっている。

　さらに、眉毛が薄い、などの A の描写は、一方でそれが面白いということ（175 行目の発話の後半の笑いなど）ということと同時に、それが“ふらふらしていそうな人物である”こと、さらに、“去年から見かけた”ことの、二つの A に関する属性である。そこから考えると、175–176 行目のターゲットラインの発話は、A がそれほど印象深い外見であることを述べて「1 年生ではない」という主張への根拠づけをおこなっている。「「う :: ん!」って感じで」が、断片 23 の「えっうそっ」という発話と同様に、その際の再演になっていることも、その事態の程度が激しいことを表している。このことから、ターゲットラインの発話は妥当性を示すことで、164 行目のレナの擁護を崩すという【抵抗】であるといえる。

　179 行目でのレナは、アイの主張を受け入れ、前提として、A に対する擁護を止めている。日本で勉強しなかった、ということは、日本で勉強していればわかっているはずの知識を持っている A の「不勉強さ」を説明しているからだ。これによって、A の擁護は放棄される。

　次の断片でも、同様の分析ができる。この会話は電話会話の冒頭であり、クリスマスはどう過ごしたか、という話をしている。ミサの家ではフットボールを見ていた、という。その話をサチに振る。

断片 25. CallFriend japn6422 [私はだって覚えてるけどほんそおう 4 つか 5 つぐらいの時]

000	ミサ:	うぅ::ん [お宅はじゃあ,ご主人なんか,	02m:18s
001	サチ:	[(ふっとぽ-)	
002	ミサ:	フットボールぅ,[ご覧になるぅ?	
003	サチ:	[うぅん_	
004	サチ:	うぅ:::ん見るわよよく[ね.	
005	ミサ:	[あっそぉ:::う.	
006	サチ:	わぁわぁわぁわぁわぁわぁ [わぁわぁ騒いで.	
007	ミサ:	[ahhh haha!	
008	ミサ:	.hhh¥おたくのぉ,¥.hhh お[子さんはぁ?二人とも.	
009	サチ:	[うん.	
010	サチ:	うぅん.[私写真送ったぁ?(0.4)あなたに.	
011	ミサ:	[(騒々しい?)	
012		(0.7)	
013	ミサ:	いいえぇ [まだもらってないけど.	
014	サチ:	[.hhh あhぁh:h忘れちゃったごめんなさい.	
015		(0.7)	
016	サチ:	[あのぉ, [うんぅぅん.	
017	ミサ:	[送ってぇ?送っ[てくださぁい.	
018	サチ:	おく-送る!おく-あのぉクリスマスカードに入れ::	
019	サチ:	ようと思ってじゃあ忘れちゃったんだ[私ぃ.	
020	ミサ:	[あ!	
021	ミサ:	<ほ::ん[とぉ::.> [u-u-u-u-いてうぅ:::ん_	
022	サチ:	[ごめんなさい[ねぇ.送るわよ.	
023	サチ:	[うん.	
024	ミサ:	[.hhh ねだいぶ大きくなったでしょぉ::[::う? 【確認要求】	
025	サチ:	[大きく	
026	サチ:	[なった. 【確認与え】	
027	ミサ:→	[私はだって.hhhhhh 覚えてるけどほん-そhおhう	
028		4 つか 5 つぐらいの時. 【根拠提示】	
029	サチ:	ahahahaha=	
030	ミサ:	=じゅう-ちょっとまってぇ,	
031	サチ:	い[っ-	
032	ミサ:	[uhuhu¥10 年以上前だし-¥[もんねぇ 12,3 年前だと	
033	サチ:	[ahahahaha	

第6章　抵抗する記憶のことば　207

034	ミサ：	思うからぁ？
035	サチ：	そうねぇ.
036	ミサ：	最後にお会[いしたのは.
037	サチ：	[うぅ::ん.今17歳.
038		(0.5)
039	ミサ：	あぁそぉ:::[う.
040	サチ：	[うぅ:::ん
041	ミサ：	そのぐらいよ[ねぇ:::そうかぁ::::.
042	サチ：	[うぅ:::ん.

((サチが息子の大学進学のために、大学にアポイントメントをとった話がなされる。))

　008行目でサチの息子2人の話が持ち出され、写真を送ったかどうかのやり取りがなされる。その後、写真を送られておらず現状の分からないミサはしかし、024行目で「だいぶ大きくなったでしょう」と確認要求する。

　サチはそれに答えるが(25-26行目)、ミサは続けて「[私はだって.hhhhhh覚えてるけどほん-そhおhう4つか5つぐらいの時.」と発話する。これは、4歳か5歳ぐらいの時に会ったのが最後、と理解されるだろう。

　まず、「だって」は前の発話に対して理由を付け加えるような言語要素であると考えられる。さらに、026-027行目でミサはサチの発話の開始を聞きながら、しかし発話継続を選択している。その性質を鑑みれば、「覚えてるけど」は、統語的に要求される「ヲ格」部分を後方に配置したデザインとなっており、それは後方へ「覚えている」内容が話されることを投射することで、統語的にオーバーラップを乗り越える発話デザインになっている。また、投射された内容である「4つか5つぐらいの時」は、例えば「4歳の時」より多少曖昧ではある。一方で、例えば「小さい時」よりも具体的でもある。その意味で、このフォーミュレーションは"この程度で再現されれば十分である"ということを含んでいる。

　ではなぜ、わざわざ「覚えてるけど」などという必要があるのか。それは、024行目に理由を見出すことができる。

　先に述べたように、024行目の形式は「だいぶ大きくなった？」ではなく「ねだいぶ大きくなったでしょう？」と、いわゆる付加疑問 tag-question で

あり、相手の同意を強く求めるような発話デザインである（Stivers & Rossano, 2010; Heritage, 2012b）。しかしミサは、もうサチの子ども達に何年も会っていないし、写真も見ていない。ゆえに、大きくなったことは予測であることが、双方にとって明らかである。そのことから、ターゲットラインであるミサの027行目の発話は、理由説明の「私はだって」を伴い、付加疑問のデザインを行ったことの妥当性を後追いで提示していると言える。これは相手から来る疑いを先取りした抵抗である。ミサのこの発話は、『「だいぶ大きくなった」ことが写真無しでも予測できるぐらい、彼らのことを「覚えている」＝再現可能である』、というサチの参与の仕方を示しているからだ。

すなわちここでは、027–028行目は、024行目が「大きくなったの？」等の【情報要求】ではなく、の「大きくなったでしょう？」という【確認要求】の形でなされたことの根拠・妥当性を示している発話であると言えるのである。

本節の最後に、記憶の心的述語の使用が、語りの最後に用いられ、そこが話題のオチ punch-line の位置にきて根拠提示を行うものを分析する。次のような発話例を挙げることができる。

発話例8.　CallFriend japn6465［残ってますねずっと頭に］

```
048    Rmc:  →[でぇ::::その時,(0.5) [すぐにオペレーターかけてぇ,
049    Lat:                        [うん.
050           (0.9)
051    Rmc:  →<AT&T はにっちもさっちも行かん>(.)っていうのがぁ::::もうぅ,
052           (0.4)
053    Rmc:  →[残ってますねずっと頭に.              【反論/低評価】
054    Lat:   [hehe
```

特に雑談中、他の参与者の評価や主張に反対しようとする際、それを角立てずに行う必要がある。しかし、それをどのようにして行うか、その配慮をどのようにして示すかは、相互行為上の課題であるといえる。

この使われ方は、体験を印象などの概念に関係づけられるような使われ方である。さらに、この使われ方は、評価や主張などがあくまで「個人的」で

第 6 章　抵抗する記憶のことば　209

あること事を示すことで、非明示的に【対抗】することに用いられている。
その意味で、この使われ方は対抗することにおける相互行為上の課題に対処
するための使われ方である。以下のような連鎖例で行われる。

連鎖例 12.　非明示的な根拠で対抗する使われ方

01	A：評価	「(X のほうが良い)」	FPP
02	B：受け取り	「うん.」	SPP
03	反論	「でも, (Y のほうが良い)」	FPP
04	A：受け取り	「うん.」	SPP
05	再反論	「でも, (根拠となる体験が)残ってますねずっと頭に.」	FPP

では、根拠が「非明示的」とはどういうことか。次の断片で確認しよう。
　次の断片では、固定電話の契約について、評価が割れている。当時、アメ
リカでは MCI という会社と、AT&T という会社が競合しており、R は MCI
を利用している(Rmc と表記)。一方、L は AT&T という競合会社を利用し
ている(Lat と表記)。Rmc は、Lat の契約する AT&T に対して否定的な評
価を行い、MCI を勧めているようにも聞かれうる。しかし、Rmc が AT&T
を強く批判することは、現在 AT&T に契約している Lat の立場/選択を脅
かす危険性がある。

断片 26.　CallFriend japn6465 ［残ってますねずっと頭に］

```
((Rmc が Lat に、長距離電話をかけるのはどの会社を使っているか聞き、それに Lat が AT
&T だと答える。すると、Rmc は, AT&T の価格が高いことを、MCI と対比させながら示唆
する。Rmc は AT&T が MCI との競争に至った経緯を説明する。MCI は当初、太平洋側にか
けるためには基本料金として月 3 ドルを払う必要があった、と Rmc は説明する。))
011  Rmc:   .hhh あんとき当時 3 ドル払っててもまだ MCI の方がはるか安かった
012         んですよ AT&T よりも.                              【好評価】
013  Lat:   うう::::ん.                                        【受け取り】
014         (0.8)
015  Rmc:   ふぅん.
016  Lat:   °うんうぅ::ん.°  .hhh
017         (1.1)
```

018	Lat:	なんかこの1,2年っていうのはぁ::::ほとんど変わらないって	
019		いうように聞きましたけどねぇ::::.	【反論】
020		(0.3)	
021	Rmc:	.hhhhh(0.5)あぁ::::::n-	
022		(1.1)	
023	Rmc:	会社同士がですか?	
024	Lat:	うぅ::ん.	
025		(0.3)	
026	Rmc:	はぁ:::::::hhh ん_=	【理解】
027	Lat:	=料[金のほう[も.	
028	Rmc:	[.hhh　[一度そのAT&T[もや-今ぁ,MCIの方はどうか知らないけど	
029	Lat:	[nn!((咳払い))	
030	Rmc:	もぉどれぐらいの値段になってるのかぁ,	【反論受け入れ】
031		(1.0)	
032	Rmc:	.hhhh AT&Tたぶんまだぁだからぁ::: .hhhhhh　HHHHHHHHH	
033		(2.3)	
034	Rmc:	それでも安くしてるから結局解雇せないかんようになったの	
035		かなぁ::::.((AT&T従業員の大量解雇のニュースのこと[4]))	【反論への意見】
036	Lat:	うぅ::ん.	
037		(0.3)	
038	Rmc:	.hhhhh HHHHHHHHHHHH　んンんン!　((咳込み))	
039		(1.2)	
040	Rmc:→	けど僕一番印象上に残ってるのはぁ,	【再反論/低評価】
041		(0.6)	
042	Rmc:→	AT&Tのぉ,(0.4).hhh時々ぷつっと切れるのはどこでもぉ,(0.3)	
043	→	MCIでもAT&Tもあったんですね?昔は.	
044		(0.5)	
045	Lat:	へぇ::::.	
046		(0.4)	
047	Lat:	[なんかそれがぁ-	
048	Rmc:→	[でぇ::::その時,(0.5)[すぐにオペレーターかけてぇ,	
049	Lat:	[うん.	
050		(0.9)	
051	Rmc:→	<AT&Tはにっちもさっちも行かん>(.)っていうのがぁ:::もうぅ,	
052		(0.4)	
053	Rmc:→	[残ってますねずっと頭に.	【反論/低評価】

第 6 章　抵抗する記憶のことば　211

```
054  Lat:     [hehe
055          (0.5)
056  Lat:     ほぉ:::ん.=
057  Rmc:     =うん.
058          (0.6)
059  Rmc:     .hhhhh  MCIできなくてもその時まわったらとりあえずぅ:::
060  Rmc:     「申し訳ございません」¥ってい(h)う態度とぉ¥,        【追加説明】
061  Lat:     う:::ん.
062          Rmc:   ¥何とかしてくれるぅ?¥                        【追加説明】
063          (1.1)
064  Rmc:     .hh>最初はMCIの方が多かったんですよぷつっと切れてしまうのがぁ.<
065  Lat:     うう:::::ん_
```

　053 行目がターゲットラインである。この発話は、「ずっと頭に残っている」という意味あいで用いられる場合、何らかの痕跡を残しているという意味で記憶保持を表しているように感じられる記憶の心的述語の一種だろう。

　011 行目までで Rmc は、AT&T が利用料が高かったことを述べ、MCI を評価する。それに対し、Lat は、最近利用料が両社で変わらないことで反論する。Rmc は、「今は」ということで、Lat に比べ↓昔のことしか知らない人↑としてふるまうことで、それに(いったんは)納得(28-30, 34-35)する。しかし、「印象上」ということでそれが過去のことであることを示しながら、40 行目で再度反論を始めている。この始め方は、複数ターンを含んだ語りが来ることを投射し、以前契約していた(そして今 Lat が契約している)AT&T の欠点を述べているのである。

　ここで注目したいのは、あくまで Rmc の「過去の経験」として AT&T の欠点が述べられているという事である。しかもそれが 053 行目で「ずっと」という、ある程度の時間幅を持つことを表現している。「経験」の語りとして用いるのは、Rmc がここで行っていることが「デリケート」な行為であることと関わるだろう。つまり、ここで Rmc が AT&T をこき下ろすと、それはそのサービスを選択している Lat の立場を危うくし、対立を生んでしまう。しかし、AT&T の悪いところを言わなければ、MCI のすばらしさを

212

伝えることができない、というジレンマに陥っているわけである。

　そのため、053 行目で記憶の心的述語によって、経験を語りとして枠づける形で根拠を提示し、対抗に用いられていることは、きわめて合理的である。なぜなら、それは印象－記憶として過去であるがゆえに、現在まで続く普遍的な性質で語っているわけではないからだ。自分の体験を過去の印象であるとデザインすることで、それがあくまで過去のものであり、相手の評価の変更に明示的に働きかけるものではないという事を示している。しかし同時に、相手に賛成しているわけではないことも示すことができるのである。

　このような意見の相違があった際に、語りを心的述語で終えることは、過去の経験に基づく抵抗であることを意味する。次の断片では、評価のような意見ではなく、事実の受け取り方に相違が生まれているものである。この断片では、カナとユミは昔、アメリカ内でも同じ寒冷地に住んでいたが、後にカナは温暖な地域（サンフランシスコ）に引っ越している。321 行目で、引っ越したカナは「真冬」であるにもかかわらず T シャツで自転車に乗った、という、いまだ寒冷地に住むユミにとっては異常なことをしていることを報告する。

断片 27.　CallFriend japn6688 ［すぐに忘れてしまったよあの寒さは］

321	カナ：	[でも k-あの::もう昨日だってあたし-T シャツ:::あたし
322	カナ：	[着てあのぉ,(.)自転車乗ったよぉ¿
323	ユミ：	[.hhh
324	ユミ：	⇒<この真冬に?>
325		(0.3)　　　　　　　　　　　　　　　　　　　　　[05m00s]
326	カナ：	⇒tch そうよぉ::もう 1 月なのに¥とか思いながらぁ_¥
327	ユミ：	haha[hahahaha
328	カナ：	[hahaha .hhh で海のちょっとそばのあのぉ, .hhhh
329		風はちょっと冷たいけどねぇ?
330	ユミ：	あ:::[水の方でね?[うんうん:] [:ん.
331	カナ：	[だっ-　　[う:::::ん.][だけどや-やややっぱりね
332		え:::,う::んなんだかんだいってやっぱり:::,まぁ 60 度
333		ぐらいでしょぉ:::?　.hhh でちょっと寒い時でやっぱりさぁ,
334		50 ぐらいでさぁ,　((華氏 50 度=摂氏 10 度))　　　　　【語り】

第 6 章　抵抗する記憶のことば　213

```
335              (0.3)
336  カナ：    [あのまだ-
337  ユミ：  ⇒[まだ夏なんだぁ::::[:.                        【的を射ない感想】
338  カナ：  ⇒            [う::ん.そ-それが:::,もういっばん
339          と寒いときで¥みんな大袈裟になんかすごく冬のコートとか
340        →着たり[とかぁ.¥hahhhhhhh .hhhh もうも:うなんかもう¥
341  ユミ：       [ahhhahahahaha
342  カナ：  →[¥すっかり¥↑す↑ぐ↑に忘れてしまったよもうあの寒さは.【根拠提示】
343  ユミ：    [.hhhh
344              (0.6)
345  ユミ：    #ahahahaha#   ((乾いたような笑い))
346              (0.4)
347  カナ：    .hh でなんかすごいんでしょぉそっちなんかさぁ[雨とか-
```

　ターゲットラインは 338-342 行目の一連の語り、特に語りの終わりを示す 342 行目である。

　321-322 行目の自転車に乗ったエピソードを聞いたユミは、324 行目で「真冬」であることを述べ、326 行目でカナが肯定し、感想を言う（「もう 1 月なのに」）ことで話が終わりそうになる。しかし、カナは 328 行目で「で」を用いて話を拡張し、331-334 行目で「1 月であるから寒い」という事を撤回するような発話を行う。華氏 50 度ぐらいというのは、「暖かい」「寒い」という事を感覚的ではなく、数字として絶対的に表示しようとする発話デザインであり、「暖かい」ことをここでは示している。それに対し、ユミは 337 行目で「まだ夏なんだ::::」と肯定して受け取っているのである。

　しかし、カナの重複した発話を見ると、336 行目の「あのまだ-」は、さらに話が続くようにデザインされている。重複する 337 行目の「まだ夏なんだ::::」という言い方は、話を終わったものとして評価しているように聞こえる。それに対しては 338 行目でカナは「う:::ん」と答えるのみで、すぐに 336 行目の続きと見られる語りを行うのである。

　続けられた 338 行目では「それがいっばん寒い」時であること、さらに「大げさに冬のコートを着る」ことなどを示し、それが夏とカテゴライズするものではないことも示している。つまり、ユミが「夏か冬か」の二極化に

指向しているのに対し、カナは冬なのに暖かいこと、もっと言えば冬などないことを述べようとしている。つまり、2者間の評価に若干の相違があり、カナはその【抵抗】をこの語りで行っているのである。

さて、このような状況で、ターゲットラインのように、その語りの最後に、「¥すっかり¥↑す↑ぐ↑に忘れてしまったよもうあの寒さは.」と述べることは、まず、①「すっかり」「すぐに」と副詞と共起させることで、客観的事実ではなく、印象（が薄くなったこと）を表す。さらに、②「あの寒さ」という指示によって、すでに寒い地域で経験したこととは距離があるように聞かれうる。このことにより、カナは寒い地域に住んでいた時期を過ぎ去った体験として語ることで、ユミの「冬」「夏」に二極化する尺度に抵抗しているのである。

最後に、次の断片を分析・記述しよう。海外に赴任しているフクと、夫に付き添ってきたサホの二人が電話で話をしている。彼らは何らかの組織（おそらく日本人会かなにか）で知り合いであり、海外でもできる日本の伝統文化に関わる習い事について話している。フクはすでに太鼓のクラブに入っているが、サホは越してきたばかりでまだなにもしていない。

断片 28.　CallFriend japn1724 ［そこになんか聞いたような記憶はありますよ.　］

002 フク：	［まぁ面白いですねぇ.　（（フクの所属する太鼓クラブについて））	
003 サホ：	［tt .hhh	
004	(0.3)	
005 サホ：	↑う↑う↑:↑:↑ ［↑:↑ん_	
006 フク：⇒	［そ-<そちらにもある(.)か(.)とおもいますけれどもぉ,>	
007	(0.6)　　（（そちら＝サホの居住地域））	
008 サホ：	［あっ! ［どうだろうあの見たこともぉ, .hhhh 見たことないんですけどn	
009 フク：	［ta-　　［あ短歌だとかぁ,	
010	(.)	
011 サホ：	たぶん↑ね-ぇ?	
012	(.)	
013 フク：	［はい.	
014 サホ：	［あたしたちそういう:日本::人の.hh フェスティバルにまだ行ったこと	
015	ないからぁ,	

第6章　抵抗する記憶のことば　　215

```
016 フク：     あぁそう［ですか.
017 サホ：          ［あれですけどでも多分やってると↑思［います.        【予測】
018 フク：                              ［>多分やってると<
019        >思いますよ.＝あの日本人［多いと思いますしぃ,<           【予測】
020 サホ：                ［うんん！
021 サホ：  ［そうで［すねぇ.                         00h:19m:59s
022 フク：→ ［.hhh ［あのぉ, (.)ええ.↑な↑ん↑かなんかぁ,ええ::::サンホゼ:::
023        だったかぁ, (.)そこになんか聞いたような記憶はありますよ.＝なん［かぁ
024 サホ：                                      ［ええ.
025 フク：→ そのぉ,u-太鼓の(.)会があるみたいなことをぉ.＝            【根拠提示】
026 サホ：  ＝あっ！
027        (.)
028 サホ：  へぇ::［:.
029 フク：      ［ええ.［あのぉ-
030 サホ：          ［でぇ！それは↑日↑本↑人の方が教えて下さる［の？
031 フク：                               ［もちろ::ん
032        日本人ですぅ.
```

　ターゲットラインは018-023行目に続く発話であり、特に023行目の「そこになんか聞いたような記憶はありますよ」という記憶の心的述語の使用である。

　006行目でフクは、自身が所属する太鼓サークルのようなものが、サホの居住地域にもあるのではないかと予測を述べる。その予測は008行目で否定され、しかし014行目で否定した理由が述べられ、さらに017行目で「多分やってると思う」とサークルがある事を予測で返答する。それに対して、ターゲットラインの18行目が始まっている。

　018-019行目は、017行目の繰り返しである。これはSchegloff(1996)の「ほのめかしの確定confirming allusion」の実践と同種のものであると考えられる。さらに、ここでラッチングが行われ、「日本人多いと思いますし」と根拠が追加される。そして022-023行目で、サンホゼにあったような記憶はあることが話されるのである。

　ここでフクは、006行目に太鼓サークルがある事を述べていた。しかし、

216

それはサホのように予測ではなく、実際にフク自身がどこかで「聞いたような」経験があるようなものであったのである。それに対し、サホが予測で「多分やってると思う」と述べるのであるが、それに経験を示して【抵抗】するのが、「サンホゼ:::だったかぁ,(.)そこになんか聞いたような記憶はありますよ.」という記憶の心的述語の使われ方なのである。

根拠提示で抵抗する記憶の心的述語の考察

以上の断片で観察したように、記憶に結びついた心的述語は、その前の行為を根拠づけることで、他の参与者への【抵抗】に用いられている。

そもそも、根拠となりうるということは、記憶が公的側面を持つことを示す。もしそれが単純に個人的なものであるなら、それは到底根拠とはなりえないからだ。

参与者は、根拠を根拠たらしめるために、いろいろな手立てを用いている。例えば断片 22 では、「すごい(覚えてる)」と程度を利用したり、「トリビアの泉」という固有名詞を利用したりして、その根拠が他の参与者に説得的なように工夫していた。また、例えば断片 24 では「「うーん！」っていう感じで忘れないよ」というように、その場のリアルな情景を引用・実演 enact することで、それが他の参与者にとっても同様の経験を持つものであると聞かれうるように工夫していた。また断片 25 では、「4 つか 5 つ」という、話し手と聞き手が共通で経験したであろう準−具体的な数字を持ち出すことによって、根拠として利用していた。

そして、これらの【抵抗】は、その場の会話上の活動を確保するという意味で協調的な行為であると言える。例えば「ゴリラが全員 B 型」であることを披露した後、それを疑われた際にそのまま「違うかもしれません」と撤回することは、その場の活動を台無しにしてしまう。このように、根拠を提示することは、その活動がそのまま行われるという意味においては抵抗であるにしても、その場の活動を救うという意味においては、協調的な行為であるといえる。

また、連鎖例 12 で見たような、他の参与者の評価や意見等に対して、そ

れと反対の過去の体験を述べて抵抗の根拠を述べる記憶の心的述語の発話も
ある。確かに、これら断片で使われる記憶の心的述語「頭に残っている」「忘
れちゃった」の動作主は発話者であるが、だからといって動作主がなんらか
の心的行為や心的過程を示しているという証拠にはならない。そうではなく、
この記憶の心的述語の使われ方は、他の参与者に【抵抗】するというきわめ
てデリケートな行為を行う方法の一つであるといえる。

　まず、ここで語られている【抵抗】のための体験は、「けど (e.g. 断片 26、
30-40 行目「けど僕一番印象上に残ってるのはぁ,」)」などで相手の評価や意
見などへの非選好的な発話を投射したり、「う:::ん (e.g. 断片 27、338 行目)」
などで相手のターンを早々に切り上げたりすることによって、それが非選好
の応答であることが投射されるやりかたで開始されている。その意味で、こ
の経験が【抵抗】であるということは、あらかじめ予示されている。その抵
抗が、どのようなタイプの抵抗であるのかというの位置づけるのが、この記
憶の心的述語の仕事であるといえる。

　また、他の参与者に対し【抵抗】する際に記憶の心的述語をもちいること
は、直前の一連のターン（語り）の締めくくりに位置することで、発話者の経
験を、発話者の「個人的なもの」として発話者に帰属するデザインになって
いる。これは、客観的に根拠立てた形で聞き手の評価や意見に不賛成である
ことを避けるための手立てになっている。

　さらに、4 節でも見たように、経験（の記憶）にある物事を還元することは、
それを反駁する可能性を残す。その意味で、「記憶がありますけど。」という
ように【抵抗】された際には、必要であれば「私は…という記憶もあって…」
と反駁することも可能である。また、記憶の心的述語を用いた抵抗は、相手
がその【抵抗】を話し手の経験のみとして聞いてもよい (e.g.「ふーん、そう
なんだ」「あぁそうなんですね」)。反駁可能性を残したり、それを聞き手が
単に「経験」として聞いたりすることもできるということは、一面では「曖
昧」であり、もう一面では【「柔軟」な抵抗】であるとも言える。相手に反
論の余地を残したり、反論として「聞かない」選択をさせる形式であるとい
うことは、協調的なふるまいであると特徴づけられるのである。

確かに「すごい覚えていた」「残ってますねずっと頭に」「すぐに忘れてしまった」などと程度を強める表現と共に使用される場合においては、この反駁性が感知しにくくなると言えるかもしれない。しかし、翻って考えれば、「すごい」「ずっと」「すぐに」等と言わなければならない合理的な理由は、記憶の心的述語に反駁性が含まれていることを参与者が指向しているからであると言える。もしある項目が反駁不可能ならば、それは事実として受け取られるはずなのであり、わざわざ「すごい」などと程度を言う必要がそもそもないはずだからである。しかし、ここで「すごい」「ずっと」「すぐに」と程度を高める表現が用いられるのは、それが相互行為上の課題になりえるような、反駁可能性を残すような表現だからだと言える。

また、本節での記憶の心的述語の発話は、どの断片を見ても、なんらかの「経験」がその述語と共起要素として前方に来る。そのような性質から、認知主義的記憶観においては、記憶概念に対し、「想起するものは「経験」概念である」という画一的な価値観が創出される。相手との対立により、「抵抗するような経験が内部に想起され、それを語る」ということがなされる、という具合である。

しかしながら、本断片群で参与者が経験を用いて行おうとしていることは「他の参与者に対して会話の構造を阻害しないように、意見対立などのジレンマに対処する方法で【抵抗】を行う」ことである。そのためのやり方として、経験と、「想起」と紐づけられた記憶の心的述語が、ペアでその相互行為的資源になっている、ということが実際に起こっていることの記述として言えることであろう。記憶の心的述語において記憶の“存在”が話されたり、“想起”されるものが「経験」なのは単に【抵抗する】という行為にそれが有効だからであり、ゆえに“経験”のみを記憶概念を特徴づけるための一つの特徴とするわけにはいかないのである。

3. 根拠のプレースホールダーを立てて抵抗する

本章の最後に、本節で、ある項目を忘却したと述べることが、補足情報を

第 6 章　抵抗する記憶のことば　　219

提示する際に、本来あるべき根拠の「プレースホルダー」を立てて【抵抗】する使われ方を見ていく。主に動作主は発話者であり、「忘れたけど」「忘れちゃった」などの形で用いられ、その後に情報を補足するような発話が用いられる。これは、Schegloff (2007) の言う、非最小の拡張連鎖の中でも、自らの第一連鎖を補強し enhance、【抵抗】を行う第一連鎖の再生 (First Pair Part Reworking Post-Expansion) であると分析できる。以下のような断片例を見ることができる。

発話例 9.　CallFriend japn6616 ［誰から聞いたんだっけな私忘れちゃった］

```
032 ニア：　　　そういうところからやっぱりねぇ,こうねぇ::::¿
033          (0.4)
034 ニア：　　　そういうステータス[がねぇ生まれたって[聞いたよぉ?
035 カズ：　　　　　　　　　　　　[.hhh          [そ::う.
036 カズ：　　　であともう一つはい[のちぃ,
037 ニア：→　　　　　　　　　　　[誰から聞いたんだっけな
038 ニア：→　あた[し忘れちゃったぁ.
039 カズ：　　　　[いーいー命の値段じゃあん.
```

　この断片で見る状況は、本章 2 節で見たように、本来ここで適切な情報を話すことで【抵抗】するほうが適当な状況である。しかし、我々は常に適切に対応できるわけではない。一方で、だからといって、他の参与者に抵抗できないわけでもない。本節で見る断片では、抵抗のための資源として、「忘れる」のような再現が不可能であるということを述べる忘却の心的述語が用いて、【抵抗】を示している。

　先に分析・記述結果を述べるのであれば、「忘れた」ことが本来出すべき情報のプレースホルダーになりうるのは、そもそも「知らなければ忘れられない」ことに寄る。ライル風に言えば、「忘れる」ための切符 tickets が、「知っていること」なのである (Ryle, 1949=1987 : 174)。その意味で、「忘れた」という事は、知っていた過去や経験を下地にする。そのために、忘却が抵抗として利用可能なのである。

　以下のような共通連鎖が見て取れる。

220

連鎖例13. 本来提示するべき情報(源)が提示できないため、プレースホールダー
　　　　　を立てて抵抗する使われ方

01	A：根拠提示	「フライトアテンダントの地位が高い理由は...」	FPP-
02	B：最小限の受け取り	「そ：：う.」	SPP
03	別の根拠提示	「であとは...（別の理由）」	FPP
04	A：01を補強するため提示するべき情報源が提示できない際の 　プレースホールダーで抵抗「誰から聞いたか忘れたけど」		NMPE

プレースホールダーを立てて抵抗する記憶の心的述語の分析・記述

　早速次の断片を見てみよう。次のデータでは、ユウとアツは今度、実際に
会って食事に行くという約束をしている。しかし、まだどこに行くかは決まっ
ていない。

断片29. CallFriend jaɔn6354 ［そこはねえなんだったっけ忘れちゃった名
　　　　　前.=でもジョージタウンの］

```
051 アツ：   [せっかくのぉ，　せっかくのぉ,
052 ユウ：   [hehh hhhh
053 ユウ：   せっかくだったらぁ i-高いところ[にいくか-
054 アツ：                                [いやそのすっごく高いとこなんか
055 アツ：   行けないよほんなのぉ.
056        (0.7)
057 アツ：⇒ まぁでもある程度カジュアルなところいけるんだったら
058 アツ：⇒ .hhh なんか一件うちの彼女がいったところ聞いてんだけどねぇ.
059        (0.5)
060 ユウ：⇒ あぁそうなんだじゃそこ行こう?
061        (.)
062 ユウ：   hhhhh [hehehhhh
063 アツ：⇒       [うぅ：：：ん.
064        (0.5)
065 ユウ：   <¥任せます¥.> .sss .sssss
066        (0.7)
067 アツ：→ <そこはねぇ：：：,>　(0.9)　なんたっけなぁ：：：：.
068        (1.2)
069 アツ：→ んんんんんなんだったっけ忘れちゃった名前.=でもジョージタウンの
070 アツ：→ 中なんだよな.
```

第6章　抵抗する記憶のことば　221

```
071          (0.3)
072 ユウ：    へぇ::::.
073 アツ：    うぅ::::ん.
074          (0.7)
075 アツ：    <あとはぁ::::>そのあとは?
```

ターゲットラインは067-070行目のアツの発話である。ここでアツは、065行目までのユウの「飛びつき」に対する【抵抗】を、当初予定されていた【提案】を活動が収束してしまいそうな位置で再度行っている。

2人がご飯を食べに行くという約束にあたって、店を決定することは重要な準備活動であると言えるだろう。しかし、ユウとアツは当時大学生であるために、あまり料理の値段が高い場所には行くことができず、行くとすればそれは特別な(051-053行目)状況であることがユウによっても話されている。

さて、食事にどこに行くのかが決まっていないという相談中での057-058行目の【提案】は、ユウに飛びつかれ(060行目)ている。ゆえに、067行目以降の発話は、すでにその場所が決まっていると考えるのであれば余剰であるように聞こえるかもしれない。

しかし、061行目の沈黙、063行目のアツの「う:::ん」という反応は、060行目のユウの「飛びつき」に対する非選好応答である。それに対して、ユウはアツにその決定をゆだねることで(065行目)、棄権している。そのため、062-066行目では、ここでの訪れる店を決定するという活動が終結に向かっているといえる。

そもそも、057-058行目の提案を見てみると、「ある程度カジュアル」で「うちの彼女がいったとこ聞いてる」というように述べただけで、そこがどのような場所であるかは語られていない。このことから、ユウの060行目は、まだ提案の詳細を聞いていないのに「早まって」提案を承認したものとして扱われているのである。

さて、二者で相談しながら場所を決定するという活動においては、アツがその場所についてさらに詳細を述べ、ユウの(選択権放棄という消極的ではない)積極的な同意(例えば「いい所っぽいね」「よしじゃあそこに行こう」

等)を引き出すことが、特定の場所を決めるうえで必要な活動であると考えられる。しかしながら、60行目のユウは早まって同意してしまった。アツが067-070行目で行っているのは、065行目までのユウの「飛びつき」に対する【抵抗】を、当初予定されていた【提案】を活動が収束してしまいそうな位置で再度行う事であるのである。

アツは067行目で「<そこはねぇ:::,>」とそのレストランの話題がまだ続くことを示し、さらに沈黙を挟んで「なんたっけかなぁ:::」とターンを保持し続けることをしている。さらに1.2秒の沈黙を挟み、069行目で「なんだったっけ忘れちゃった名前.」と記憶の心的述語を用いる。これは、自らが店の選択において、店の「名前」という要素に関しては【情報提供】できないことを示し、しかしすぐにラッチングして「でも」と逆接する形で発話を続け、その店の「位置」が特定可能であることを示している。提案をする際に、ある情報を提供できないのは、提案する人の持つ本来の社会的規範からは外れているように見えるかもしれない。しかし同時に、ラッチングを用いて他の情報を提供することは可能でもあるために、確かにその場所を提案することは可能である、ということを示してもいる。

また、この【抵抗】は、店を決めるという活動がおざなりになりそうな際に、それが「きちんと」行われることを指向する、この場の活動に関して協調的な行為でもある。

次の断片でも、他の参与者が活動を先にすすめてしまおうとするのに抵抗している様子が明らかになる。この断片で、ニアは就職先を探している。しかし、ニアのホストファミリーは「フライトアテンダントだけはやめてくれ」と述べたという。アメリカと日本ではCAに対する理解が異なっていることがニアから話される。

断片30. CallFriend japn6616 [誰から聞いたんだっけな私忘れちゃった]

```
000 ニア：    ニアフライトアテンダント¥だけはやめてぇとかいっ
001 ニア：    [てぇ,¥ .hhh¥絶対やらないでねぇ¥とかいってぇ.
002 カズ：    [hehhhh!                        00H:14m:06s
003 カズ：    へぇ:::::.
```

第6章　抵抗する記憶のことば　223

```
004 ニア：　　で私がさぁなんか日本のフライトアテンダントはこうだよぉ
005 ニア：　　とか言って[話したわけぇ,
006 ((5行省略：日本のCAが社会的ステータスが高いという話をする))
007 カズ：　　まぁなんざぁ::_　英語が喋れるっていうのがやっぱり:::
008 カズ：　　[女性の↑花[↑だ↑っ↑んだろうねぇ　　　　　　　　　【予測述べ】
009 ニア：⇒　[.hhh　　　[あたしねぇ,聞いたんだよ誰に聞いたんだっけなぁ::,
010　　　　　　(0.3)
011 カズ：　　[うぅ:↑:↑:↑ん_
012 ニア：　　[.hhhhh
013　　　　　　(0.2)
014 ニア：⇒　何か聞いたのある人にぃ,　　　　　　　　　　　　　【情報源の提示】
015 カズ：　　うぅ:::ん.
016 ニア：⇒　あるおじちゃんか誰かにぃ.　　　　　　　　　　　　【情報源の提示】
017　　　　　　(0.3)
018 ニア：　　.hhhh そしたらぁ::やっぱりねぇ,
((省略：CAになるための英語が話せるのはお金もちのお嬢さんが昔多かった、という
ことをあるおじちゃんに聞いたという話が語られる))
032 ニア：　　そういうところからやっぱりねぇ,こうねぇ:::¿
033　　　　　　(0.4)
034 ニア：　　そういうステータス[がねぇ生まれたって[聞いたよぉ?
035 カズ：　　　　　　　　　　　[.hhh　　　　　　　[そ::う.
036 カズ：　　であともう一つはい[のちぃ,
037 ニア：→　　　　　　　　　　[誰から聞いたんだっけな
038 ニア：→　あた[し忘れちゃったぁ.
039 カズ：　　　　[いーいー命の値段じゃあん.
040　　　　　　(0.4)
041 カズ：　　.hhh[だからまださぁ:::もうこんなけぇ,(0.2)飛行機が
042 ニア：　　　　[あぁ::あぁ::.
043 カズ：　　安全になった時代でもぉ,
((カズはなぜCAの社会的ステータスが高いかを予想しながら話す))
```

　ターゲットラインは037-038行目である。そこに至るまでに、ニアとカズ
の間で不同意が生じていることを確認することは、分析上重要である。
　007-008行目でカズは「なんざぁ:::(＝なんだろう)」と、フライトアテン
ダントの地位が高いことに対する予測を述べる。するとすぐ、その予測に反

応することなく、009行目でニアが誰かから聞いた話であるという【割り込み】を行い、カズのように予測ではなくある程度「根拠のある話」として伝聞の語りを始める。このことは、ニアのカズに対する不同意と聞かれうる。

　また語りの最中に、014行目から016行目で、「ある人」から「あるおじいちゃんか誰か」と指示の範囲が狭められている。そのことで、これから行う伝聞が確かに起こったことである、という、不同意の正当性を主張している。

　034行目でその内容の語りが終わりを迎えるとき、カズは035行目で「そ::う.」と比較的弱い反応を示す。「そうなんだ!」や「へー、知らなかったなぁ」や、ニアの話の内容を確認したりするような、積極的な理解を表示するような反応とはいえない。

　この弱い反応に加えてカズは、036行目で「であと〜」という形で別の候補/予測を述べ始める。カズによって「であともう一つ」と別の側面が話に導入されようとするその位置において、ニアは「誰から聞いたんだっけな,あたし忘れちゃったぁ.」と心的述語を利用しているのである。

　この位置は、ニアにとって、①035行目の「そ::う.」という弱い反応、また、②036行目でカズが明示的に別側面であると話し始めた位置であり、ニア自身の語りが最小限の受け取りで「流され」そうになってしまったことを意味する。

　もちろん、カズにとってのこの位置はニアが009行目でカズのターンに割り込む形で話を始めていために、カズはもともと自分が話を続けるつもりだった当初の軌道に戻ろうとしているともいえる。036行目の「であともう一つは」という付け加えの表現は、前に述べたことに付け加える際に使われる。この場合、ニアの話に付け加えているものとしても聞こえるが、カズの元の話に付け加えているものとしても聞こえる。

　また、ニアの話の始め方がそうであったように、カズの話が"予想"であるのにたいし、ニアの話は実際に誰かから聞いた"伝聞"である。予測と伝聞とを比べると、伝聞のほうがより信頼性があるように聞こえるだろう。ただし、ニアは伝聞のリソースを出すことが出来ない(=「忘れちゃった」)の

である。ニアは 037-038 行目で「忘れちゃった」という事で、「この位置で信頼可能な名前を出すことが妥当である」事への理解を示すような、プレースホールダーの発話を行っているのである。

以上から、ニアが 037-038 行目でおこなっているのは、カズが話を流そうとすることに対し、本来は情報を出すべきだがそれを出せないことを述べるという方法で【抵抗する】ことであるといえる。誰かから聞いた、という事は、014-016 行目の繰り返しでもある。この繰り返しで「忘れた」ということは、語る情報の欠如を述べているというよりはむしろ、「誰かから聞いたかはわからないが、その話は説得力がある実際に起こった話だ」という主張を意味する。これは、ニアが反応をしないまま当初の自分の話の軌道に話題を戻そうとする割り込みへの【抵抗】を表示しているのである。

次の断片でさらに確認しよう。CallFriend の録音プログラムに参加しているシンとタロが話しており、録音プログラムに参加を誘う電話が担当の女性からあったという話になる。

断片 31. CallFriend japn6166［かわいい女の子だったよ.→ああそうなの?
→名前忘れちゃったけど.］

```
000                                                    00h:00m:17s
001    タロ:    俺が昼寝してるあいだに一回電話かかってきて
002             さぁ.
003             (0.3)
004    シン:    あぁほんとぉ?
                ((中略))
017    タロ:    で興味ぃ:::ありますか?¥°っつって°.¥
018             (0.3)
019    タロ:    .hhh ¥なんでもいいからあります(h)って.¥
020    シン:    ehehe
021    タロ:    ¥じゃ(h)あもうレジストしときますとかいって¥
022    シン:⇒  かわいい女の子だったよ¥なんか.¥
023             (0.5)
024    タロ:    hhhhh huhhh  ¥それはわからねえけど.¥ (.)
025    タロ:    [.hhh
```

```
026    シン：   [俺の時はぁ.
027    タロ：   あぁそうなの?
028           (0.4)
029    シン：→ [名前忘れちゃったけど.
030    タロ：   [hhh ((鼻息))
031    タロ：   .hh  .hhhhh[hhh
032    シン：          [うぅん.
033    タロ：   まぁ::ったくねぇ::. hhh hhh[hhhhhhhhh
034    シン：                  [うぅん.
035    シン：   シンディーとかそんな名前だったと
036    タロ：   HEHAHAHAHA!
037    シン：   ¥えぇ?¥
038    タロ：   .hhh huhhh! .hhhhhhh まぁじでも眠たかったよあの
039    タロ：   ときゃあ.
```

　ターゲットラインは029行目である。ターゲットラインまでの発話は、以下のような分析が可能である。

　まず、021行目までに、録音プログラムに至った経緯が話されている。さらに、022行目でシンが、勧誘担当の女の子に会った時のことを話し、【情報提供】をする。しかし、それをタロは【同意要求】と誤解したため、(電話上の会話だったので)かわいいかどうかは同意も反対もできないと述べる。026行目で、【同意要求】ではなく【情報提供】だったということが話され、その誤解が解かれる(027行目)。

　さて、027行目のタロの【確認要求】に対する028行目の沈黙、029行目のターゲットラインの返答は、要求されている【確認与え】とは聞き取れない。また、発話末の「けど」は、029行目の発話が022行目の発話に付け足されたことをマークする連続子の一種(西阪, 2006)である。直前の発話に反応せず、022行目に付け加えることで、027行目タロの【確認要求】に取り合わない発話デザインになっている。

　では、029行目で「忘れてしまった」という相互行為上の合理的理由とはなにか。タロが直前で確認したことは「そうな(=かわいい女の子だった)の?」という【確認】であり、名前を覚えているかどうかの確認ではない。

第6章　抵抗する記憶のことば　227

また、上で見たようにシンはそれに取り合っていないことからも、その前に行った自らの行為（＝022行目の【評価】）に対して、何らかの補足をしているといえるだろう。

仮に、単に「女の子の名前が重要ではないから忘れてしまったからそう述べたのだ」というのであれば、それは逆に「なぜこの場所でシンがそのことを述べる必要があるのか」という合理的理由を提供できなくなってしまう。なぜなら、さほど重要でないならば、012行目でシンはこの発話をしない＝補足しない、という選択も持ち合わせていたからである。ここで「忘れてしまった」ことを述べるには、やはり局所的な理由が必要である。

ではその理由はなにか。まず、029行目の発話は、シン自身が「何か/誰かを評価する際に名前を示せるなら示せ」という規範があることを示している。確かに、例えば、ある俳優の顔が好みだというときには、その俳優の名前を導入したり参照したりして示そうとするだろう。一方、「名前は知らないけどあの人」などの指示表現を使えば、本当に好きなのかと疑われるだろう。

ここでシンは、名前を語ることができないということを示しながら、しかしその女の子のかわいさを評価できることで、その（自らの）規範に（いわば一人勝手に）【抵抗】を行っているように聞かれうる。Coulter（1979）も述べるように、「ある項目を忘れたからと言って、別の項目を忘れていることにはならない」ような項目もある。シンにとっては、女の子がかわいいことと、同時に、"本来は"名前を示しながら評価を行うことができるのだ[5]という、022行目の「評価」の前提の主張をしているのである[6]。

プレースホルダーを立てて抵抗する記憶の心的述語の考察

本節で観察された用法は、①「ある情報源を覚えていることが妥当である」という規範、しかし②それが誰か/どこかわからないという現状、そして③それでも「忘却」したことを言うことが相手の行為への抵抗になっていた。

それら情報の提示で【抵抗】が行われる背景には、さまざまな活動にまつわる不都合があった。例えば断片29ではそれは「早すぎる提案の受け入れ」

であり、断片30では「自分が割り込んだこと/相手が話の軌道を戻そうとしていること」であった。それらの発話者にとって「不都合な」状況を打開する抵抗として、これら心的述語は本来あるべき情報の「プレースホールダー」として用いられていた。そして、そのプレースホールダーは「確かにその体験はある」という事を示すためにあったのである。

特に「忘れた」という「情報の欠如」を表す述語が、行為の正当性を主張し、活動を保持するための【抵抗】の手段になっていることは、認知主義的記憶観に基づけば矛盾しているように感じられるだろう。かの記憶観においては、忘却は欠損・不能であり、そして一般に「何かが分からない」という事は、情報を与えることを弱化させるように感じられる。

しかし、本節で見たように、「忘却」を語ることは、その情報が確かであった過去について語ることと同義である。再度確認するように、「知らない」ことは「忘れる」ことができない。「知ること」は、「忘れる」ことへの切符なのである（Ryle, 1949=1987 ; Malcolm, 1983 ; Moon, 2013）。

もちろん、ここでは店の名前や情報源を伝えられるほうが良いだろう。ここでの心的述語は本来あるはずの情報の「プレースホールダー」の表示である。「確か〜っていう名前の店だったと思うけど」や「〜って誰かが言ってたよ」などと、同種の発話であり、おそらく「店の名前はXXXっていうんだけどね」や「YYYで会ったZZZが仕事のおじいさんなんだけど」などの情報を詳細に語ることでも達成されうる。しかしここで重要なのは、忘却という失敗動詞[7]それ自体が、過程ではなく抵抗の資源であるという事実である。

特に断片29のような、共同で何か事項を決定するような場合は、二人が意見をその場ですり合わせていくことが求められる。その際に的確すぎる情報を与えるということは、あらかじめ全てが決定されていたことを示すことになり、相手の意見を尊重していないようにも取られかねない。

さらに、話し手がその情報の提示を規範的だと捉えている以上、忘却という弱点を露出する嘘をつくはずはないと我々は感じるのであり、それがこのように忘却を述べることが翻って【抵抗】の資源であることに貢献している

と言える。

　最後に、これらの行為が会話を救うような協調性を示すような振る舞いである、ということも特筆するべきである。忘れたことを言うことは【抵抗】をすることであり、それは直前の活動が連鎖上正当なものであったことを主張することになっている。しかしそれは、逆にとらえれば、自分の発話に対して相手が不同意や無関心で返答した際、元の自分の発話を救済することとなる。その意味で、【抵抗】という行為自体は「相手の発話に丸ごと賛同する」というような意味においては協調的ではないかもしれないが、自らの発した第一連鎖成分にこだわりを持つという意味においては一貫性をもって話を続けていくことであるし、会話の構造を保証するという意味においては協調的であるといえるのである。

4.　第6章の小括

　本章を通して、記憶の心的述語が抵抗ないし対抗に用いられる断片を見てきた。本章での断片群で、記憶の心的述語が用いられる直前、参与者らは様々なジレンマに直面していた。2節ではそれは相手が想定外の驚きを見せるなどの「疑い」を示すことや、お互いの評価が食い違うことであり、3節では早急に提案が受け入れられてしまうようなことであった。この意味において、他の参与者に【抵抗】することを余儀なくされる事態があったと言える。

　その不都合への対処として、本章でみた記憶の心的述語は相手に抵抗する使われ方をしていた。

　記憶の心的述語が【抵抗】の行為の資源になるとき、それはもっぱら経験の概念と類縁にあると考えられる。

　2節で見たように、その経験を再現できる場合にはそれは「根拠提示」という形で【抵抗】に用いることができるし、また、聞き手に【抵抗】をすることが対立構図を生み出すような危険のある場合には、記憶の心的述語の使用によってそれを経験へと還元することで、反駁可能性を含意し、非明示的な抵抗であることを相手に示すこともできるのである。

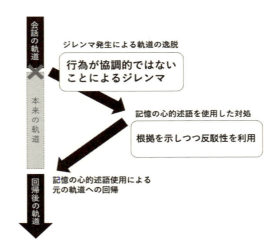

図 6-3：6 章で分析したジレンマと対処

　逆にそれを 3 節で見たようにたとえ再現できなくても、忘れたことはそれ自体が根拠の「プレースホールダー」としてやはり【抵抗】の資源に用いることができる。
　このことは、経験があってそれを記憶の心的述語が語っている、というよりは、記憶の心的述語がその前に来る項目を根拠として、妥当性のある経験として取り扱うことにしている、ともいえる。
　また、これら抵抗の行為は、一見して聞き手に対して非協調的な行為を構成しているように思えてしまう。しかし分析・記述から、心的述語の使用によって【抵抗】でありながらも、その場の活動を救うような「協調的な」行為であることも明らかになった。「根拠提示」や「プレースホールダー」は、自分の連鎖を遡及的に補足・強化するという意味において会話の活動を保証するような使われ方であるし、特に非明示的に抵抗する場合においては、話し手は反駁性を含んだ形で＝断定的に自分の経験を述べない形で抵抗することで、相手の直前の疑いや不同意を救う手段にもなっているからである。

注

1）例えば非協調的な行為には、ののしる、立ち去る、相手を無視する、話題を
そらす、などがあるだろう。

2）「トリビアの泉」（正式名称：トリビアの泉〜素晴らしきムダ知識〜）はフジ
テレビ系列で 2002 年から 2012 年まで放送されていた、雑学バラエティー番組。
視聴者などから投稿された雑学を、パネラーの芸能人たちが「へぇ」という単
位で点数付けする。関東ローカル番組から全国ネットのゴールデン番組となっ
た。

3）「アンパンマン」は漫画家やなせたかし原作の絵本、アニメ、映画。パンの
顔を持つヒーローが村人らの問題を解決する。パンの顔をしたヒーローたちの
製造者であるパン工場の「ジャムおじさん」「バタコさん」は人間のような容
姿をしている。ドキンちゃんは悪役ではあるが、ヒーローであるしょくぱんま
んに恋に落ちている。しかし、同じくヒーローのカレーパンマンと結婚して子
供ができている、という、設定からはあるはずのないデマがここでは焦点にな
る。

4）この時期、AT&T は 4 万人の大量解雇を予定/実行していた。（1996 年 1 月
3 日付け Los Angels Times）

5）29 行目に「その子シンディーっていうんだけどね」等の名前/根拠が来るこ
とが不自然ではない。

6）ただし、タロは、かわいい女の子であることと、名前の必要性について、別
の規範を持っていることが観察可能だ。実際に、そのかわいい女の子の名前を
提供しようと試みるシンの様子（018 行目）を、女の子への執心を表すかのよう
に 019 行目で笑っている。

7）Ryle（1949=1987）は「思い出した」を成功/達成動詞（achievement verb）で
ある、としている。これは、想起が過程ではない、という事を主眼においた発
言である。であれば、「忘れた」はある事（この場合は情報リソースを出すこと）
に失敗した失敗動詞である、と言えるだろう。第 2 章 2.2 節も参照のこと。

第7章　不可能を示す記憶のことば

　分析の最後の章である本7章では、記憶の心的述語が、他の参与者の発話に対しての非選好応答である一連の断片群を分析・記述する。我々は会話中、様々なことを前提としている。その中で、一般的なものの一つに、相手が「Xできるはずだ」と前提する、能力の前提が挙げられるだろう。しかし、そのような前提に対し相手は、時にその前提に応じられることもあるし、応じられないこともある。しかし、端的に「出来ないよ」ということは、相手の要求に対して非選好的であるため、忌避される。

　本章で見る心的述語の使われ方は、発話者が、先行する発話の能力の前提に対して、「忘れた」等の記憶の心的述語を用いて、不可能を示すことなどに用いられている。そのため、本章で見る心的述語は、「覚えて(い)ない」「忘れた」という、記憶の中でも「忘却」の心的述語の形式で用いられる場合が多い。

　本章では、分析・記述した結果、以下の4つの能力に関わる記憶の心的述語の使われ方について論じる。

- ・第7章2節：状況的不能・部分的可能を示す
- ・第7章3節：規範的可能を指摘する
- ・第7章4節：弁解する
- ・第7章5節：撤回可能な場を作る、および話題を再開する

　これら使われ方は一見、第一連鎖成分に対して第二連鎖成分を産出できないという、活動の成立を揺るがすような非選好的 dispreferred で、非協調的 misaligning な行為に見える。しかし、本章の分析において、これら第二連鎖成分が、同時に協調的な行為であることも明らかになる。まず次の1節で、

第7章　不可能を示す記憶のことば　233

「相手の前提に応えることができない」という意味において、記憶概念と能力概念の結びつきについて述べる。さらに、記憶の心的述語が「あることができるはずだ」という能力を前提にする発話に対する応答として用いられていることから、「前提」に関する先行研究も概観する。2節以降、断片群に対しての分析・記述を行う。

1.　記憶と能力、その前提に関する先行研究

　観察した断片内で、「覚えていない」や「忘れた」という際に、それが「能力」概念として参与者の間でレリヴァントな概念として用いられることがある。そのため、本節では、記憶概念と「能力」に関わる先行研究について、分析・記述に先立って概観する。
　そもそも「可能−不可能」という性質にはバリエーションがある。これはRyle（1949＝1987：176）が列記した「できる」という語の例を、本章のターゲットである「不可能」へと再構成したものである。

　　1. そもそもその行為が不可能なもの（カナヅチだから泳げない、という能力不可能）
　　2. 状況によって行為が不可能なもの（ドクターストップで泳げない、という状況不可能）
　　3. 将来的に行為が可能なもの（彼は今は泳げないが将来泳げる、という未来志向的不可能）
　　4. 努力によって行為が可能なもの（彼は怠けてあまり泳げていないが、激励すれば実は泳げる、という潜在的可能）

　一般的に日本語はこれらの多様な不可能をすべて「泳げない」と表現し、言語形式上区別しない[1]。例えば、ある人が「私、泳げません」、というとき、いわゆるかなづちであることもあるし（能力不可能）、病気だという現況を示すこともできる（状況不可能）、という具合である[2]。

さらに Ryle（1949＝1987）は、記憶と能力の関係について詳しい考察を行っている。ライルは、「記憶している（remember）」の使われ方を2種類提示しているが、その内の一つ「あることを習得しそれを忘れていない」ことについて、以下のように述べている。

　　ある人がいまだにあることを忘れていないと述べることは（中略）たとえばギリシャ語のアルファベットを初めから終わりまで述べること、海水浴場から砂利採取場へ戻る道を人に教えること、次の会議が七月の二週目に行われると述べた人の誤りを訂正してあげること、などのことを行うことができるということを述べているにすぎないのである。

　　　　　　　　　　　　　　Ryle（1949＝1987：400）［傍点は原注ママ］

　この場合、「初めから終わりまで述べる」「人に教える」「訂正してあげる」等の行為が可能であると述べることが、「忘れていない」という語の使用法であることを、ライルは述べている。

　この見解を記述的に研究したものに前田（2008）がある。前田によれば、この能力−記憶の概念は局所的に異なる実践を構成する。前田は、言語聴覚士（ST）と、患者（P）の会話を分析しているが、以下のようなデータを提示しつつ、ここで行われている「記憶」に関わるともとれるやり取りが、「記憶の入手経路を遡るような実践」ではなく「ある特定の知識を覚えているか（＝使うことができるか）を焦点化する実践」であり、「知識を示す能力を焦点化する実践（傍点は引用者）」（＝課題訓練）であると述べている（p.212）。

　ここで前田は ST が P の答え（13行目、15行目、17行目）を評価（14行目）したり、修正（18行目）したりするような「質問 Question」→「答え Answer」→「評価 Evaluation」で成り立つ QAE シークエンスが行われていることに注目している。12行目 S の質問が、14行目の反応で「覚えている記憶が正しいかどうかに」変換され、ST はすでに知っている答え（8月15日が終戦記念日であること）に誘導し、それが正しいかの正誤を述べているのである。

第 7 章　不可能を示す記憶のことば　235

→12S：°うん。°終戦記念日ももちろん,何月何日か＝　　　　Q
　13P：＝ええ。しち月の　　　　　　　　　　　　　　　　A
→14S：°うん?°　　　　　　　　　　　　　　　　　　　　E
　15P：じゃない,＝<u>はち月の</u>　　　　　　　　　　　　A
　16S：うん。　　　　　　　　　　　　　　　　　　　　　E
　17P：はつかですね。　　　　　　　　　　　　　　　　　A
→18S：ん?終戦記念日，はち月のはつかでいいですか？　E→Q

　　　　　　　　前田（2008：208）の示した断片を一部改変したもの

　ライルが述べたように、なにかを覚えていること─忘れていることは、何かをできること─できないことという能力の言い方の一つである。また、前田が述べるように、言語聴覚士－患者間の制度的場面で用いられる QAE シークエンスが「知識を示す能力を焦点化する実践」であるとすれば、雑談の中で用いられる記憶の心的述語も、同様に何らかの能力にかかわる実践であることが予測される。

　さらに、あることが「出来る－出来ない」という場合において、その能力は行為の「前提（presuppositions；Raymond, 2003：494）」として扱われることが多い。例えば、「ロシア語を覚えている」ということは、「ロシア語を話すことができるはずだ」というように、ロシア語の能力を前提としている、ということもできる。

　しかし、例えば様々なことを「前提」と述べることは、参与者のレリヴァンスを無視した記述を行うことになりかねない。寺村（1992：50）が指摘するように、「前提」は非常に便利な分析装置でありながら、しかし多義的であるために議論に混乱をもたらしてきた。寺村は、「前提」の議論に関しては「命題の真偽が決まる条件」という意味での前提と、「話し手がなそうとする行為が成り立つための条件」という意味での前提があり、それが 1960 年代後半から言語学での議論の的になっていたと述べている。本研究の「前提」は、後者の意味により近いが、しかし同時に「参与者にとってレリヴァンスが観察される限りでの前提」という意味にとどめておく必要がある[3]。

例えば、同じ食卓を囲む家族のメンバーに「そこの塩取って」という時、我々は『「塩なる物質が宇宙に存在する」ことを語ることができることを前提としているか』と問われれば『している』と答えざるを得ない。これは命題の真偽が決まる条件ではある。

また、「そこの塩とって」という発話前に『「その人の前に塩がおいてあり、取ることができること」を前提としているか』と問われれば、『している』と答えざるを得ない。これは、行為が成り立つ条件ではある。

しかし、本研究ではこれらはレリヴァントな前提と言う意味においては、「前提」とは言えない。ここでいう「前提」はレリヴァンスに密接に関係しており、会話の局所性において、それが遡及的に問題になるような性質を持っている場合においてのみである。「宇宙に塩という物質がある」という命題は、その場の局所性においてそもそもレリヴァントではない。また、発話する前に話者にその前提があったとは言えず、むしろそれは発話直後にそのことが前提であることが顕在化するような種類のものである。でなければ、研究者は恣意的な「前提」を無制限に分析・記述に埋め込むことができてしまう。

例えば、会話中、連鎖の第一連鎖成分を産出する際には、第二連鎖成分を社会規範的に産出しなければならないという制約と同時に、第二連鎖成分を産出できるという "前提" を含む、という場合もある。例えばトカゲについての専門的な【質問】を第一連鎖成分として行う場合、我々はその質問を科目「生物」が得意であった友人Aに「トカゲってさ、両生類？」等と尋ねる。この場合、発話者は、友人Aが答えを出すこと、つまり共有された生活史や知識・経験から得た前提を、友人Aに向けている、という見解である。

ただし、この見解は、レリヴァンスを視野に入れると、一層気を付けなければならない。なぜなら、「前提」という概念はそもそも、相互行為上において、参与者に指向されているわけではないからだ。

作例16. 03行目で初めて01行目の発話の前提が問題になる例

01	A:トカゲってさ、両生類？	FPP
02	B:なんで俺に聞くの？	FPP-Ins
03	A:だってほら、生物得意だったじゃん。	SPP-Ins

この作例において、03行目で初めて01行目の「前提」が相互行為上問題になるのであって、それ以前においては01行目の【情報要求】—02行目の発話の妥当性を問う【修復開始】が行われているのであり、03行目が発話されるまで「Bが高校の時生物が得意だった」という過去/経験/記憶を相互行為上「前提」と呼ぶことは参与者にとってレリヴァントではないのである。

ゆえに、前提が「発話された段階で相手に向けられ、生起する」というとき、それはレリヴァンスを無視した記述になっていることに気を付けよう。レリヴァンスに基づいて記述する場合、発話時に心の中でまず「前提を考えて」、それを「発露する」、というふたつの段階を踏んでいる（図7-1）のではなく、発話それ自体が前提を含んでいることが遡及的に問題になる場合もある、そしてその時初めて、「前提」という分析概念が使用可能になる、というように分析される（図7-2）。本研究における「前提」概念は、後者の定義に近く、また、非常に狭い定義である。「前提」は、そもそも参与者にとってレリヴァントでなければ、相互行為上問題ではない。例えば、図7-2のやり取りでは、第二連鎖成分が起こった際に第一連鎖成分の「前提」（＝「道を覚えていること」）がレリヴァントになるのであって、第一連鎖成分の発話

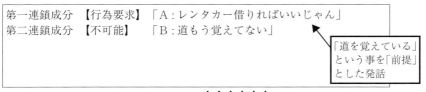

図7-1：本研究における「前提」の概念ではないもの（寺村1992：「行為が成り立つ条件」）

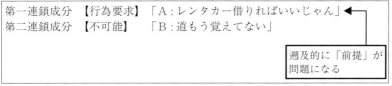

図7-2：本研究における「前提」の概念

238

時点で前提を含んでいたという分析はしない。

　本章に引き付けて言えば、ある行為や要求が「不可能」であることを第二連鎖成分として述べる際に、第一連鎖成分における「前提」が相互行為上の問題となり、その全体に対して不可能を示すことが記憶の心的述語によって可能であることが、分析・記述で明らかになった。言い換えれば、第二連鎖成分を産出する場面においてはじめて、「できるはずだ(った)」という前提が参与者間でレリヴァントになるといえる。では、記憶の心的述語は能力とどのようなかかわりを持つのか。次節で分析・記述を行う。

2.　状況的不能・部分的可能を示す

　本節では、ある行為を行うことが求められた際に、その行為の「不可能」を訴える際に用いられる記憶の心的述語を観察する。

　本節で見る用法は Ryle(1949=1987)のいう「2. 状況による不可能」を表すものである。これらは、基本的に第二連鎖成分で非選好応答として用いられ、形式としては「覚えていない」や「忘れた」など、いわゆる「忘却」に関わるものであり、相手が求める行為が「状況的に出来ない」時に用いられる。例えば、次のような断片例を挙げることができる。

発話例10.　CallFriend japn6228 [日本のフリーダイヤル忘れた.]

```
013  L:　フリーダイヤルぅ.=0123かぁ.                          【確認要求】
014      (0.6)
015  R:→↑う↑う↑:↑:↑:↑ん>日本のフリーダイヤル忘れた.<=      【不可能】
```

　一般的にあることを出来ないと述べることは、相手の第一連鎖成分に対しては非協調的なふるまいであることも事実である。しかし、このような記憶の心的述語を用いた「状況的不可能」を示す方法は、相手が行う行為要求とその前提が「あながち間違っていない」ことを言うことで、協調的な振る舞いであると言える。共通連鎖は以下のようになる。

第7章　不可能を示す記憶のことば　　239

連鎖例14.　行為要求に対して状況的不能を示す使われ方
　01　A：行為要求（評価要求）　　「風磨も薄い?顔.」　　　FPP
　02　B：不能（評価不能）　　　　「忘れた」　　　　　　　　FPP-Ins
　03　A：軌道修正　　　　　　　（携帯電話で顔写真を見せる）SPP-Ins
　04　B：要求した行為への復帰　「薄い」　　　　　　　　　SPP

　さらに、本節では、状況的に不可能というのではなく、「部分的に可能」
であることを示す使われ方も分析・記述する。西阪（1998：214）によれば、
記憶は「ある種の知識」であるという。この連鎖例では、記憶の心的述語は、
ある時点/ある程度までは知っており、それ以降は知らないということで、
部分的な可能を示す発話に使われていた。状況的な不可能を述べるものが「忘
れた」など忘却系を用いるのに対し、部分的可能の場合は「覚えている」な
どの記憶の心的述語を用いる。発話例を見てみよう。

発話例11.　CallFriend japn6228 ［大統領が調印したってのは覚えてるけど，
**　　　　　　そのあとどうなったかがまだわかんないんだよ］**

007	L:	あぁもう70なったぁ?そっちもぉ.	【情報要求】
008		(1.2)	
009	Kon:	いやぁ70うまだぁ::uまだわかんないんだよ.おれs-	｛非選好応答｝
010	Kon:	<ニュース見てるんだけどぉ,>	【状況説明】
011	L:	うぅ:[:ん.	【理解】
012	Kon:→	[65はぁ,　55が撤廃された-大統領が調印した	
013	Kon:→	っていうのは[覚えてるけど,	【状況説明】

　また、連鎖例としては以下のようになる。この際、01行目で行われる相
手の情報要求は、相手が答えることが・で・き・るという能力を前提としていたこ
とが、02行目のBによって理解されている。そして、この項目についてあ
る程度までは知っていると答えることは、第一連鎖成分の「前提」が・あ・な・が
ち間違いでなかったことを示すことにもなる、ということを、本節で例証し
ていきたい。次項でデータを記述・観察しよう。

連鎖例 15.　部分的な可能を示す使われ方
01　A：情報要求　　　　　　「時速 70 マイル制限になった？」　　　　　FPP
02　B：回答不可能で開始　　「まだ分からない.」　　　　　　　　　　　SPP
　　　部分的可能　　　　　　「大統領が調印したってのは覚えてるけど,…」 FPP-Post

状況的不能を示す記憶の心的述語の分析・記述

　記憶の心的述語が「状況的な不可能」を示すのは、例えば次のような断片である。断片の参与者である 2 人はこれまで、ネネが「薄い顔」が異性として好みなのに対し、ユカが「濃い顔」が好みであることに度々言及している。002 行目で「風磨も」とネネが尋ねていることからそれがわかるだろう。ただし、ネネはいまだにどのような顔をユカが「濃い」と呼ぶのか、その基準がわからないままでいる。002 行目は、それを確かめるような【評価要求】の質問である。

断片 32.　YKNE03［風磨も薄い?顔.　→　顔忘れた.］　【評価の不可能】

((ネネがユカをお酒が強いとからかい、ユカは否定して、話題が収束する。))		
000	ネネ：	<よく言いますわ.>
001		(4.5)　((スマホの画面を見ている))　　　　　　00h:17m:52s
002	ネネ：	風磨4) も薄い?顔.　　　　　　　【評価要求 (好みを訊く)】
003		(0.7)
004	ユカ：→	顔忘れた.　　　　　　　　　　　　　　　　　【不可能】
005		(0.7)
006	ネネ：	.hhhhhh!　((携帯の画面を突き出す))　　【基準の提示】
007		(0.4)
008	ユカ：	薄い! [heheheh .hhh hehhh!　.hhh¥薄い.¥　【評価】
009	ネネ：	[う↑す↑い↑の↑ぉ?!
010		(2.7)
011	ネネ：	うぅ:::ん薄いかなぁ.ehehahahaha
012	ユカ：	薄いよぉ.
013		(.)
014	ユカ：	濃いっていうのはぁ, (0.4)加藤雅也とか.

　ターゲットラインは 004 行目である。

第 7 章　不可能を示す記憶のことば　241

　特筆すべきは、002 行目でネネが評価要求を行う「風磨」というミニマルな指示表現によって、「風磨」という指示を、いわば「言えばわかるもの（recognitional：認識可能子：Sacks & Schegloff, 1979）」として扱っていることである。例えば苗字を含めた「菊池風磨」という言い方や、「X に出ていた～」「ジャニーズの」という指示も考えられるからだ（4 章 3 節も参照）。

　それに対する 004 行目は、風磨の「顔」を「忘れた」というものである。ここで 004 行目で行っているのは、評価を行うための情報が欠けている、という【不可能】を他の参与者に表示することである。そしてそれは、状況的不可能に指向している。というのも、ここでのユカの発話は、「自らの好みを評価するということは可能であるが、その評価を行う対象がいない」ということを述べているようにネネによって理解されていることが例証可能であるからだ。

　ユカの 004 行目が「状況的な不可能」を表しているという証拠は、006 行目でネネが携帯電話の画面（「風磨」の顔写真）をユカに向かって突き出している（図 7-3）ことに依る。この動作は、ネネはユカに「顔」さえ見せれば、【評価】のやり直しが可能であるというように、004 行目を受け取っていることを証拠づける。

　また、006 行目でネネは、携帯電話を突き出す直前に息を大きく吸う。これは【驚き】を示しているように聞こえる。「もともと予測したものと違う際に人は驚きを表す」と考えれば、ネネ自らユカを「風磨の顔を評価できる人」として扱った前提に遡及的に指向していると言えるだろう。

　さらに、ここで重要なのは、「忘れた」という心的述語が「知っていた」ことを下地にする（過去に「知って」いなければ「忘れた」ということはできない）ことである。その意味で、ユカはネネの、第一連鎖成分の

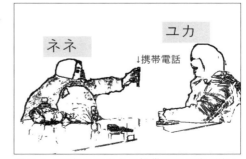

図 7-3：006 行目のネネの携帯画面の突き出し

【行為要求】を行うことが妥当であったことも示している。つまり、「あなたの行為要求は私が過去に知っていたという意味で妥当である、しかし今は状況的に出来ない」と、相手の第一連鎖成分に対して、不可能を示しながらも協調的にふるまっているという記述が可能である。

このように、第一連鎖成分の行為要求に対して、【不可能】を述べることは、一方で第二連鎖成分の産出が不可能であることを示しながら、一方で第一連鎖成分の前提が妥当であったことを示している。次の断片では、他の参与者が「フリーダイヤル」を発信する際の冒頭の番号を述べられる人としての前提が、遡及的に明らかになっている。

断片 33.　CallFriend japn6228［日本のフリーダイヤル忘れた］

```
((音声認識があまり発達していないことが話されており、それを発達させようと
する会社を見たことをタツが話す。))
000  ジン：  .hh で俺ぇ:::俺なんかぁ:::(      )にいるときも
001          ツキバぁ:::からなんかさぁ，((ツキバはジンの出身地))
002          (0.5)
003  ジン：  ¥(社内)メールがまわってきてさぁ,¥
004          (0.3)
005  タツ：  [uhun
006  ジン：  [やってくれとか言われたんだけどそんときは
007  ジン：  なんかさぁ，((音声認識に関する調査に協力してくれ,の意味))
008  タツ：  uhu[n?
009  ジン：     [日本の何だっけぇ::.
010          (0.4)
011  ジン：  あのぉ:::(0.4)0990じゃなくてなんだっけなぁ::.
012          (.)
013  ジン：  フリーダイヤルぅ。=0123かぁ.            【確認要求】
014          (0.6)
015  タツ：→↑う↑う↑:↑:↑:↑ん>日本のフリーダイヤル忘れた.<=   【不可能】
016          =ゼロいちぃ,(0.9)ゼロいちに:まる
017          >¥じゃなかったっけぇ.¥<                【候補提示】
018          (0.4)
019  ジン：  あぁ0120かぁ.ううん.
020  タツ：  うんふん.
```

|021　ジン：　でぇ::::それをこっち（（アメリカ））からかけらんないじゃん．|

　ターゲットラインは 015 行目である。

　ジンの 013 行目の発話は、011 行目の番号「0990」が「フリーダイヤル」であったことを遡及的に確定し、009 行目以降のサイドアクティビティー（林, 2003）において、ジンにとって何が問題になっているのかを明らかにする。その後、さら続けて 013 行目「0123 かぁ.」で、番号をタツに【確認要求】している。ゆえに 014 行目で「そうだ」とか「違う」などと【確認を与える】ことが、タツには求められている。

　しかし、タツが 014 行目、015 行目で行っているのは、非選好応答を予示するような沈黙（014 行目）と、その要求にこたえられない、という【不可能】を示すこと（015 行目）である。しかし、本断片では、さらに続けて 016–017 行目で【候補を提示】する。このことから、タツは【不可能】から、【候補提示】へと、014 行目のタツの要求に近づくように（＝協調するように）発話を連接させている。それは【不可能】であるという事が、ジンの【確認要求】に対して非協調的であることをジン自身が指向していることの証拠になっている。

　また、015 行目は「↑う↑う↑:↑:↑:↑ん」と非選好応答を予示する形式で始まっている。これは、タツが「日本のフリーダイヤル忘れた」と発話した時点においても、タツ自身がその発話を非選好的な応答だと扱っていたことの証拠になる。

　もし記憶が私秘的なものであれば、「日本のフリーダイヤル」を忘れても、それは他者によって確認したり提示したりできることではないのだから、協調することがそもそも出来ないはずである。しかし、ここではそうなっていない。直前の断片でも述べたように、「忘れる」ためには「知っていた」ことが前提となっているのであり、「忘れた」ということはその意味で相手の前提に妥当だと応じるものである。そして、それに続けて 016 行目でタツが候補を出すことは、さらに相手の前提に応えることができないことを「補償」しようとしていると記述できる。

さて、ここまで見てきたように、「出来ない」ということは、何らかの行為要求に対する第二連鎖成分の位置で発話され、不可能と前提への妥当性を示す用いられ方をしていた。別の連鎖例では、第一連鎖成分が例えば【提案】のような行為要求を行う場合では、状況的不能が相手の提案を却下するものとして用いることができる。

連鎖例16. 提案を却下する使われ方
01　A：提案　「レンタカー借りてっちゃえばいいんじゃない？」　FPP
02　B：却下　「でも私ね道ねもう覚えてないのね？」　　　　　SPP

以下の断片において、ミホとノブの2人が旅行計画の相談をおこなっており、ミホが車をレンタルするかどうかを900行目で聞いている。

断片34.　CallFriend japn4044 ［でもねあたし道ねもう覚えてないのねぇ？］

900	ミホ：	.h! あでもさぁ, .hねぇ車ってレンタルするのぉ？
901		(0.6)
902	ノブ：	[しら-知らない[よ.
903	ミホ：	[どうする？　　[ehuhu! .h[hh でもわたし知らないよ？ .hhh=
904	ミホ：	[なんだいき-
905	ミホ：	=あたし車ぁ,
906		(.)
907	ミホ：	.hhhh があったほうが便利だと思う[しい::,
908	ノブ：	[¥知らないよってお前¥,
909	ノブ：	.hh [shi! [uhuhu
910	ミホ：	[え？ [ehehe!
911		(.)
912	ミホ：	hhhhhh　.hhhh　だって,=
913	ノブ：⇒	=(　　　　)ラガーディアから借りてっちゃえばいいんじゃない？【提案】
914		(0.7)
915	ミホ：	だよねぇ::.　　　　　　　　　　　　　　　　【受け取り】
916		(.)
917	ノブ：	ラガーディア[空港にあるから.　　　　　　　【理由提示?】
918	ミホ：→	[でもねあたし道ねもう覚えてないのねぇ？　【却下】
919		(.)

第7章　不可能を示す記憶のことば　245

```
920  ミホ：   >だから<あたし運転しなかったからなんだけどぉ::::.    【理由説明】
921  ノブ：   うん.
922          (.)
923  ミホ：   うん.
924          (.)
925  ノブ：   でもさぁ,たぶんn地図とかあるだろうし,
926          (0.5)
927  ノブ：   ラガーディア空k−普通空港にあるじゃん¿
```

　ターゲットラインは918行目である。

　900行目で「レンタカーを借りるか」という問題提起がなされる。913行目で解決策が出される。それに対し、ターゲットラインの発話918行目での発話は、運転できない事を示すことで、913行目の【提案】に対していったん受け取った915行目も含め【却下】を行っている。「借りられはするけれども、私は運転できない」と述べているのである[5]。

　920行目で明らかになるのは、過去の経験である。つまり、ラガーディア空港から目的地へ行ったことはあるが、運転したことはないから「覚えていない」と、【却下】の理由を追加説明している。

　ミホが提案をこのやり方で却下できるのは、ノブの提案を『「ミホは道を知っている」という前提』があるものとして聞いたことに起因する。確かに、A地点からB地点まで運転する、という事に対して、「道を覚えている」ということが(誰かが方向を指示したり、地図やナビを使わない場合においては)前提される。すでにラガーディア空港から市内へ車で向かったことがあるとこれまでに述べていたミホを、ノブが能力的にも状況的にも運転できる人として扱っていたと、ミホは918行目直前に聞いたわけである。その前提に沿えないことを表明するのが、ミホの「覚えていない」の使い方であるといえる。

　さらに付け加えるべきは、前断片と同様に、913行目への却下の方法も、相手への協調的なふるまいであると記述できる点である。もちろんミホは「覚えていない」において提案を【却下】してはいる。しかし、「覚えていない」

ためには「一度経験した」ことがなければならない。それを考慮すると、この【却下】の言い方は、『ノブが「運転できる」ことをミホに前提としていたことは、妥当であった』ことをも示すことから、相手に協調的である却下の仕方でもあるといえるのである。

それに対して、925–927 行目は、相手の【却下】の妥当性を突き崩すのに使われている。言い換えれば、「道を覚えていなくても地図がある」ことで、運転できないというミホの却下の有効性を無効化しているのである。これは、「道を覚えていない」というミホの状況的不可能の「状況」部分を無効化しようとしている。

さらに、次の断片のように、特殊な例もある。この断片は、記憶の心的述語が状況的に不可能であることを生かして【候補提示】を行っているものである。しかし、この【候補提示】は、相手が到底受け取ることのできないような【承認されえないダミーの候補提示】である。

この断片で、マユミ(Mym)は、以前、A という男性と付き合っていた。交際中、A が同性愛者だとわかったために、ひどい別れ方をしたという。しかし、マユミは分かれた彼氏 A のことを折りに触れて"思い出して"しまい、体調にも影響が出ているという話がなされる。それに対し、キョウコ(Kyko)は、そのような精神的状態は「自分(マユミ)にとって良くない」という(000–001 行目)。

断片 35. ［比較事例］CallFriend japn1684 ［もう忘れるぅ？］

000	Kyko:	そうなんだよマユミさんそれねよくないよ-(0.4)
001	Kyko:	なんていうのぉ?自分にぃ.
002		(0.4)
003	Mym:	だよねぇキョウコどうしたらいいそれであたしねぇ?
		((10 行省略))
013	Mym:	よくないよねぇ!
014	Kyko:	よくないよやっぱ[り.
015	Mym:	[どうしたらいいのぉ?キョウコぉ.　【助言求め】
016		(0.5)
017	Mym:	明るくかんがえるのぉ?　　　　　　　　　【候補提示】

第7章　不可能を示す記憶のことば　247

```
018           (1.3)
019   Kyko:    hhhhhhhhhhhh
020           (0.5)
021   Kyko:    <#明るく::っていうかぁ,#>              【否定】
022   Mym:→   .hhhhh もう忘れるぅ?                  【候補提示】
023           (0.6)
024   Mym:     huhuhuhu[hu
025   Kyko:⇒          [いや↑忘↑れ↑るのは無理.        【否定】
026   Mym:     .hhhh <無理[だよ.>
027   Kyko:             [絶対.
028           (0.5)
029   Mym:     だって新しい人が出てくるまでぇ?          【助言求め】
030           (0.5)
031   Mym:     [っていう-
032   Kyko:⇒   [>新しい人が出てきてもぉ,< (0.3) >きっと忘れら<   【否定】
033           >れないと思う.<                      【否定】
```

　ターゲットラインは022行目である。

　Kyko は Mym の現在の精神的状況が Mym 自身にとって良くないという
が、それに対して015行目で Mym が「解決策」を要求する。017行目・022
行目は、解決策を要求した Mym 自身が、解決策の候補を提示している。

　特筆すべき点は、022行目の解決策の【候補提示】が、そもそも「忘れら
れないからこういう話になっている」という前提を無視するような、到底【候
補提示】とは取れないようなものである、という事だ。これはつまり、【候
補提示】自体がダミーである。024行目の笑い、026行目で【候補提示】が
受け取られなかったとき「<無理だよ>」と言うところから、提案が真剣な
ものではなかったことが見て取れる。つまりこれは、【候補提示】という形
式にのっとった【先取りされた却下】であり、「状況的に不可能だ」と自ら
述べているのである。

　また、この断片では、025、032行目にも「状況的不可能」を示す発話が
用いられている。しかし、これらは022行目の第一連鎖成分がすでに「もう
忘れるぅ?」という記憶の心的述語をもちいた【提案】である。その第一成

分を否定するために、025 行目「忘れるのは無理」、さらに 032 行目「新しい人が出てきてもきっと忘れられない」と返答するのは、提案を【却下】する方法としては、動詞の選択として同種のものを用いているために、協調的振る舞いである。また、相手の前提（「状況的に不可能であること」）に同意するという意味でも、協調的な振る舞いであると言える。

部分的可能を示す記憶の心的述語の記述・分析

前項では、記憶の心的述語が第一連鎖成分に対する非選好応答を構成していたのに対し、本項では、相手の第一連鎖成分に対して【部分的に可能】であることを述べる第二連鎖成分に用いられる記憶の心的述語を記述・分析する。連鎖例は以下のようなものである。

連鎖例 15 ［再掲］　部分的な可能を示す使われ方
　　01　A：情報要求　　　　　「時速 70 マイル制限になった？」　　　　FPP
　　02　B：回答不可能で開始　「まだ分からない.」　　　　　　　　　　　SPP
　　　　　部分的可能　　　　　「大統領が調印したってのは覚えてるけど,…」　FPP-Post

　次の断片を見てみよう。以下の断片では、キタガワが以前、カジノからの帰りにハイウェイを車で時速 80 マイル（時速約 130 キロ）で飛ばしていたときに、車の後ろにパトカーが居たが、その時は検挙されず事なきを得た、という話が直前になされている。001-002 行目で、マチダは通常時ならそれは検挙されるはずだ（＝許してくれない）、と笑いながら述べる。

断片 36.　CallFriend japn6228 ［大統領が調印したってのは覚えてるけど,そのあとどうなったかがまだわかんないんだよ］

001	マチ：	¥普通はねぇ::::80 許(h)し(h)て(h)く(h)れ	00h:25m:15s
002	マチ：	な(h)い(h)よ.¥　((80 miles/h))	【意見提示】
003	キタ：	>まぁそうだ[ろうな-<	【同意】
004	マチ：	[だってぇ,前はぁ:::55 ぉ,(0.4)	
005	マチ：	制限の時[でしょお.　((時速 55 マイル制限時のこと))	【理由説明】
006	キタ：	[うう:::::ん.	【同意】

第 7 章　不可能を示す記憶のことば　249

007	キタ：	あぁもう 70 なったぁ?そっちもぉ.[6]	【情報要求】
008		(1.2)	
009	マチ：	いやぁ 70 うまだぁ::u まだわかんないんだよ.=おれ s-	{非選好応答}
010	マチ：	<ニュース見てるんだけどぉ,>	【状況説明】
011	キタ：	うぅ:[:ん.	【理解】
012	マチ:→	[65 はぁ,　55 が撤廃された-大統領が調印した	
013	マチ:→	っていうのは[覚えてるけど,	【状況説明】
014	キタ：	[そうそぉう.	
015	マチ：	そのあとどうなったかがまだわかんないん[だよ.	【状況説明】
016	キタ：	[何かねぇ::	【状況説明】
017	キタ：	::,[場所によってぇ:::	
018	マチ：	[州ごとにできるっていう[話-	【状況説明】
019	キタ：	[う:::ん.所によって	
020	キタ：	なんか違うみたいなんだけど.=テキサス	
021	キタ：	なんかもなんかまちまちみたいでさぁ,	【状況説明】

　007 行目のキタガワの質問は、「あぁ」から始まり、別の類似する話題が開始されたことを投射する。また、この情報要求は、マチダが答えることができるということを期待して発話されている。

　しかし、009 行目の発話の始め方(「いやぁ」)は、それが非選好応答であることを表示する。マチダは「まだわかんないんだよ」とまずは答え、さらに「ニュース見ている」とその問題に目を光らせていることを述べる。そして「大統領が調印したこと」を「覚えてる」と述べ、さらに「どうなったかまだわかんない」と、009 行目をやり直すデザインで発話を終えている。

　「大統領の調印を覚えている」と発話する際、ここでマチダは当該の事態のある段階まで話すことができる、という部分的な可能を述べている。つまり、「70 なったぁ?」という質問に対して答えられない際に、単に答えられないのではなくて、過去のある時点(＝大統領の調印)までは答えられるということを述べているのである。これは相手の質問に対して答えられないことが非協調的であることに自覚的でありながら、しかしある程度までは協調的な行為を行うことができる、ということを示すものである。

　次の断片では、011-012 行目で「俺の予想だとちょっときちっと覚えてな

いけど」というように、第二連鎖成分の前置きでその第二連鎖成分の属性を決めるような発話を行っている。この断片では、「ある程度までは答えられることが出来る」という意味で、第一連鎖成分の【情報要求】に対して協調的な行為であることを示している。この断片では、カズが日本に一時帰国した際に、共通の知人である「ケイコさん」に会ったことが話されている。その後、この「ケイコさん」のこれからの動向について噂が話されている（000行目）。

断片37.　CallFriend japn6616［なんでもう-もう引き払ったのぉ?→俺の予想だときちっと覚えてないけど〜感じなのかな?］

000	ニア:	ニューヨークくんだよねぇ.((ケイコが))
001	カズ:	.hhhh いまワ↑シ↑ントンにいんじゃないかなぁ.
002		(0.2)
003	カズ:	2↑月ぐらいまでワシントンにいるような
004		[気がする.
005	ニア:	[なんでワシントンにいるの.ちょ待って待って待って
006		待ってどういうことぉ?　　　　　　　　　【驚き】【情報要求】
007		(0.4)
008	ニア:	.h[hhh なんで[もう-もう引き払ったのぉ? 【005-006のやり直し】
009	カズ:	[.hhhhhhhhh[なんかねぇ,よく知らないけどぉ,【非選好応答開始】
010		(0.7)
011	カズ:→	うぅ::んたぶん俺の予想だとちょっとぉ
012	→	きちっと覚えてないけどぉ,　　　　　　　　【009行目のやり直し】
013	ニア:	うぅ::ん.
014	カズ:	えぇっとぉ::::この12月でもう全部おわってぇ,
015	ニア:	うぅ::ん.
016	カズ:	あとプラクティカルトレーニングみたいな感じで
017		働くのかな?
		((7行省略:ケイコさんの働き方について少し話される))
024	ニア:	あぁそうなんだぁ.=[でぇ-(0.4)でぇ:::,
025	カズ:	[うぅ::::ん.
026		(1.3)
027	ニア:	どうすんだっけ.ニューヨークのアートの大-大学行くのぉ?
028	カズ:⇒	んのぉ:::俺も¥忘れた(h)ぁ.ニューイヤーアプリケーション
029	⇒	今から書くぐらいじゃないのぉ?
030		(0.3)

第 7 章 不可能を示す記憶のことば 251

```
031  カズ:    .hhh[来年の::1月ぐらい入学の>アプリケーション
032  ニア:        [°はぁ::ははぁ_°
```

005-006 行目で、ニアはケイコの動向が予想外であることを言い、008 行目でカズに「もう引き払った」のかを尋ねることで、カズに詳細なケイコの動向を知らせることを要求する。

011-012 行目でのカズの答えは、ニアの 008 行目の質問が「答えられるだ・・・・・ろう」という能力の前提を持つのに抵抗して、011-012 行目は答えを、「前提に反して用意できない」ことを意味している。011 行目は、009 行目のオーバーラップの処理を行うと同時に、これから答えることの性質を決定するような前置きを行っているように聞こえる。カズは 011-012 行目で、これから話すことが「きちっと覚えていない」＝「曖昧な」内容であることを予示しているわけである。

028-029 行目も似ている。027 行目でニアは「アートの大学に行く」かを尋ねるが、カズは「俺も忘れた」と再現できない内容であることを第二連鎖成分として産出し、続けて「じゃないのお？」と予測を述べるような発話デザインで発話を終えている。

ここで注目してほしいのは、005 行目から、および 027 行目でのニアの質問のデザインの変化である。

[断片 37 の一部再掲]

```
005  ニア:   [なんでワシントンにいるの.ちょ待って待って待って
006          待ってどういうことぉ?
007          (0.4)
008  ニア:   .h[hhh なんで[もう-もう引き払ったのぉ?
((中略))
027  ニア:   どうすんだっけ.ニューヨークのアートの大-大学行くのぉ?
```

ニアの質問は、005 行目からは「どういうこと」→「なんで」→「もう引き払ったの？」というように、WH 質問から Yes/No 質問へと変化している。027 行目も同様に、「どうすんだっけ」→「～大学行くのぉ？」となっている。

これは、ニアがカズに全ての情報を教えてもらおうというより、カズに自分の知識の確認を求めることを指向していることを意味する。それに対応する形でカズは、確認が不可能なものとしてふるまっている。その意味で、ニアが前提とした行為要求を果たすことができないこと、しかし「曖昧」であったり「予測」であったりでよければ述べられること、という部分的な可能を表す協調的な行為であることがわかる。

さらに、次の断片では「印象に残っている」ことを連鎖の第二成分として述べることで、それ以上の情報を持っていないことを相手に表示している。

この断片では、一時帰国していたタキが、共通の知り合いについての噂話を日本で仕入れ、アメリカに帰ってきている。タキは「マツモトさん」という人を覚えているかとユメに尋ねる。覚えているというユメに対し、タキはユメに一緒にマツモトの家に行ったことがあるか尋ね、ユメは「記憶にない」と否定する。タキはその人と知り合ったいきさつを話始める。

断片38. CallFriend japn6763 [ほんとにキレる人でぇ→あぁほんと→うん →っていうのは覚えてるけど]

000	タキ：	はぁ::::そ-(0.4)その人今ねぇ. 【語り】
001	ユメ：	うん.
002	タキ：	<u><神戸市役所にぃ,></u>
003	ユメ：	うん.
004		(0.7)
005	タキ：	うっ!(0.6)じゃないわ兵庫県庁か.
006	ユメ：	うんうん.
007	タキ：	につとめてる.
008		(0.6)
009	ユメ：	あっ!そうなんだぁ.
010	タキ：	うぅ:::[ん.
011	ユメ：	[あっ!前も富山県庁かどっかじゃなかった?
012	タキ：	そぉうそうそうそう[そう.
((中略:現在タキが「マツモトさん」とやり取りしていることが語られる))		
043	タキ：	[助けてあげた-た-ちょっとぉあい-仲介して助け
044	タキ：	てあげることがあったりしてぇ,
045	ユメ：	うんうん.

第7章　不可能を示す記憶のことば　253

046	タキ：	で[連絡とってるよ.	【語り終了】
047	ユメ：	[へぇ:::.	
048	ユメ：	あっ!そうなん[だぁ:::おもしろぉ:::い.=	【評価】
049	タキ：	[うぅ:::ん.	
050	ユメ：→	=.hhh¥ものすごいキレる人でぇ::::_¥	【情報提供】
051	タキ：	あhぁhほhんh[hとhぉ.	【評価】
052	ユメ：	[うんうぅ:::ん_	
053		(.)	
054	ユメ：→	っていうのは覚えてるけどぉ,.hhh	【情報提供】
055		[あ　で　も　懐　か　]しい.	【評価】
056	タキ：	[キhレhるh人hなhぁhん?]	
057	タキ：	はぁ:::.	
058	ユメ：	うぅ:::::ん.	
059		(0.3)	
060	タキ：	.hhhh あたしぃ,もう-そのぉ消息はそれぇだけぇ	
061		かなぁ:::知ってるのぉ.	

　ターゲットラインは050–054行目である。046行目でタキがマツモトという知人と連絡を取るようになったきっかけについての話が終わり、048行目できっかけに対する肯定的な評価が行われる。

　その連鎖が終わった直後、ユメはマツモトの人格にかかわる情報を提供する(050行目)。しかし、050行目は単に客観的な事実を話している、ということ以上のことをしているだろう。というのも、この位置は018行目以降に起こなわれているやり取りによって、マツモトをより知っているタキと、そうではないユメという知識差が明らかになっている位置であるからだ。

　そもそも、ある人の噂話をする際には、参与者が話題の対象となる人物を「噂話ができる程度は」知っていることが求められる。その意味で、タキにとって遊びに行ったか"記憶のない"ユメは、マツモトに関わる話をタキ程度に楽しめないものとして会話に参与することになる。また、そもそも032行目から046行目で「なぜその人と連絡を取っているのか」という説明を話始めること自体が、ユメに対する¦知っている人－あまり知らない人¦という参与の差の解消を指向しているように見えるだろう。

その位置で 050 行目を述べることは、この参与の差を指向していると記述できる。この断片において、050 行目-054 行目のターゲットラインは、タキがマツモトと連絡を取っている、という一連の語りに対して、ユメが反応した（048 行目）直後にラッチングによって付け加えられている、最小の後方拡張 non-minimal post-expansion である。ここでマツモトを「キレる人だと覚えている」と述べることは、その人に①会ったことがあること、はもちろんのこと②そのような印象を語れるまでのインタラクションを行ったこと、を含意する。雑駁な言い方をすれば、ユメはここで「私もマツモトのことは知っている」ことを示しているのである。

また、054 行目の「っていうのは覚えてるけどぉ，」というターゲットラインの心的述語の発話は挿入連鎖の後に用いられており、その 050 行目の発話末の「で」で予示された発話を終わらせている。タキの 051 行目の「驚き」を受けてユメは、「っていうのは」で、言語形式的に発話を 050 行目と連結することで、050 行目の発話の性質を遡及的に変更する手続きをここで取っている。そしてその挿入連鎖の第 1 連鎖成分に当たる 051 行目は「キレる人」という性格をタキが今までに感知しなかった、驚くべきものであるように聞こえるやり方で話されている[7]。

[断片 38 の一部再掲]

050	ユメ：	=.hhh¥ものすごいキレる人でぇ::::_¥	MPE	【評価】
051	タキ：	あんぁんほんんh[hとんぉ.	FPP-Ins	【驚き】
052	ユメ：	[うんうぅ:::ん_	SPP-Ins	【受け取り】
053		(.)		
054	ユメ：	っていうのは覚えてるけどぉ, .hhh	MPE	【付け足し】
055		[あ　で　も　懐　か　]しい.		
056	タキ：	[キんンるん人hなんぁぁん?]		

050-054 行目に渡って二つに分けられた一つの発話は、050 行目の「ものすごいキレる人で」というのがユメの評価を表しているのに対し、054 行目はそれを自らの経験に落とし込んで、限定的な印象として語っている、というように理解できる。対比の係り助詞「は」がその理解をサポートしている。

第7章　不可能を示す記憶のことば　255

ユメはここでタキの驚きを汲んだ形で「私の限定的な印象ではこうだった」といういわば部分的な評価が可能であることを行っているのである。取り立ての係り助詞「は」もこの行為に効果的に用いられている。

　055 行目でユメが「でも」と発話をラッチングさせ、「懐かしい」と評価をするのは、この印象の相違を解消し、元の活動に戻すためであると考えられる。そもそもこれは共通の知人の噂話という活動なのであって、マツモトの印象を決定づけようとする活動ではないからだ。

　さて、この一連の行為を整理しよう。すでに述べたように、050–054 行目のターゲットラインは、ユメのマツモトに関わる話への反応である 048 行目に付け加える形で始まっている。このことを鑑みると、ターゲットラインは、部分的な評価は可能であると示すことで、相手が当初前提としていた「マツモトを知っていること」が、あながち間違っていなかったことを示すことになる。これは、参与者間の差を解消する協調的なふるまいとして用いられている。

状況的不能・部分的可能を示す記憶の心的述語の考察

　本節では、忘却の心的述語が「状況的不可能」を、また、「記憶があること」を述べることが「部分的可能」を表す使われ方を見てきた。

　本節で明らかになったのは、「忘れた」という際に、それは単に不可能を意味しない、ということである。例えば断片 32 で見たように、アイドルの顔を評価する際に「顔忘れた」ということは、「顔が明瞭であれば評価できる」と受け取られている。実際にそのあと、顔写真を見せるという活動が行われていた。つまり、ここで「顔忘れた」という事は「評価できない」という際の「能力」の不能を表しているわけではなく（顔写真があれば判断できるわけだから、評価はできる能力はあるわけである）、評価の対象の不在による状況的不能を表しているのである。

　このことから、「忘れた」と述べることは、「思い出す」なる行為ができない、という事を表しているわけではない、という事が言えるだろう。認知主義的記憶観においては、『「忘れた」から「顔の痕跡を思い出せない」、だか

ら「評価ができない」』という2つの因果関係の連続が前提となってしまう。しかし、実際に行われていることは「顔を評価ができない」という一つの出来事であり、その出来事の種類が状況的(評価対象が不明瞭だから)という種類のものであることを言っているにすぎないのである。

　また、提案に関わる断片、例えば断片34は、提案に対し、「対処可能な範囲として前提されたこと」をも却下するものである。つまり、他の参与者が「この程度なら提案できるだろう」というような尺度を前提に提案していると遡及的に見なし、それに状況的に沿うことができないかを示すのが、この「提案の却下」としての心的述語の使われ方である。

　また同時に、記憶の心的述語の使用は、確かに相手の前提に応えられないことを述べることではあるけれども、相手の前提が決して間違ってはいないことを述べることもできる協調的な振る舞いでもある。そもそも提案を却下する行為に、記憶の心的述語の使用が適切なのは、「覚えていない」「忘れる」ための前提項目を「経験する」「知る」ことが必要だからである。運転するためには道を地図上で、あるいは一度経験して知っていなければならず、ここで「覚えていない」と言うことは、「確かに私は経験した」という事を述べることを土台にした上に重ねて、今はそれが状況的にできないということを述べることになる。言い換えれば、「わたしには今それができない」が「あなたの前提は間違っていない」という事を述べているのであり、相手の前提を許容するという意味で協調的行為でもある。

　また、部分的な可能を述べる記憶の心的述語も、同様のふるまいをしていた。次の特徴をあげることができる。

　まず記憶の心的述語「覚えてる」は、対比の「は」や接続詞「けど」とともに「Xは覚えてるけど」という形で用いられ、出来る部分を主張すること、部分的に可能であることに用いられている。

　次に、ここで部分的にでも第二連鎖成分を産出することが必要なのは、他の参与者の前提に応えるためであるということも、特徴だと言える。第一連鎖成分は、単に連鎖を要求するわけではなく、特定の行為を選好・要求している。ここで発話者が行っているのは、この第一連鎖成分の前提を遡及的に

第7章　不可能を示す記憶のことば　257

問題にし、部分的に可能であることを示して、"できるだけ答えようとする"ことであり、それゆえ同時に、その前提が"あながち間違っていなかった"ことも表示することである。そのために、記憶の心的述語の使用は、会話で他の参与者の前提に反する発話を行いながらも、しかし、会話に協調的に関わることをも行う資源となっているのである。

このような不可能を表す行為は、6章と同様に、非協調的な行為であるように一見見えるが、しかし記憶の心的述語の使用によって、その非協調性を目立たなくするような協調的行為であるのだ。

3.　規範的可能を指摘する

次に、本節では、発話者が他の参与者の不可能に対して【指摘】している事例を分析する。前節が自らの不可能を述べるのに対し、本節では、発話者が他の参与者の状況的な不可能に【指摘】を行う際に用いられるものである。そのため、これはたいていの場合、第一連鎖成分となる。連鎖例は以下のようになる。

連鎖例17.　相手を指摘する使われ方
```
01　B：語り　「思い出せなかった」
02　B：指摘　「X ぐらいは覚えてたでしょ」　FPP-Ins
03　A：弁解　「だって（理由）」　　　　　　　SPP-Ins
```

これらの発話は、2節での「状況的不可能」など、非選好の応答が行われた後に起こる後方拡張の第一連鎖成分で、他の参与者の不可能を表す発話に対して本来はできるはずだという潜在的、規範的な可能を【指摘】する行為である。記憶概念と規範性の関係については2章で述べたために、そちらを参照されたい。

また、【指摘】という行為は一般的に非協調的な行為であると言えるが、本章ではこの指摘を協調的な行為と捉えることもできることを例証したい。次でデータを分析・記述しよう。

規範的可能を指摘する記憶の心的述語の分析・記述

リサとキミは同じ地域の出身である。リサの母がその地域に現在一人で住んでいるため、キミは日本に一時帰国した際に、リサの母に「わざわざ」会いに行った。しかし、久しぶりだったためにリサの実家に着くまでにキミは様々な苦労をしたことが語られている。

断片39.　CallFriend japn6805［私の名前ぐらい覚えてたでしょ］

```
022  キミ：          [で:::,[.h も:::せっかく:傍まで行ったのに::,
023  リサ：      [°あぁ:::ん°.
024  キミ：      [あなたのお母さんに会わないのはもったいないとお[もって:,
025  リサ：                                              [わざわざ
026          会いに行ってくれたんだって↑え:↑:↑:?
027  キミ：    会いに行ったのよ::[:.
028  リサ：               [<すごいわねうちの母親><<感激して
029          [たわよ:::!>>uhu↑hu↑↑hu.
030  キミ：    [iyahaha      huh
031  キミ：    いやすっごくお母さん冷静¥でね:::,¥
((中略220行：キミがリサの母に会いに行った際のことが語りの形式で始められ、起
こったことなどが語られる。家がわからなかったために、知人の教頭先生をやっ
ている人に助けてもらった。))
262  キミ：    [で彼女((教頭先生))があのぉ,.hhhhh「あの:::FFFFさんの
263          お家は:,」とか言って探してくれてぇ,
264  リサ：    [うぅん!
265  キミ：    [¥あたし一人だ¥った(h)ら:も:(h)う(h)わ(h)か(h)ん(h)な(h)
266          か(h)った(h)か(h)ら(h)ね.[.hh似たようなお家が.hh
267  リサ：                        [あh:::.
268  キミ：    いやあ[の:::とか言って.h[h(.)う::ん.=そうそしてほら:,
269  リサ：        [いや:::.        [うん.
270  キミ：⇒  お母さん:::nnのo-お父さんの名前も思い出せな[かったし:,【不可能】
271  リサ：→                                        [.s yeah:::,
272  リサ：→  [私の名前ぐらい覚(h)え(h)て(h)[た(h)で(h)しょ?ho      【指摘】
273  キミ：  [あの-               [フル-¥そうフル¥ネ(h)ー(h)
274          ム huhu¥[そりゃ:わかるわよ¥.[huhu.hee hh
275  リサ：        [.h hehaha      [私の名前で言えば[わかるじゃん.
276  キミ：                                        [そうしたら
```

第 7 章　不可能を示す記憶のことば　259

```
277                ね::,う[ん_いやそれで.hあの::-そうそうそれで.hあの::,
278  リサ:           [ °うん°
279  キミ:   「お嬢さんがいまあのアメリカに行ってる:,.hFFFF::.h さん
280         っていうお宅なんですけど::」とか言って:,
```

　　ターゲットラインの発話は 272 行目である。

　　キミは 251 行目以前から、リサの家に訪れた際の困難さに関する語りを行っている。268–270 行目で、両親の名前が再現できなかった(状況的不可能)ので、迷ってしまったことを追加して、困難さの説明として示す。しかし、その困難さを、リサは 272 行目で「私の名前」を持ち出すことができた・・・はずだとして、相手の規範的可能を【指摘】している。連鎖の見取り図は以下のようになる。

268 行目キミ:困難さについての語り
269 行目リサ:理解.
270 行目キミ:新しい困難さの提示「思い出せなかったし」
272 行目リサ:困難さが妥当ではないという【指摘】

　　一方、キミは 277 行目でそのことには触れず、語りを先に進めている。それは、272 行目、275 行目のリサの発話が、キミにとって都合の悪いものだったこと(当地では思いつかなかったこと)として理解されうる。

　　ただし、この【指摘】が笑いを含んだものであることも忘れてはならない。指摘は相手に非同調的な行為として聞かれうるために、そのように聞かれないような発話デザインをリサが指向しているといえる。

　　また、次の断片 40 を見てみよう。この断片では、相手の直前の発話時のスタンスを指摘している。

　　この断片では、電話会話が終わろうとしている。ミネギシはヤマダの先輩で、今度ヤマダの家に 4 日ほど泊めてもらおうとしている。その段取りが、電話を切る前に組まれている。ミネギシはこの会話が始まってから 4 分あたりの地点で、22 日金曜日の夜にヤマダ宅に到着すると言っている。「妻」は

ヤマダの妻で、20日に来ると聞いていたようである。

断片 40. CallFriend japn6221 ［いうた覚えないんですかぁ？］

605	ミネ：	近くまで行ったら電話 [するかと． （（ヤマダ宅の近く、の意））
606	ヤマ：	［あぁ::::::::はぁはぁはぁ．
607	ミネ：	はい． [思うんですけども．
608	ヤマ：	［わかりました．
609	ヤマ：	はい．
610	ミネ：	<u>多分もう</u>,
611		（.）
612	ミネ：	あのぉ::::::[:,
613	ヤマ：	［別にもう町に着いてからでも-°あっ,° 00h:23m:48s
614	ヤマ：	[°それはまずいか.° （（電話口ではなく妻に向けて））
615	ミネ：	［えぇ？
616	ヤマ：	°な-何日につかはんやったっけ?° （（妻に向けて））
617	妻：	°°はつかに着く [（ やろ）°° （（ヤマダに向けて））
618	ヤマ：	［°はつかに着く?違う違う違う.° （（妻に向けて））
619		（.）
620	ヤマ：	金曜ぐらいに着くかも>しれんっていってたんでしたねぇ.< 【確認要求】
621		（.）
622	ミネ：	>だいたい<金::::::::曜か遅 h くても土曜日::. 【確認】
623		（.）
624	ヤマ：	前はつかって言うてたんちゃうんですかぁ. 【情報要求/指摘】
625		（1.2）
626	ヤマ：	hhh お-遅れてるんですか. 【情報要求/指摘】
627		（.）
628	ヤマ：	[°予定が.° 【情報要求】
629	ミネ：	［えぇっとねぇ,
630		（0.4）
631	ミネ：	いやぁ,（0.5）¥<は h つ h かって>言ったっけぇ.¥ 【指摘】
632	ヤマ:→	¥ゆうた覚えないんですかぁ?¥hh 【指摘】
633		（.）
634	ヤマ：	.h[°ゆうた覚え（ないって）° （（妻に向かって））
635	ミネ：	［>いやいや< <<u>はつかぐらい</u>>って. .hh
636		（0.6）
637	ヤマ：	<u>はつか</u>ぐらいっていう [てたんですかぁ?=あぁ::::.

第 7 章　不可能を示す記憶のことば　　261

638	ミネ:	[¥う:::ん.¥
639	ミネ:	>だから<誤差が::,プラスマイ::(.)ナス,プラマイ:::,(.)三ぐ
640		らい.

　ターゲットラインは 632 行目であり、「自分が言ったことは覚えているは
ずだ」という規範的可能性を指摘している。

　ターゲットラインの発話の前方は、以下のような状況であると記述できる
だろう。

　まず、ここで問題になっているのは、ミネギシがヤマダ宅を訪問する日付
である。616 行目に対して 617 行目でヤマダが応答していることから、ミネ
ギシにとっては“電話の向こうで”やり取りが行われている、という 3 人の
参与者の会話になっている。

　624 行目でのヤマダの発話は、相手からの Yes 応答を強く要求しているよ
うに聞かれうる。というのも、「言ってたんちゃうんですか(≒言っていたん
じゃないんですか)」は、例えば「言ってましたか?」と比較すると、言語
形式として答えに「Yes」を強く要求・期待する Yes-No 形式の質問である
からだ。

　この前に、妻がミネギシが来るのは 20 日だったはずだ、ということを主
張している。それを考えれば、いわばヤマダが妻に加担する形で「20 日に
来るはずだったのに来ない」というミネギシの予定の曖昧さを【非難】して
いるように聞かれうるだろう。それを証拠に、626 行目で 20 日ではないこ
とに対して、「遅れてる」という表現を用いる。一般的に「遅れる」という
言葉は、予定について話しているときには“悪い”こととして受け取られる
だろう。

　それに対し、631 行目は、624 行目からのヤマダの発話の前提(「20 日って
言った」こと)を問う挿入連鎖の第一連鎖成分になっている。それは同時に、
「遅れている」という【非難】が不当である、ということの主張になってい
る。つまり、「遅れている」のではなくて、そもそもそんなことは言ってい
ない、と言っているのである。

その次の位置で発話されるターゲットライン 632 行目の「ゆうた覚えない
んですか(≒言った覚えがないんですか)」は、単に「言った覚えがあるかど
うか」という相手の記憶の在・不在を問うているわけではないだろう。

この発話で前提になっているのは、「ミネギシが 20 日に来ることを言った」
というヤマダないし妻の過去の経験である。631 行目が「そもそも言ったか
どうか」の再確認を求めているのに対し、632 行目は「言ったことを再現で
きないのか」という規範に反する不可能を【指摘】しているように聞かれる
のである。

624 行目の Yes に傾いた確認要求に対し、631 行目の発話は 624 行目の前
提を問うているために、これは非選好の応答を構成する。その連鎖環境下に
あって、ミネギシこそが事実を取り違えているというとき、それは「自身の
624 行目における質問の正当性」を主張しているといえるだろう。

このように、ターゲットラインの前の 624–626 行目の発話を、「ミネギシ
が経験したはずのこと(20 日と言ったこと)」を前提にすることで、遡及的
に補強するように用いられている発話であると分析できる。

他の断片でも、このような状況が観察可能である。ただし、以下の断片で
は、028–030 行目で発話者自身が発話者自身に対して指摘≒自戒を行ってい
る。以下の断片では、会話が録音されているために、本来話したいことが話
せないという。話題を深していて、カトウが最近勉強しているという話をす
る。その話題が終わった後に以下の断片が続く。

断片 41. CallFriend jɛpn6761［なんでもっと早く思い出さなかったんだ］

012	カトウ：	.hh なんかほかあったかなぁ:::クリーンな話題.
013		ehuhu[huhu .hhhh .hhhhhh
014	スミカ：	[uhuhuhuhuhuhuhu! .hhhh [huhu!
015	カトウ：	[コンピューター
016		ペーパーかったよぉ. huhu[huhuhuhu!.hhhh huh!
017	スミカ：	[huhuhahahahaaha!
018		おぉおぉぉ [huhuhuhuhu ¥どこで買ったのぉ?¥
019	カトウ：	[huhuhuhuhu
020	カトウ：	uhuhuhu[huhu![huh!

第7章　不可能を示す記憶のことば　　263

021	スミカ:	[.hhhh[あぁコンピューターリボンかったよ.	【報告】
022		(0.3)	
023	カトウ:	ほんとぉ?=	【反応】
024	スミカ:	=あぁインクだインク	【修復:021のやり直し】
025	カトウ:	おぉ::::.	【反応】
026	スミカ:	うぅ:::ん.	SCT
027		(0.6)	
028	スミカ:→	いや親にさぁ::::¿ [>あぁなんでもっと早く思い出さ	【語り】→【指摘】
029	カトウ:	[うん.	
030	スミカ:→	なかったんだ.<=親に(スルーフリード)頼まれて	【指摘】→【語り】
031	スミカ:	やっててさ-カードがいるとき	
032	カトウ:	うぅん.	
033	スミカ:	うぅ:::ん.	

　ターゲットラインは028–030行目の発話である。

　012行目でカトウは録音プログラムに言及し、「クリーンな話題」を探していることをスミカに述べる。カトウはクリーンな話題の候補として「コンピューターペーパー」を買ったことを提示する。それに追随する形で021行目でスミカも「コンピューターリボン」を買ったと述べ、024行目で「インク」であることを修正する。さらに、028–030行目でコンピューターインク購入のなにかを語り始める。そこで、ターゲットラインである028–030行目の挿入 insertion が行われている。

　ここでの「>あぁなんでもっと早く思い出さなかったんだ<」は、クリーンな話題としての候補を早い段階でだせなかったことに言及しているように聞こえる。なぜ私(＝スミカ)がもっと早くこの話題を出さなかったのか、という自身への指摘として聞こえるだろう。

　ここで「もっと早く思い出す」という事には、スミカにとってはそれが可能であったという前提を含んでいる。ここではその前提への(自身の)失敗に対しての弁解が行われており、かつ、この場に適切な話題であることも表示されているのである。この意味では、「思い出した!」と言って話の始めを適切にする用法と連続的関係を持っていると考えられる。

規範的可能を指摘する記憶の心的述語の考察

本節では、忘却に対して指摘が行われている事例を分析した。

本節で最も強調されるべきは、その指摘が"忘却という行為"に対して行われているわけではないということである。この指摘は、あくまで聞き手や話し手の前提にそぐわない不可能性に対して行われている。断片 39 では、実家を探す際に自分の名前を出さなかったことであり、断片 40 では自分の発言を再現できないことであり、断片 42 では、自身が適切な話題を提供できなかったことにあった。言い換えれば、忘却自体が不適切なのではなく、特定の文脈における行為の不可能が不適切であると述べているのである。それを証拠に、自分が行ったことや、言ったことを覚えていないことが妥当になる文脈もあるだろう。例えば双方が泥酔していて、お互いに当時について再現出来ない際には、それを「いったの覚えてないの？」と指摘することは（冗談などを除いては）おかしいように感じられる。この断片の場合は、そうではない。

適切 − 不適切、は、「規範」に含意されている。常識、と言い換えてもいい。「私の名前」、過去の発言、話題になりうる出来事は、参与者たちにとっては話すことができる前提であり、であるからこそこの指摘が適当な行為として理解されうるわけである。

このような意味では、記憶がないから、ある事を説明できたり、示したり、やってみせたりするという行為ができないわけではなく、特定の文脈である事を説明できたり、示したり、やってみせたりすることができないことを、我々は記憶という概念の下で忘却と呼んでいるのである。

4.　弁解する

本節では、記憶の心的述語が、直前の発話の失敗が明るみに出た際、遡及的に妥当性を示して弁解する使われ方を分析・記述する。

これら断片では、話者が前もって行った行為に対して、聞き手から【批判】など、その行為の前提を覆すような発話がなされたとき、前に行った自分の

第 7 章　不可能を示す記憶のことば　265

行為の【弁解】を自らの直前の行為に対して行うことに用いられている。主に「覚えていない」等の心的述語が用いられ、後方拡張での第一連鎖成分として用いられる。発話例は以下のようなものである。

発話例 12.　CallFriend japn6166［何度がどのくらい寒いのか俺よっく覚えてないわぁ］

010	ニシ：⇒　=までもそんな寒くねぇじゃあ::ん.=この時期で 11	【指摘】
011	とかだった[ら	
012	スギ：　　　　　　　　[そうなん¥だh ぁ.¥	【情報受理】
013	(0.4)	
014	スギ：→　もう俺ぇ,¥何度が(0.3)どのぐらい寒(h)いのか俺¥	
015	→　¥よっくお–覚えてないわぁ.¥	【弁解】

　また、連鎖例は次のようになる。

連鎖例 18.　弁解する使われ方

01	B：情報要求	「日本寒いのかな.」	FPP
02	A：情報提供	「日本寒い.11 度とか 10 度とか.」	SPP
03	B：指摘	「この時期で 11 度は寒くない」	FPP-Post
04	A：理解	「そうなんだ」	SPP-Post
05	A：02 行目の弁解	「何度がどのくらい寒いか覚えてない」	FPP-Post

　以下で、断片群に対する分析・記述を行う。

弁解する記憶の心的述語の分析・記述

　次の断片 42 では直前にスギタがアメリカから日本に一時帰国をしようとしていることが話されている。それに対し、ニシノは帰国するのをためらっている。なぜならば、帰国時に会う「ばあちゃん」が嫌だからである、という。そこで話が途切れて、断片 42 が始まる。

266

断片 42. CallFriend japn6166 ［何度がどのぐらい寒いのか俺よっく覚えて
　　　　ないわぁ］

000	ニシ:	.hh[hhh!　　　　　　　　　　　　　　　　00h:10m:03s	
001	スギ:	[なんかぁ::あれだねぇ:::日本寒いのかなぁ.	【情報要求】
002		(0.9)	
003	スギ:⇒	寒いっつってたわぁなんかぁ.	【情報提供】
004		(0.4)	
005	ニシ:	あぁほんとぉ.	【理解】
006	スギ:	うぅ::::::ん.11度とか10度とか.	【補足情報】
007		(2.1)	
008	ニシ:	あぁほんとぉ.	【理解】
009	スギ:	うぅ:::ん.=	《SCT》
010	ニシ:⇒	=までもそんな寒くねぇじゃあ::ん.=この時期で11	【指摘】
011		とかだった[ら	
012	スギ:	[そうなん¥だhぁ.¥	【情報受理】
013		(0.4)	
014	スギ:→	もう俺ぇ,¥何度が(0.3)どのぐらい寒(h)いのか俺¥	
015	→	¥よっくお-覚えてないわぁ.¥	【弁解】
016		(0.3)	
017	ニシ:	uhuhhh¥俺もねぇ,実はよ(h)くわかってないん¥	【同調】
018		¥だけ[ど(h)°ね.°¥	
019	スギ:	[¥こっちのぉ:::温度はもっと¥	
020		>¥わかんないけど.　¥<	
021		(1.6)	
022	スギ:	今何度ぐらいなんだろう.	

　ターゲットラインは014-015行目である。

　001行目から「日本寒いのかなぁ.」と新しい話題が始まる。スギタは相手
に情報を要求するような始め方で話を始めるが、スギタ自身が003行目で軌
道を変更し、伝聞の形「寒いっつってたわなんか」で始め直している。さらに、（誰からの情報かは明示されずに）「11度とか10度とか」という具体的
な寒さが話される。009行目でいったん連鎖が閉じる。

　010行目でニシノは、スギタのその伝聞を否定する。これはいわゆる後方
拡張であり、その前に行われていた行為003-006行目に対して【指摘】を行っ

ている。010–011 行目の【指摘】は「までもそんな寒くねえじゃん。＝この時期で 11 とかだったらぁ」と発話されているが、これは相手に「11 度とかだったら寒くない」ことに同意を要求するような形での【指摘】になっている。

　その後方拡張の第二連鎖成分 012 行目の「そうなんだ」は、相手の【指摘】を、「11 度は寒くない」ということを新しい情報として聞くものである。それにターゲットラインの 014–015 行目は付け加えられている。

　ターゲットラインの特徴は、単に【同意】しているというわけではないことである。また、「だって〜だから」というように根拠提示の形式を取ってはいない。むしろ、014–015 行目でのスギタの指摘への応答は、012 行目を新情報の受理として聞いたことの理由付け、ならびに、自分の 003–006 行目の発言の前提（「10 度ぐらいが寒い」ということ）を【弁解】している、と言える。言い換えればスギタはここで、「私はさっき 10 度は寒いといったけれど、実はその前提に従って話すことができないことが、あなたの指摘によって明らかになった。だから、さっきの発言は撤回する」という形の【弁解】をしているのである。

　この【弁解】は、【指摘】に対しての【反論】のような非協調的な反応ではなく、相手の主張を認めるような協調的な発話である。記憶の心的述語によってこのことが可能なのは、「覚えていない」が「過去に知っていたが、しかし今はそのことが出来ない」（Malcolm, 1963 : 203）という「失敗」を述べる表現であるからに他ならない。ニシノの指摘に際しスギタは、その矛先を現在の自分の（「10 度は寒い」という）判断ではなく、現在の状況（「今アメリカに住んでいるから日本のことはもう再現できない[8]」）へと還元することによって、その再現の失敗が妥当であることを述べているのである。

　その【弁解】に対し、017–018 行目でニシノは「俺も実はよくわかっていない」と【同調】している。この同調は、指摘したスギタと、弁解したニシノを｜覚えていない／わかっていない人｜として、同じ参与者フレームに入れるような【同調】である（5 章 3 節）。ただし、「分かってない」という事は、「覚えていない」わけではないことを含む言い方である。むしろ、ここで「覚

268

えてない」のであれば、010–011行目の【指摘】を行うことはできないはずである。ここでニシノは、アメリカの華氏日本の摂氏の対応が「よくわかっていない」のであるから、【指摘】することが妥当であったことも、この発話は示している。

　また、019行目「こっち」という指示で、「日本」と「アメリカ（こっち）」を対照させていることも特筆すべきである。006行目の発話の「10度前後が寒い」という前提は、日本で住んでいる際の摂氏−体感温度の相関について述べている。しかし、ここでニシノとスギタはアメリカに（比較的長く）住んでおり、言い換えれば「何度がどのくらい寒いか覚えていなくてもよい」という規範がある。これは、スギタがニシノとともに二人を¦アメリカ在住¦という共通の参与フレーム（5章1節）であることを示し、そうであれば「10度あたりが寒い」という前提がなくてもおかしくはないことを述べていることで、妥当性を表示することになっている。

　次の断片も、このように【弁解】を行っているものである。ライとカズは親戚のようで、「マセのおばあちゃん」が元気かどうかをライが尋ねる。カズは何も聞いていないが多分元気だろうという。その話が収束し、別の人「みっちゃん」の話題が始まる（002行目）。

断片43.　CallFriend japn6707　［だけど一度にたくさんの人にあったから?誰がなんだか覚えてないけど］

000	ライ：	うぅん.	
001		(3.0)	
002	カズ：	みっちゃん会ったよねぇ?	00h:11m:11s
003	ライ：	<u>えぇえ?</u>	
004	カズ：	ミチコさん会ったよねぇこの前に.(0.3)	
005		会った?会わなかった?	
006		(1.4)	
007	カズ：	>(以前)行ったとき.<=	
008	ライ：	=あのぉ:::, (0.5)誰あの:::あの人のお嫁さん?	
((10行省略:カズは「みっちゃん」に会ったかと尋ね続けるが,ライは答えられない.))			
020	カズ：	みっちゃんに会わなかったよねぇ!	
021	ライ：	う-[み-　　　　　[だhぁもしかしたら会わない	

第7章　不可能を示す記憶のことば　269

```
022  カズ：        [会わなかったん[だあんとき.
023  ライ：    [かなぁ_                                    【予測述べ】
024  カズ：    [>それわたし-<(0.3)>うん私-<(.)いな
025  カズ：    かっ[たの-
026  ライ：⇒      [だれだれさんのお嫁さんっていう人にはぁ?        【情報提供】
027          (0.4)
028  カズ：    うぅん.
029  ライ：⇒  会ったけどぉ::::,                              【情報提供】
030  カズ：    そその弟さんのお嫁さんだそりゃぁ ha[haha         【指摘】
031  ライ：                            [うぅ:::ん.
032          (0.5)
033  カズ：    ミチ[コさん_            00h:11m:39s          【確認要求】
034  ライ：      [だけど一度にたくさんの人ぉ:::[会ったからぁ?     【弁解】
035  カズ：                            [う-
036  カズ：    うぅ::ん.=
037  ライ：→  =私もう,お-誰がなんだか[覚えてないけどぉ,  .hhhhh   【弁解】
038  カズ：                    [huhh huhuhu! .hhhh
039  ライ：  [あそこに住んでる人だ-たちだけ来たんだよ[ねぇ.      【弁解】
040  カズ：  [(>そうかぁ.<)                    [うぅ::      【理解】
041  カズ：    :ん.
```

　ターゲットラインは037行目である。

　002行目から020行目にかけて、カズは親戚の集まり（だと考えられる）で
ライがミチコ/みっちゃんにあったかどうかを確認する。発話だけを再掲し
取り出してみると、言語形式的に002行目の「あったよねぇ?」のほうが会っ
たことを肯定するのを選好するのに対し、020行目の「会わなかったよ
ねぇ!」は会っていないことを肯定するのを選好する形式である。ここでカ
ズは蓋然性を下げるような変更を行っている。

一部再掲
002 カズ：みっちゃん会ったよねぇ?
　　　　　　　　↓
020 カズ：みっちゃんに会わなかったよねぇ!

しかし、021 行目からの発話は、「会っていなかったかもしれない」ことを述べている。その意味で、はっきりとした態度表明を行っているわけではない。

さらに、026–029 行目でライが「だれだれのお嫁さんって人には会ったけど」で、家族と会った状況を具体的な家族構成を引き合いに出しながら【確認要求】する。しかし、030 行目でその発話は「みっちゃん」ではない別の人であったことで【否定】されてしまう。

そのように考えれば、034–037 行目でライが行っていることは、026–029 行目で行ったやり取りの失敗の原因が、単に人を覚えていないからなのではなく、「一度にたくさんの人とあったから」覚えていないからだ、という 026–029 行目の失敗の妥当性を説明するような【弁解】をおこなっていると記述できる。「人数が多いから 026–029 行目で名前の再現を失敗したのは当然だ」という理由づけられた【弁解】を構成しているといえる。ライはカズの前提（みっちゃんに会ったことがあること）に対して、その前提に沿えないことを述べているのである。

その後、カズは 038 行目でそれを「笑い」でとらえ、別の弁解に納得し（040–041 行目）、045 行目で別の話を始め、追及を止めている。この追及の停止は、前提に沿うことができないと言った人に対して行うこととして妥当であるがゆえに、その 034–037 行目の行為の証拠付けになるだろう。

弁解する記憶の心的述語の考察

本節において、記憶の心的述語は【弁解】として用いられていた。記憶の心的述語を発話する参与者はここで、以前の自らの行為を【弁解】することで、遡及的に自らがそのことを再現できなかったことを示している。この行為は、2 節に近縁の行為であると言えるだろう。ただし、根拠提示としては同じでも、【抵抗】をしていないために、別種の行為でもあるともいえる。

連鎖例 18 から分かるように、他の参与者からの【指摘】によって明らかになる会話上の問題は、一方では項目の再現を前提としているが、もう一方は再現できていない、という前提と能力の不一致である。その能力の不一致

第7章　不可能を示す記憶のことば　271

に対して行われる他の参与者からの【指摘】に対し、その連鎖の前に発話した自身の行為が誤っていたことについて遡及的に言及し、その行為に対して取り消し可能性を付与するような前言撤回の弁解であるといえる。

　ただし、この弁解が、協調的な行為であることも特筆すべき特徴である。例えば、「知らない」「分からない」「会っていない」といって弁解するのであれば、直前の自らの発話の前提を、根本から誤っていたと述べるような弁解になってしまう。断片44の037行目を改変してみると、そのことが明らかになるだろう。

［断片43の一部再掲］

033 カズ：	ミチ[コさん_	00h:11m:39s	【確認要求】
034 ライ：	[だけど一度にたくさんの人ぉ::::[会ったからぁ？		【弁解】
035 カズ：	[う-		
036 カズ：	うぅ::ん.=		
037 ライ:→	=私もう,お-誰がなんだか[覚えてないけどぉ,　.hhhhh		【弁解】

作例17.　［断片43を一部改変］

033 カズ：	ミチ[コさん_	00h:11m:39s	【確認要求】
034 ライ：	[だけど一度にたくさんの人ぉ::::[会ったからぁ？		【理由説明】
035 カズ：	[う-		
036 カズ：	うぅ::ん.=		
037 ライ:→	=私もう,わ-誰がなんだか[分からないけどぉ,　.hhhhh		【弁解】

　しかし、ここで「覚えていない」と述べることは、この状況では過去の経験を含意する。それゆえ、自分の発話の前提を、過去の経験によって担保しながら、相手の【指摘】もまた正当であるということを示す、協調的な行為なのである。例えば、断片42では「摂氏10度が体感的にどれぐらいかを再現できないこと」が¦アメリカ在住者¦の参与フレームにある限り正当であるために、相手の【指摘】も自らも双方ともが妥当であることを示している。また、断片43では「会った人の名前を再現できることを前提にすること」は当然であるけれども、しかしそれがたくさんの人に会ったために出来ない

ために、相手の【指摘】も自らの不可能も正当である、ということを示しているのである。このことから、相手の【指摘】に対して自分の前提を撤回し、弁解するような記憶の心的述語の使用は、相手の指摘も、自らの不可能も双方が妥当であることを表示するような使われ方であると分析できる。

5. 撤回可能な場を作る、および話題を再開する

次の断片は、撤回という言葉で特徴づけることができる、一連の断片である。これは、第5章の進行の調整ともかかわりを持つ行為である。発話例は、以下のようなものが挙げられる。

発話例13. YKNE05［あ!あ!思い出した!］

031	ユカ：	¥<だれだれ？>俳優？¥
032		(1.3) ((弁当をつついている))
033	ネネ:→	°う::ん°忘れちゃったh:::.= ((弁当をつついている))
034	ユカ：	=え:::_ ((ネネのほうを見る))
035		(1.6) ((ネネ,弁当をつつく.ユカ,中空を見る.))
036	ネネ:→	あhあh!思い出した![.hhhh(.)フランプールわかる::¿((ユカ見る))

この断片では、「忘れた」「出てこない」等で、その話を続けることができないことをいったん述べ、その場の投射の撤回可能な場が作られる発話である。また、この連鎖ののちに、「思い出した!」で【撤回】された行為を【再開】することもできる。この二つは大きく異なる活動であるが、【再開】が多くの場合【撤回可能な場を作る】後に用いられることから、本節で一括に分析・記述する。以下のような連鎖例があげられる。

連鎖例19. 撤回可能な場を作る使われ方、および、話題を再開する使われ方
- 01 A： 情報提供の開始
- 02 A： 情報提供の撤回 「忘れた./出てこない.」 FPP
- 03 A&B：沈黙
- 04 A： 情報提供の再開 「思い出した!」 FPP

第7章　不可能を示す記憶のことば　273

　本断片は、既に先行研究を述べた「進行性（4章1節）」と、能力概念（7章
1節）にかかわる行為である。先行研究はそちらに譲り、本章では次節から、
分析・記述を行う。

撤回可能な場を作る使われ方、および話題を再開する使われ方の分析・記述

　次の断片では、ユカとネネがドラマの話をしている。ユカとネネでは注目
する俳優が違うために、ネネはドラマの注目ポイントを俳優の「小栗旬」で
ある、と述べている（026行目）。

断片44.　YKNE05 ［あ!あ!思い出した!］

026	ネネ：	いや小栗旬（（ユカを見る））¥やろ.（（笑顔で））あれは.¥
027	ユカ：	う（（笑顔））ts-.ss:::ん(.)うん.（（小さくうなづき上を見る））
028		(2.0)
029	ネネ：	（（ユカの方に顔））ちゅうかこの前絶対この人の顔-.hユカちゃん好
030		きやわ:って思った人がおってんけど↑な↑:↑:↑:.　　　【情報提供の開始】
031	ユカ：	¥<だれだれ？>俳優？¥　　　　　　　　　　　　　　　　【情報要求】
032		(1.3)　（（弁当をつついている））
033	ネネ：	→°う::ん°忘れちゃったh::.= （（弁当をつついている））　　【撤回】
034	ユカ：	=え:::＿　（（ネネのほうを見る））
035		(1.6)　（（ネネ,弁当をつつく.ユカ,中空を見る.））
036	ネネ：	→あhあh!思@い出した![.hhhh(.)フランプールわかる::¿　　【再開】
	ユカ：	@ユカがネネのほうを向く
037	ユカ：	[ん::?
038	ユカ：	わかんな[°い.°
039	ネネ：	[フランプールの真ん中の人の顔好きそう.
040		(0.8)
041	ユカ：	¥ぜんぜん[わ¥か(h)ん(h)な(h)い.]
042	ネネ：	[¥<ボーカルの　人>¥]hahahhhh!
043		(1.2)
044	ネネ：	>なんかこの前なんか<↑ポスター貼ってあって:,
045	ユカ：	うん.
046	ネネ：	梅田に.
047	ユカ：	うん.
048	ネネ：	それみて「あっ(.)なんかちょっとぽい」と思って.

ターゲットラインは033行目および036行目である。

図7-4：30行目「おってんけどな」直後

図7-5：33行目「忘れちゃった」直後

ネネは029-030行目で、「ユカ」が好きであろう顔の人の話を見たという話をニュースの形で始める。これは、例えば名前等が来ることを投射する。

しかし、030行目途中から、ネネはユカから視線を外す（図7-4）。その後、弁当をつつく活動に戻り、033行目で「忘れちゃった」とその項目（名前）が再現不可能であることを述べる（図7-5）。これは、029-030行目の投射を【撤回】する場所を作り出している。

030行目で、ネネは弁当をつつくことで、視線をユカに向けることなく、活動から離脱 disengage しようとしていると記述できる。さらに、035行目の沈黙で、ネネは弁当をつつき続けている。これらも、ネネが活動をその場で終わっても良いものとして扱う、つまり【撤回】することに指向していることの証拠になる。

033行目に対する034行目の「え::::.」は、ネネが話始めた話題が未消化であることへの【非難】になっているだろう。これは、「忘れちゃった」という事が、話題の始め方として理想的なものではないことをユカが示しているといえる。確かに、「あなたが好きな顔の人を知っている」と述べた後に「その人を再生する手段がない」と失敗を述べることは、スムーズな会話の開始であるとは言えないだろう。

その後の036行目でネネは、視線を急激に上げ、「あh あ h!思い出した!」と強い声量で述べる。「あh あ h!思」の述べた段階で、ユカは視線をネネに

第 7 章　不可能を示す記憶のことば　275

向ける。このことから、「あ h あ h!」は相手の視線を得ることに用いられ、さらに、「思い出した!」では、視線を得た後に 33 行目から撤回可能だった話題を【再開】するように聞かれうる。つまり、036 行目の発話は、視線を得るとともに、「先ほど忘

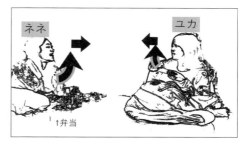

図 7-6：036 行目「思い出した」直後

れたといって【撤回】したことを【再開】させ、『好みだと思った人』の話をする」という予示を行っているのである。

　このように、ネネは「忘れた」と言うことで話が【撤回】可能であることを、「思い出した」という事で【再開】を表示している。
　ここでネネが仮に、「忘れちゃった」と言わないことを考えてみよう。

作例 18.　断片 44 を一部改変

| 032 |　　　　　(1.3)　　((弁当をつついている)) |
| 033 | ネネ:→°う::ん°忘れちゃったh::::=　((弁当をつついている)) |

　記憶の心的述語を使用しない場合において、ユカはネネが現在どのような状況にあるのか、言葉探しをしているのか、どのように説明するべきか組み立てているのか、迷っているのか、あるいは実はよくないニュースなのではないか、など、何が起こっているかが明確ではなく、それは、会話の進行性の阻害であるとされ、非協調的な行為であるとさえいえる。その意味では、「忘れちゃった」ということは不可能を示すことはあるものの、何がトラブルなのかを明確にするという意味で協調的な行為である。
　さらに「思い出した！」と言わずに「フランプールわかる:?」と突然聞くことは、それがまったく別の話題であるという可能性を否定できない。さらに、強力な声量を利用して視線を得たことの理由もわかりにくいと言える。

作例 19.　断片 44 を一部改変

036	ネネ:	→<u>あ h あ h!思い出した!</u>[.hhhh(.)フランプールわかる::¿((ユカを見る))
037	ユカ:	[ん::?
038	ユカ:	わかんな[°い.°

　また、次の断片も、この「再生できないことを言うことで活動に協調的である」と記述できる。この断片では、前断片と同様にユカとネネがドラマを見ていて、主演俳優が気に食わない場合、ドラマ中の脇役を応援したくなるという話がなされている。

断片 45.　YKNE04 ［脇役を応援したくなった例を今あげようと思ったのにぃ, 出てこないや.→Bang!思い出したぁ！］

000	ネネ:	↑で↑ぇあたしはだいたいあのぉ,(.)脇役でちょっと	
001		こそこそ頑張る::人を¥応援::¥[したくなる.	【評価】
002	ユカ:	[わかるわかるわかる.=	【同意】
003	ネネ:	=そう!　　　　　　　　　　　　00h:09m:29s	
004		(9.3)　((昼食を食べている))	
005	ネネ:	>だからねぇ,<	【話題開始】
006		(5.0)　((ネネ,遠くを見ながら噛んでいる))	
007	ネネ:	ああ!すごい脇役をぉ応援したくなった例を今あげよう	【理由説明】
008	→	と思った¥のにぃ¥,(0.3)¥出てこないや¥.	【保留】
009		(0.3)	
010	ネネ:	hah[h! .hhh .hhh! hahh!	【笑いの誘い】
011	ユカ:	[hhhh	
012		(2.6)	
013	ユカ:	°¥うう::↓:↓ん.¥°	【同調】
014	⇒	(3.0)	
015	ネネ: ⇒	なんだろう.	【話題保持】
016	⇒	(12.3)	
017	ネネ: ⇒	°だめだあ.°	【話題放棄】
018	⇒	(5.7)	
019	ネネ:→	うぅん!(0.4)Bang!((机をたたく))<u>思い出したぁ!</u>	【話題再開】
020	ユカ:	¥なにぃ?¥	【継続支持】
021		(0.4)	
022	ネネ:	「ブザービート」みとった?	【確認要求】

第 7 章 不可能を示す記憶のことば　277

　ターゲットラインは 008 行目ならびに 019 行目である。
　005 行目で「>だからねぇ,<」と何かの活動を予示する。しかし、006 行目で続くはずのものが起こらない沈黙がある。そこで、007-008 行目で、ネネは「¥出てこないや.¥」と述べる。前の断片と比較する限り、「応援したくなった例」を挙げようとしているがそれが再現出来ないことを述べることで、①006 行目の 5 秒の沈黙の理由説明と、②ここで話題が終わってしまうかもしれないことを予示している。その受け取りに対し 0.3 秒の沈黙が置き、ネネは 010 行目でそれが自ら面白いことであったことを笑いで示す (Jefferson, 1979)。
　013 行目の「°¥うぅ::↓:↓ん.¥°」は、その難しさに対する同調であるように聞こえる。というのも、ユカはこの際、いわゆる考えている表情 thinking face で、自らも「脇役を応援する作品」の再現を試しているように見えるからだ (図 7-7)。
　014-018 行目では、二人は視線を合わせていない。ここで二人は、まさに「思い出す」ようなしぐさをしている。しかし、015 行目でのネネの発話は、ネネがまだ「例を挙げること」の「再現の試行中」であることを述べている、と記述できる。そして、017 行目で試行が諦められ(「だめだぁ」)ている。その際の視線はユカには向いていないために、それが個人的な試行であったことが示されている (図 7-8)。このような「思い出す」活動は、「ある項目の再現を無言で試行すること」である。

図 7-7：013 行目直後の視線

図 7-8：017 行目「だめだぁ」の直後

　18 行目の沈黙の後の 019 行目でネネは「うぅん!(0.4)Bang!((机をたたく))

図7-9：019行目で机を叩いた直後

思い出したぁ！」と述べる。前の断片の分析と同様「「ブザービート」みとった?」と021行目を突然発話してもいいはずである。しかし、"わざわざ"「思い出した!」と述べているように思える。それは、前回の分析と同様、これが【再開】の予示を行っているからに他ならない。

019行目の「うぅん！」でユカはネネのほうを向き始め、それが終了するのとほぼ同時にネネは机をたたく。これは、ユカの視線を集め(直す)ことを行っていると言える(図7-9で視線が上がっている)。それに続けて、「思い出したぁ！」と述べることで、これから先に【撤回】しようとしたこと、つまり、「脇役を応援したくなる作品」を述べることの【再開】を予示する。その後の20行目のユカの「なにい？」は、思い出された「痕跡」を問うているという記述、想起したものが何か、という事を問うているのではなく、【発話の継続を支持】している発話であるというほうがこの状況に沿う記述であるといえるだろう。

以上から、008行目の「出てこない」は【撤回】可能な場を、019行目の「思い出した！」が話題の【再開】を表示していると記述できる。

これまで2つの断片を見たが、「忘れた」と述べるネネに対してユカは続けるのを待っていたり、自らも再現を指向している。このことから、この行為を【撤回】ではなく【中断】であると記述したほうがいいのではないか、という向きもあるだろう。このようなある項目を「思い出そう」とする再現の試行の現象について、ウィトゲンシュタインは次のように述べている。ここでウィトゲンシュタインの言う、「独別な種類の行動」「特徴あるいくつかの体験」に取り囲まれている様子は、まさに本研究でこれまで見てきた状況のことであろう。

第7章　不可能を示す記憶のことば　279

　「言葉が喉まで出かかってるのだが」と言うことは、「どうやればいい
のか、わかったぞ！」ということと同様、体験の表現ではない［達成の
表現である］。───私たちはある状況でこの文を使うのだが、この文
は特別な種類の行動と、それから特徴あるいくつかの体験に取り囲まれ
ている。とくにこの文［＝発話］の後でよく、問題の言葉が発見される
のだ。（考えてもらいたい。「喉まで出かかっている言葉を人間が絶対に
発見できないとしたら、どういうことになるだろうか？」を）

　　　　Wittgenstein（2003＝2013, PI2§300：432）［［　］は引用者による注、
　　　　　　　　　　　　　　　　　　　　　傍点は原文ママ］

　ウィトゲンシュタインはこの後「よく、問題の言葉が発見される」と述べ
ている。しかし、【撤回】という「会話進行に対して協調的ではない行為」
というネネの振る舞いに対し、ユカが待たないことで撤回を支持するという
ことは、もともとの非協調的な【撤回】行為を是認してしまうことになる。
そのため、ユカは単に「言葉の発見」を待っているのではなく、ネネの【撤
回】を「すぐには受け入れない」という能動的な行為[9]を行っているとい
える。
　いわば、ユカは相手の【撤回】の後に通常待ったり（断片44）、自らも再
現の試行を行うこと（断片45）で、相手が非協調的な立場に陥ることを認め
ないこと、をしているのである。これを一連の動作が途中で止まる、という
意味での【中断】という言葉で表すことは、精確とは言えないために、ここ
では【撤回】と表現するべきだろうと考えられる。
　このように、記憶の心的述語は、「出てこない」等の忘却を表す心的述語
によって話題を【撤回】可能にし、また、「思い出した」によって話題を【再
開】する使われ方を持つ。
　また、再現することが不可能な場合、聞き手はより協調的にいわゆる「共
同想起」を申し出ることがある。ネネが昔ファンであったジャニーズの赤西
仁について近況を説明している。赤西仁が出ていたドラマの話がされる。

断片 46.　YKNE01［ちょっとまって名前思い出せない］

044	ネネ:	あれ面白かったよほん[とに.	
045	ユカ:	[>面白かったねぇ.<	
046		(1.8)	
047	ネネ:⇒	いまさ:あれやってるじゃん.	【前置き】
048		(1.8)	
049	ネネ:	再放送で.	【追加説明】
050		(0.4)	
051	ネネ:	や見て[¥ないか.(.)見てなかった!¥ .hhhh hehh!	【理解】
052	ユカ:	[hehh!¥テレビない.¥	【理由説明】
053	ネネ:→	¥あ hehhh っと,¥[.hhhhhhhh　[あぁ:::::::	
054	ユカ:	[¥なにやってん[のぉ?¥	【情報要求】
055	ネネ:→	ちょっとまって名前思い出せない.	【不可能/撤回】
056		(0.8)	
057	ユカ:	誰¥の?¥	【確定要求】
058	ネネ:	キムタク.	【確定】
059	ユカ:	[キムタク?	
060	ネネ:	[ヤマグチトモコ.ララララブソングのやつ.	【情報提供】
061		(1.5)	
062	ユカ:	えぇ:::_	
063		(1.7)	
064	ネネ:	°東京ラブストーリー?°	【候補提示】
065		(1.2)	
066	ネネ:	°違う[か.°	【撤回】
067	ユカ:	[えぇそれキムタクだっけ?	
068	ネネ:	キム¥タクじゃないな.=それはあれだねぇ,¥(.)	
069		織田裕二だね.	
070	ユカ:	huhu[ɹuh!	
071	ネネ:→	[ɹehh .hhhhhh あれぇ!?	【不可能/撤回】
072		(0.6)	
073	ネネ:→	なんだっけ名前が.	【不可能/撤回】
074		(0.8)	
075	ネネ:→	思い出せない.	【不可能/撤回】
076		(0.9)	
077	ネネ:	ドラマの_	【不可能/撤回】
078		(5.4)	

第 7 章　不可能を示す記憶のことば　281

079	ネネ:	あぁダメだぁ!		【不可能/撤回】
080	ユカ:⇒	どの話ぃ?		【確定要求】
081		(1.3)		
082	ネネ:	ヤマグ-ピアニストでぇ,	00h:26m:47s	【確定】
083		(.)		
084	ネネ:	[キムタクが.		【確定】
085	ユカ:	[あぁ::::!あぁ!わかったわかったわかった.		【理解】
086		(.)		
087	ネネ:	あで-有名でしょ?[あれだってこの前 1 位になっと		
088	ユカ:	[うんうんうん.		
089	ネネ:	たもん.=<日本人が選ぶぅ,>(0.5)忘れられない		
090		ラブストーリー.		
091		(.)		
092	ユカ:	何だっけぇ.		
093		(0.5)		
094	ユカ:	ロングバケーション?		【候補提示】
095	ネネ:	そう!ロング¥バケーション!¥		【承認】
096	ユカ:	うんうんうん.		
097	ネネ:	¥そうだそうだそうだ¥		
098	ユカ:	Hehahaha		
099	ネネ:	¥そうでした.¥		
100		(.)		
101	ネネ:	.hhhh ロングバケーション.		
102	ユカ:	うんうんうんうん.		
103		(1.5)		
104	ネネ:	それ.今やってるよぉ?		

　ターゲットラインは 055 行目ならびに 075 行目である。この話の前提として、ネネはテレビを持っており、ユカはテレビを持っていないことが、この断片の前にすでに明らかになっている。

　にもかかわらず、ネネは 047 行目で「今さああれやってるじゃん」と、指示詞「あれ」を用いながら双方が話を出来るものとしてなにかを指示する。「あれ」は、これまでにドラマの話がなされていたこと、「X やっている」という時間幅を持った述部の表現から、ドラマの種類 class であることは予測

がつくかもしれない。しかし、ユカは返答をしない。そこで、ネネは「再放送で」とそれがドラマ（またはテレビ番組）であることを049行目で明確化する。しかし、ユカはそれにも答えない。ここで、ネネはその非選好の沈黙の理由説明を「見てない」という言葉で行い、ユカも協調して「テレビない」と理由説明を行う。

054行目「￥なにやってんの?￥」は、ネネの情報提供がそもそも不可能であったことをふまえ、ネネに情報提供を行うように活動の再構成を促す働きをしている。つまり、047行目からのやり取りをやり直すことを求めていると言える。

055行目は、そのドラマの名前を再現できないことを述べることで、047行目からのやり取りがそもそもできなかったと、047行目から投射された活動の【撤回】を試みている。

しかし、ユカはその話を続けさせている。056行目の沈黙は055行目の【撤回】に反応しないことによって妨げており、また、057行目はドラマ項目の再現の糸口を探るための質問をすることによって、活動の【撤回】を妨げている。というのも、ここで相手の話の【撤回】を認めることは、ここで行われかけた活動（再放送されているドラマについての何かしらの話）を破壊的に終了させることになる。つまり、ユカはネネの【撤回】を妨げることによって、この話題の破壊的終了を妨げているのである。その意味において、これは聞き手からの一種の協調的な行為であるといえる。

058-070行目では、やりとりからドラマの名前が「東京ラブストーリー」ではないかと考えるものの、それが違うことが明らかになる。その後、話は振り出しに戻り、075行目で、再度「思い出せない.」という心的述語が発話される。これもまた、055行目と同等の行為、すなわちドラマの名前を再現できないことを述べることで、撤回可能な場を作り出している。080行目が057行目を下敷きにして、役者ではなくストーリーに視点を移動させているが、ここでもまた、撤回の承認は行われない。最終的に、094行目でユカが候補をだし、それが承認され（095行目）、104行目で047行目から始まった長い逸脱の話を戻している。

さて、このようないわゆる「共同想起」がおこなわれる場合において、ユカが候補を出した際、ネネは「思い出している」と言えるだろう。しかし、ここでネネが「思い出した」というのは、記憶の心的述語の使われ方として不自然である。

断片 46 の一部再掲
094 　　ユカ：　　　　ロングバケーション？
095 　　ネネ：　　　　そう！ロング¥バケーション！¥

作例 20.　断片 46 の一部を改変
094 　　ユカ：　　　　ロングバケーション？
095 　　ネネ：　　　　思い出した！ロング¥バケーション！¥

　094 行目の第一連鎖成分でユカが求めているのは、ネネによる承認である。そこで、「思い出した！」によって【再開】することは、そもそも連鎖的に折り合わないのである。しかし、認知主義的な記憶観によれば、ネネがここで確認するためには、ユカの刺激によってその項目を連鎖的に「思い出している」必要があるはずだ。しかしそのことを述べることは、認知主義的記憶観では自然でも、それが根差すはずの日常生活では不自然になる、という奇妙な記憶観を生み出すことになってしまう。「思い出す」の使用法は認知主義的記憶観のそれとは異なるということが、このことからわかる。

撤回可能な場を作る使われ方、および話題を再開する使われ方の考察
　本項では、連鎖例 19 のように、話の中断を「忘れた」で宣言し、そしてそれを「思い出した」で再開する使われ方を見てきた。このような使われ方では、「忘れちゃった／出てこない」ということが話題の撤回可能な場所を作る手続きとして、ターン保持の権限が弱まることに自覚的であることを相手に伝える。
　また、この際、聞き手は待つことで、相手が行った【撤回】活動を、すぐには認めないことで、相手にターンを認め続けるという協調的な態度をとっていることが、明らかになった。

また、ターンを認め続けていない間、参与者各々は視線を合わせることなく、食べたり、中空を見たり（いわゆる thinking face）して、各々の活動に従事していた。この沈黙を「心的」というのであれば、そのように記述できるかもしれない。しかし、ここで留意しておかなければならないのは、この痕跡を引き出すような内的過程と思われることは「心的述語」によってあらわされているのではなく、広い意味でのジェスチャーによって示され、帰納的な解釈としてなされているということである（Ryle, 1949=1987 : 52 : 246）。つまり、彼（女）らは思い出しながら中空を見ているわけではなく、単に無言で例示すべき項目を再現しようと試みているのである。

それに対し、「うん！思い出した！」というとき、それはすでに発見、あるいは達成されたことを表示しているに過ぎない。それに対して「なに」と問うのは、その想起の内容物を問うているのではなく、発見の話の続きを促している（そして実際にその人は話題を開始している）。であるから、「思い出した！」という心的述語が行っているのは、これまでの活動をこれからの活動と分割することであり、この時から従来行っていた活動を再開するという宣言であるといえる。

また、ここから、心的述語の使用がなぜ「心的」だと考えられてきたか、ということの一端が明らかになる。というのも、いわゆる「思い出している」ようなそぶりをするとき、その後に連接する心的述語が、あたかもそのジェスチャーの理由説明 account として聞いてもよい位置に生じているからである。例えばディスコでダンスフロアから帰ってきた友人が、「あー、よく踊った。」という時のように、これまでやっていた行為の報告として聞いてしまうのである。ディスコでとても踊りとはいえないような前衛的な動きを見せたとしても、それは「あー、よく踊った」という事で「踊り」としてみなされるだろう[10]。「忘れた」と「思い出した！」の間のジェスチャーに関しても同じで、あたかも「思い出した！」直前の動作、つまり空中を仰いだり、食べたり、視線を外したりすることが、「思い出した」の理由説明の位置で発話されているのである。

ゆえに、「思い出した！」と言った時、その直前までのジェスチャーを、「思

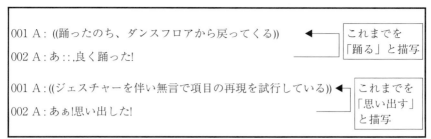

図 7-10 :「行為の説明」の誤謬

い出す」という動作として帰属させるような思考法を採用することもできてしまうのである。そのために、「無言で項目の再現を試行する」行為と、活動を区切る「思い出した！」という語が、混同されるに至る。認知主義的記憶観では、活動を切り替えるための言葉を、その前のジェスチャーに帰属させて（しまって）いるのである。そのために、沈黙中の動作があたかも「思い出している＝記憶から情報を検索し取り出している最中である」というように理解されるに至る。しかし、記述からわかることは、逆に、「思い出した！」ということが、"思い出し"たり、"考え"たりしていた内的状況を相手に報告しているということではないという事である。これは、本来の行為と、直前のジェスチャーとを因果関係に誤って結びつけるカテゴリー誤謬の一種であるように思われる。

　また、さらに、「思い出した！」という後の「なに」という疑問詞が「記憶の内容物」を問う【質問】のように聞くこともできてしまうことも、認知主義的記憶観を誤って支持してしまう。しかし、「なに」という疑問詞は、そもそも、指示対象の内容物を問うだけではない。「今日いいことがあったんだ」に対して「なにがあったの？」と尋ねる際、『あなたが今「いいこと」にカテゴライズした【話を続けよ】』という事を意味している。また、初めてタピオカミルクティーを注文して飲んだ人が「なにこれ！」というとき、それは「タピオカ」の内容物を問うているのではなく、味や食感に【驚いている】のである[11]。

　さらに、本研究で見た断片群は、記憶の心的述語「思い出した！」と発話

された直後の応答は、「なに?」「うんなに?」「ん：：：?」「￥なに?￥」など、「うん」「ん：：：?」と連接する同等の要素として用いられている。例えば「ん：：：?」が「記憶の内容物」を問うていると結論付ける証拠はない。よって、データを見る限りでは、記憶の心的述語はそもそも、沈黙中の心的な行為を表しているとは言えないことが分かる。

　会話中、言葉を「忘れて」いて、話が中断し、はっとして思いだすあの感じは確かにある。しかし、それは「再現を試行」し、それが達成されたときの達成感であり、心的過程ではない。むしろ、机をたたいて「思い出したぁ!」という時、視線を集めるのはもちろんのこと、撤回しようとした話題が霧散してしまう前にその話題を継続できることの「喜び」や「驚き」として記述できるのではないか、と考察できる。

6.　第7章の小括

　本章では、会話中、能力、特にあることが出来ない、という不能状態について言及する際の記憶の心的述語の使われ方を分析・記述してきた。本章1節で見たように、記憶の概念は能力と関わって議論されることがあった。本章の使われ方では、他の参与者からの提案、評価要求や情報要求等の行為による反応要求という制約や、自分ですでに始めた投射の制約などに対して、ある項目を再現できないことに用いられていた。

　2節で見たように、参与者が第一連鎖成分を発し、相手に行為を要求する前提に対する対処を、記憶の心的述語が行っていた。言い換えれば、単に相手の要求したことをできないわけではなく、相手の要求とそれが達成可能であるという前提自体が間違いであること、しかし相手が前提とするのにも一理あったことを相手に伝える使われ方である。そして、これが協調的な行為であることも確認した。

　また、3節では、他の参与者が「そもそもするべき/するべきだった」要素を相手に示す【指摘】の使われ方であった。これは、2節が「自分ができないこと」を示すのに対し、3節は相手が「情報要求などの行為をできるは

第 7 章 不可能を示す記憶のことば　287

ずだ」という可能の前提を相手に示すことに用いられている。これは、一方で非協調的な行為のように見えるが、もう一方では相手を「できるはずの人」として取り扱うために、協調的な行為であるともいえる。

　4 節で見た【弁解】の行為は、相手の指摘に対して、自分自身の直前の行為がそもそも間違っていたことを認める手段になっている。これは、相手の指摘によって遡及的に明らかになった前方の誤った行為に対して、それがそもそも「取り消し可能だった」とするような使われ方である。これは、相手の【指摘】を認める協調的な行為であると同時に、自らの行為が「実は出来なかった」種類のものであることを示すことで、自らの行為の不可能性に妥当性を付与するような行為でもあった。

　5 節では、投射された発話について撤回可能な場を作る使われ方、そしてそれを再開する使われ方を見た。これは、ある項目を再生できずに起こる誤解や活動の遅延を最小限にしようと試みる上で協調的な行為であった。

　これらの使われ方に共通して言えることは、それらがどれも不可能を示しながらも（または示すことで）、協調的な行為である、という事である。例えば、相手の行為要求に対して単にノーを突き付けるだけではなく、それが状

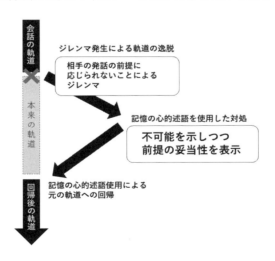

図 7-11：7 章で分析したジレンマと対処

況的に出来ないことを示すことは、相手の行為要求の前提が誤っていないことを相手に示すことでもあった。同様に、本章に分類された記憶の心的述語の使われ方は、相手の前提に応じられないという、会話が上手くいかなくなるジレンマへの対処として、会話活動を補償している。その意味において、記憶の心的述語の使われ方は相手に合わせて行われる相互行為に用いられる。

認知主義的記憶観によれば、忘却によってある痕跡を想起できないことは、身体または精神が原因となるような個人的事象である。それと比べて、本研究で明らかになった忘却を述べる心的述語の使われ方が協調的な行為であるという事は、認知主義的記憶観による想定とは大幅に異なるだろう。しかし、日常の相互行為において記憶の心的述語で行われていることは、まさに後者なのである。

注

1）ただし、関西方言では能力的な不可能を「泳がれへん」、状況的な不可能を「よう泳がん」と峻別している。他にもビルマ語（ミャンマー語）ではこの区別が言語形式上存在する。

2）ただし、この理解可能性は同等ではない。コンテクストが重要な役割を持つだろう。例えば、緑色に変色したプールを目の前に、いじめっ子が「泳げ」と言って「私、泳げません」というとき、それは状況不可能の意味での【拒否】に聞かれうる。いじめっ子がその子をプールに突き落としてカナヅチであったことを見てはじめて、それが能力不可能の【理由説明】になっていたことが分かるのである。

3）さらに本書で「期待」や「含意」という語を使わないのは、それが個々に秘匿された認知過程を示すように聞こえてしまうからである。記述用語の制約については3章を参照のこと。

4）「風磨」は旧・ジャニーズ所属のアイドルの一人「菊池風磨」のこと。

5）このデータが録られた1995-6年にスマートフォンはもちろんのこと、ナビシステムも普及していなかったこともこの言語使用の背景として挙げられる。この年代においては、「道を覚えていない」ことは、運転できない理由の一つになりえたのである（ただし、925行目で述べられているように、地図があることによって抵抗できる理由でもある）。しかし、この背景は、この提案を却下する方法が現在使われないことを意味しない。例えば、「ベーグル作ろう」という提案に対して、「でもね私もう作り方覚えてないのね」と述べる事で却

第7章　不可能を示す記憶のことば　289

下することは十分にあり得る(ただしこれもまた、スマートフォンで調べてしまうことはできるのだが)。

6) アメリカではこの 1990 年代中期、ハイウェイの整備にかかわる法律が成立した背景があり、各州で速度制限の上限を引き上げる改革が行われていた。「そっち」というのはマチが住んでいる州のこと。

7) これは直観だが、おそらく、「キレる」がいわゆる思考が鋭い「切れ者」としての使われ方と、怒りっぽいという意味で「切れやすい人」の二つの意味が混同されて使われているからではないかと思う。というのも、056 行目の「キレる人なん?」という聞き方は呼気を含んだ疑っているような発話で、「すぐ怒る人なのか?」という調子で発話されているように聞こえるからである。

8) 気温が日本では摂氏であり、アメリカでは華氏で表される違いのことを指向していると考えられる。

9) この構造は、いわば自己卑下に置き換えるとみやすい。「A：私なんてまだまだです」のような卑下は肯定することは(「B：そうですね」)、その内容を肯定するような、非選好応答なのである。これと同じで、「忘れちゃった」「出てこない」で行われる【撤回】を是認することは、相手が行う非協調的な活動を支持するような、避けられるべき是認なのである。

10) 下手な踊りをみて、「あんなのは踊りじゃない!」と誰かが言うとき、それは踊りであるかどうかの真偽を問うているのではなく、それを「悪い踊りだ」と【非難】していることに気を付けたい。

11) この「なに」が内容物を表さないことについては、汪聞君氏との会話の中で思い当たったものである。感謝する。

第8章　結論　分析と記述からわかる
記憶のことばの使い方

1.　分析・記述の総括

　本研究では、4章から7章にかけて、記憶の心的述語の使われ方と連鎖例
の分析・記述を、「進行性」「同定・同調」「抵抗」「不可能」の4つに大別し
見てきた。本章では、この分類を元に、記憶の心的述語の利用の最も根幹的
な性質が、会話の破綻を防ぐことであることを論じる。
　本研究で論じた使われ方を総観するが、まず、本研究での目的を振り返っ
ておきたい。それは以下のようなものであった。

　　認知主義的記憶観において、記憶と関わりがあると考えられる心的述
　語(「思い出す」「忘れる」「覚えている」等)が、参与者自身が行う会話
　の中でどのように利用され、どのような相互行為を行っているのか、そ
　の方法を系統的に解明すること。

　上の目的に答えるために、まず、4章から7章までの心的述語の使われ方
を再度概観し、その使われ方を可能にする記憶の心的述語の基本要素につい
て振り返っておきたい。
　まず、各章によって分けられた4つの分類は、記憶の心的述語を含んだ発
話が、その連鎖の直前の発話を含む前方を指向するか、後方を指向するかで、
大きく2つに大別できる。
　第4章で分析した会話の進行を指向した使われ方は、その発話の後方を指
向し、その発話の準備を行うようなものである。その発話では、主にある話
題を行う際にそれが導入可能かを確かめたり、項目を導入するのを放棄した
りするようなものであった。これは、その後の発話を適切にするという意味

で主に第一連鎖成分で用いられ、発話の後方の性質を決定づけるような使われ方をしている。

一方で、第5章から第7章までの使われ方は、主として発話の直前に指向し、対処するような発話である。連鎖関係において言えば、第二連鎖成分になることが一般的である。そして、発話自体は、相手の発話が産む様々なジレンマへの対処になっている。

その意味で、記憶の心的述語の使われ方はその発話がその後に起こりうる会話上の問題を指向するか、すでに起きた会話上の問題に対処するかで、大きく分けることができるといえる。

表 8-1：記憶の心的述語の使用の一覧

該当する章	4章	5章	6章	7章
使われ方の共通点	会話がうまくいかないこと/いかなくなるかもしれないことへの対処			
会話上のジレンマ	項目が不確定であること	参与フレームが違うこと	行為が協調性を欠くこと	相手の発話の前提に応じられないこと
使われ方	進行を調整	同調・同定	対抗・抵抗	不可能を示す
対処方法	項目を確定させて/確定を不要として対処	相手との同一性を指向して対処	根拠を示すことで自分の活動を確保しつつ、反駁性も用いて対処	相手の発話があながち間違いではなかったこと(妥当性)を示して対処
発話の指向の前後関係	主に予備的（後方指向）	主に対処的（直前指向）		
記憶概念と結びつくキーワード	話題・進行性	共感/同調・参与フレーム・証拠	抵抗・協調・証拠	能力・協調・指摘・規範・前提

また、それぞれの文脈でジレンマとその対処も、その性質を異にする。

4章で分析・記述した使われ方では、主に人名などの項目が会話参与者にとって不確定だと予測される場合に、それを確定させたり確定が不要だとされた際に用いられるという対処方法をとる。

一方、5章で分析・記述した使われ方では、会話参与中の参与フレームが異なる場合に同調を行う際、その同一性を指向するという対処方法を行っている。

また、6章で分析・記述した使われ方では、抵抗といった協調性を欠く行為を根拠を示しながら行いつつ、根拠を出されればそれを解消できるという反駁性も提供される形で対処している。

さらに、7章で分析・記述した使われ方では、相手の発話の前提に応じられないことを示しつつも、それが"あながち間違いではなかった"ことを示すことで、対処するような用いられ方をしていた。

また、これら分類は、断片、つまり参与者のその場の指向に合わせて分析されており、そのために相互に排他的ではない。たとえば、話題の冒頭での「（そういえば）Pさんって覚えてる？」というような発話を、本研究では第4章で「話題」と「進行性」に関わる議論として分類したが、話者が聞き手にPさんに関する知識を前提としていないのか、と問われれば、それは前提という概念を取り扱う第7章と結び付けて議論することも可能である。それゆえ、分類を相互に排他的とすることはできず、また、細部の差異を無視して類型化することにはあまり学術的な効用はないと考えている。ここで最も重要な点は、ここでの活動は1つであるということであり、本研究は、その活動が置かれたレリヴァンスに最も近い形で分析・記述を行うように努めた、ということである。このような記述の複数可能性について、ライルは以下のように述べている。

　　ある一人の人が声に出して何か意味のある事を話したり、紐を結んだり、フェイント攻撃をしたり、あるいは彫刻をしたりする場合、物理学者や生物学者がその人の行為を記述する際に使用する概念のみによって［中略：行為をする人々自身が用いる］概念の代わりを努めさせることはできない。しかし、われわれが目撃することができるのは理知的に行われている行為それ自体以外の何物でもない。［中略］そこには唯一の活動が存在するのみである。しかし、その活動に対しては一種類以上の

第8章　結論　分析と記述からわかる記憶のことばの使い方　293

説明的記述を与えることが可能であり、また、さまざまの種類の記述を
あたえることが要求されているのである。

Ryle（1949＝1987：61）［中略・傍点は引用者による］

　よって、これらデータを、認知主義的記憶観に依拠しつつ心理学者・脳科
学者の用いる概念によって分析することも、もちろん可能である。しかし、
その記述とは異なる記述が本研究では可能になった。
　これらのことから、本研究の目的に対し、以下のように答えることができ
るといえる。

> 　認知主義的記憶観において記憶と関わりがあると考えられる心的述語
> （「思い出す」「忘れる」「覚えている」等）は、会話で発生するジレンマ
> に対処する行為群に用いられている。その行為は、記憶の心的述語がそ
> れぞれのジレンマに応じて、異なる種類の対処法を、局所的に構成する
> という点において系統的である。

　このことから、記憶の心的述語から連想される記憶概念は、常に普遍的な
記憶概念ではなく、会話が元の軌道を逸れてしまった際、またはそのような
可能性がある際に、元の方向へ戻す、修正的[1]・治療的な行為の資源である
といえる。さらに言えば、それは会話に破綻をきたさないための表現である。
そのように主張する理由は以下のように挙げることができる。
　第一に、雑談においては、記憶の心的述語は会話が破綻するのを避けるた
めの対処に用いられているからである。会話は様々な要因でその軌道を外れ
るが、元の軌道に戻したり、元の軌道から逸れないようにする発話に、記憶
の心的述語は用いられている。そのため、会話を救うという意味においては、
記憶の心的述語は会話を円満に進めていくための修正的・治療的行為であ
る。
　第二に、記憶の心的述語を持ち出して記憶をレリヴァントにすることはす
なわち、わざわざ、ある事項を再検討することであるからだ。これは、「当

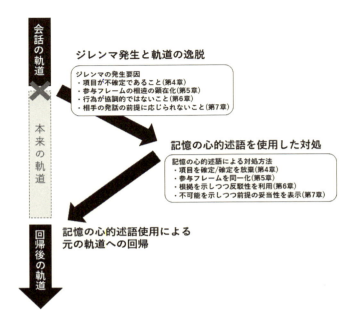

図 8-1：会話中のジレンマの発生と記憶の心的述語の使用による対処

たり前」だとされてきた事項に対し、再検討を加える。例えば、相手の提案「レンタカー借りればいいじゃん」に対して「道覚えてない」と述べることは、相手の前提を一理あるものとして認めつつ不可能を表し、相手の提案を却下していた。この使われ方は、相手の行為の前提（「運転できるはず」）に再検討を加え、相手が始めた行為の軌道（「提案」）を全否定しないことに用いられている。もし、「え、無理」「わかんない」「違うよ」と言ってしまうのであれば、相手の行為の前提や軌道を台無しにしてしまうだろう。雑駁に言えば、これもまた、相手の発話を認める社会的連帯的行為であり、そしてそれが、記憶の心的述語の使い方なのである。

さらに、明らかになったことを列記する。

まず、一部繰り返すことになるが、「記憶」という概念は、オムニレリヴァ

第 8 章 結論 分析と記述からわかる記憶のことばの使い方 295

ントな(omni-relevant；普遍的有意性を持つ)概念ではない。また、そもそも、
「記憶」の心的述語が用いられる際にも、記憶概念がレリヴァントとは言え
ない。むしろレリヴァントなのは(あるいは、ウィトゲンシュタインにいう
「家族的類似性」に相当するのは)、直前にある/直後に想定されるジレンマ
であり、それに対処することである。

　そのことから、もし会話がジレンマの不在によって不都合や滞りなく進ん
でいたと仮定する場合においては、「忘れた」「覚えている」などと述べる必
要はない、と予測できる。言い換えれば、そのような場面においては、記憶
の心的述語の使用は参与者の指向の俎上に置かれることはなかっただろう、
ということである。You(2015)は英語の Remember が用いられる際、連鎖
上の位置を incidental sequence(偶然に起こった連鎖)であると表現していた。
本研究の結論から言えば、これを incidental と呼ぶよりは、remedial(治療
的)と呼称したほうがより精確だろう。これは、あらかじめ計画された行為
ではない non-premeditated action という点、ならびに行為の軌道上必ずし
も必要ではない not sequencially required という点で、You の分析と一致し
ている。

　さらに、記憶の心的述語は基本的に、ある項目を「もう一度持ち出せるこ
と・もう一度持ち出せないこと」という「再現」に用いられているというこ
とは、ほとんどの場合において適用できる。それは認知主義的記憶観によっ
て主題としてきたことと重なりを持つ(You, 2015)。それは、"もう一度"、
という点において、すでに私(たち)はそれを知っており、その事項に再度注
意を向けることの「達成」や、向けさせることの「試行」を意味している。

　ただし、この「再現」は状況によっては「話題」と有意な結合関係にあっ
たり、また別の状況では「同調」と有意な結合関係にあったりする。この際、
それが「過去」のいつの時点であるとか、単数回か複数回かの「経験」であ
るとか、「痕跡」であるとかいう説明装置は、局所的に有意になったり、有
意にならなかったりするものである。よって、記憶の心的述語にとって「再
現」であることそれ自体が、唯一の性質たるわけにはいかない。むしろ、相
互行為上、どのようなジレンマを解消するために再現が必要であるかこそが、

重要である。

　また、「記憶」の心的述語は、たびたび相手の前提に応えようとすることに用いられていた。これは、これらの会話が制度的場面ではない以上、過去との連続性・生活史がなければ成り立たない。しかし、それは、真偽関係とはほとんどの場合において無縁である。事項の真偽はレリヴァントではない。

　むしろ、あるジレンマへの対処として用いられる場合においては、過去に起こったことの再現が真偽であるというよりは、「ジレンマが解消されることそのこと自体」がもともとの目的であるために、例えば「Xさんって覚えてる？」などと話題の導入の可否を確認される限りにおいては、「うん覚えてるよ」などと再現できなくてもそのように言うことができる。これは、「再現したふり」をしているという事ができ、その「ふり」は「再現したことを宣言すれば話が進む」というジレンマの解消に指向し、その対処方法を「使いこなしている」ということができる。会話は様々な参与者のジレンマによって危うくなり、しかし、参与者にとって幾度となく救済される。このこと自体が記憶の心的述語の用いられ方の重要な点である。

　ではなぜ…とさらに問いを進めることが可能ではある。一つは、我々が記憶の心的述語を用いるのは、人間が元来お互いを助ける社会的連帯を持つからだ、と言えるかもしれない。あるいは、会話上の項目の不確定さや、参与フレームの相違等の会話のジレンマは、我々が会話に参与する際に自然に発生する「動物的自然」に基づく現象である、ということもできるだろう。

　しかし、ここで重要なのは、さまざまに救う方法が考えられる中で、記憶の心的述語がその救済の指し手に用いられると分析・記述によって明らかになったこと、そのことである。

2.　本研究の成果の位置づけ

　次に、本研究が先行研究内にどのように位置づけられるのかを、研究成果の点から述べる。

　まず、本研究の成果を、概念の論理文法分析のように、記憶概念と別概念

との結びつきで考えるのであれば、心的述語においての「記憶」概念は、第4章のように話題に用いられる場合は、その話題を進めることができる知識を持っているか、と確認するという意味において、「知識」の概念と結びつく。一方、第5章・第6章では同調・抵抗の証拠・根拠として用いられているために「証拠」や「根拠」の概念に結びつく。第7章では、特に不可能に用いられるため「(不可)能力概念」に結びつく。これらのことから、記憶概念について唯一の定義を与えることはできないことが、本研究においても確認された。

　さらに、本研究は、今まで一括で扱われてきた記憶概念と関係を持つ諸言語形式のうち、「述語」部分にターゲットを絞ったという意味で、新規性を持つ。これまでの研究においては、西阪のいう想起標識(西阪, 1998)や、言葉探しの発話/行為自体、複数参与者が絡む言葉探しなどの活動(Goodwin, 1987)、述語、過去の語りなどが、区分されずに扱われてきていた。それに対し、ターゲットを絞った本研究の分析は、想起概念をホリスティックに扱うことはできないものの、そのおかげで、それぞれの述語の持つ行為を記述・分析することが可能になったと考えられる。

　また、本研究は、日常言語哲学－エスノメソドロジー－会話分析の間に位置づけられるようなものである。記憶を内的過程と論じないという研究スタンスにおいては、それは特に過激な radical エスノメソドロジーに身を置きつつ、しかし手法としては会話分析を用いている意味で、認知的な要素に妥協している。その摩擦を解消するために、本研究ではデータの分析・記述の際に認知主義色の強い語を可能な限り排除した。これを、中途半端であるとか、徹底的に行っていない、という指摘もあるだろう。しかし、あらゆる研究スタンスを一旦保留し、前提とせず、会話分析の先行研究に基づきながらデータを分析し、一定の効果を上げたと考えられる。また、中間に位置付けられることがすなわち中途半端だ、という事にはならないだろうと考えている。

　さらに、この研究方法は、様々な方法論上の限界を含んではいるが、特に問題となりうるのは、そもそも「記憶の心的述語」という語群が、認知主義

的記憶観を含んでいる、という事である。しかし、認知主義的記憶観で集めた心的述語が何らかの意味で対処的であることは認知主義的記憶観をサポートしうるし、一方で、それらが互いに交換不可能な局所的場面で、様々な行為に用いられていることは、認知主義的記憶観に対し抵抗するものである。ゆえに、本研究は、認知主義的記憶観から出発しつつ、認知主義的記憶観への抵抗として、相互行為的なものを記述したものであるといえる。

　また、本研究の成果は、You(2015)の結果に強い相関関係を持っている。You は、英語 remember が用いられる行為が行われる状況 action environment を、①挑戦に対する挑戦 counter-challenges、②相手の宣言への同意 claim-backing、③道教え direction-giving の三つに分け、さらにこれらが話し手の行為の軌道 course of action を達成する実践であることをすでに指摘していた。本研究で見る限り、①は本研究6章(抵抗)と、②は本研究5章(同調)と、③は本研究4章(進行性)と連続関係を持っている。

　一方、本研究では言語・データの母数が事なるために、You が観察しえなかったタイプの、行為が行われる状況を記述することが出来た。特に7章にそれが顕著である。また、You が「話し手の」行為の軌道であると分析していたのに対して、本研究ではそれは、行為の軌道をも含んだ、より広い意味での話し手と聞き手双方にとっての会話の軌道の逸脱を修正するための実践であることを分析できたと言える。

　本研究で You(2015)が、認知主義に傾いていることを批判的に論じた。本研究の記述用語の制約もまた、You やその他研究者への批判から生まれたものであった。しかし、本研究での分析によって明らかになった記憶の心的述語の使われ方が、認知主義に傾いた会話分析研究である You(2015)より広範な傾向をとらえることができたという点において、認知主義的は記述の前提となる必要がないと言っても良い。

　そもそも、認知主義的か反−認知主義的かと二元論的に区別すること自体が、あまり意味をなすような区別ではない、という可能性も捨てきることができない。Ryle(1949=1987 : 61)も述べるように、生起した出来事は一つだけであり、また、二元論的区別自体が誤りであるからである。また、データ

第8章 結論 分析と記述からわかる記憶のことばの使い方 299

中の参与者は、本研究で明らかになった体系に自覚的でなくても、記憶の心的述語を自在に利用することができているし、できてきたし、おそらくこれからもそのような使い方をしていくだろうと考えられるからである。ウィトゲンシュタインは以下のように述べている。

　人生の問題の解決策を見つけたと思い、「さあ、これで楽になったぞ」とつぶやきたくなったとしよう。そのとき、それが間違いであると証明するには、「解決策」が見つかっていなかった時代があったことを考えればいい。その時代にだって生きることができたはずであり、その時代のことを考えれば発見した解決策など偶然に過ぎないと思えるのだ。論理学の場合も事情はおなじである。「論理学の(哲学の)問題を解決」したとしても、これだけは肝に銘じておくべきだろう。その問題はかつて未解決だった(がその時だって生きることも考えることもできたはずだ)
　―――

MS 108 207：29.6.1930

Wittgenstein(1977=1999；CV：MS 108 207：30：下線等ママ)

　本研究で見た限りにおいて、参与者はその場その場で記憶の心的述語を、局所的な行為に用いていた。そして、それは未記述であっても、「生きることができ」るようなものである。その意味において、認知主義的か反 - 認知主義的かと二元論的に区別すること自体は、参与者にとってはレリヴァントではない。

　むしろ、本研究がここまでで見てきた記憶の心的述語に対して、博物学的な記述を行うことで、認知主義的か反 - 認知主義的か、という区別においてどちらの立場にも傾かない、その二元的考えに対しては何の解決策も示さないことこそが、本研究の成果であるといえる。これまでに行った記述は(願わくば)、日本語文化圏に属する参与者であれば、「確かにそうしている」と、納得して受け入れられるものになっているはずであり、その意味合いにおいては、人々のやり方を体系的に記述する博物学的な相互行為の研究であると

位置づけられるだろう。それによって、記憶概念を論じる際、人々がその場で行っていることを見極めることで、検討無く反認知的にも認知主義的説明にも転ばないことを期待できるだろうと考えられる。

3. まとめ —記憶のことばの使い方

　本研究は、雑談において用いられる記憶の心的述語(忘れる、覚えている、記憶にある等)を含む発話が、その使われ方を見る限りにおいて、記銘−保持−想起/忘却という認知主義的な記憶観とかかわりを持たない、会話で起こる多様なジレンマに対応するために行われていることを明らかにした相互行為的研究である。

　例えば、「X国の位置が分からない」という人に、「思い出して」というとき、それは相手に「思い出すこと」を要求しているのではなく、相手がそれを知っているはずの人だとして扱いながら相手に「位置を説明すること」を要求している。仮に「思い出してくれ」ということが「想起」という事を要求しているのであれば、「X国の位置」を「思い出して」、それを「説明する」というような過程が生まれることはおかしい。これは、相互行為上の課題である。本来は、「説明する」という行為がまずは要求されていて、「思い出して」という語を使用する。しかし、記述の際、認知主義的記憶観にひきずられ、「想起」と紐づけられてしまっていることを指摘した。

　本研究では、「忘却」「想起」と言った概念に紐づける前に、その行為を観察し、会話の中の局所的な使われ方を見ることで、記憶に関わる心的述語の行為を記述した。

　そもそも、認知主義を基盤とする科学は、事実を記銘・保持・想起・忘却といったプロセスが、言語使用の背景にあることを(記憶)研究の基盤としてきた。それに対し、先行研究は主に、認知主義への抵抗の企てとしてなされてきた。ただし、ほとんどの研究は抵抗にとどまり、「記憶概念は認知的に研究すること以外にも可能である」という事の主張を行っているが、具体的な使用法の多様性を記述することはしていなかった。

また、2000年以前の先行研究は、特に日常言語哲学では単文を中心とした直観的・哲学的議論をもとになされていた。2000年前後から経験的な方向へと進んだ研究もあるが、それ以降具体的に取り上げられることはあまりなかった。本研究は、2000年前後に行われていた研究をさらに経験的な方向へと深化させるものであり、新規性をもっている。

通常の「記憶」の研究が、実験心理学的な手法を利用したり、実験心理学的成果を前提としたりして研究を始めるのに対し、本研究は「記憶」の心的述語（思い出す、忘れる、覚えている等）は、そもそも日本語における単なる語であり、実体を持つ概念ではない（＝実在論・（新・）デカルト主義的ではない）というところから研究がスタートしていた。そして、その語はまずコミュニケーションのうえで利用されており、それぞれの場面で使用されている方法（使われ方, use）を持つ。それを会話分析の手法によって記述した。

これら便宜的に分けられた4つの使われ方は「進行性の調整」「参与フレームの変更による同定・同調」「抵抗」「不可能を示すこと」の4つである。これらはすべて、会話上のジレンマに対処するために用いられている。それらは「進行性が妨げられる（かもしれない）こと」「参与フレームの相違」「行為が協調的ではないこと」「相手の行為要求に応じられないこと」である。そしてこれらは、会話で起こるジレンマに対処する際に用いられる、ということを例証した。

4. 本研究の課題と今後の展開

次に、本研究における課題と今後の展開を以下の5点にまとめた。

1. 他の心的述語においての認知主義的な価値観への抵抗
2. 同様の連鎖環境で用いられる同様の表現との類似点・相違点
3. 社会現象への適用
4. 生成AIやロボットと想起
5. 他言語との対照・展開

1つ目は、例えば「考える」「意識する」「認識する」「認知する」というような、他の認知主義と強いかかわりを持つ語が、どのような行為に使われているかを分析・記述するという展開が可能である。これらはすでに、Coulterをはじめとする様々な研究者によって試みられてきたが、特に日常会話の中で行われる述語の分析という意味においては、未だに多岐的な展開を持つものであると考えられる。

2つ目は、本研究で行うことが出来なかった点で課題である。同一の連鎖環境で「名前忘れちゃったなぁ」という場合もあれば、「名前思い出せないなぁ」「名前なんだっけなぁ」「名前知らないけどなぁ」「名前わかんないなぁ」などという場合があるかもしれない。そして、我々はそれら表現の中から、表現を選択し word-select ている、とされている。無論、それをいかにして「同一連鎖」と根拠づけるか、などの困難さはあるだろう。しかし、この表現の選択の基準が何であるのか、それを本研究で積極的に分析・記述することは出来なかった。そのため、これら比較を行うことは、今後の記憶の心的述語の使われ方の記述により厚みを持たせるという意味で、展開可能であるといえる。

3つ目は、記憶が脳科学的・医学的分野であることと関係する。すでに述べたように、認知科学では例えば「忘却」は、脳の活動の不調や欠損として捉えられている。それは人間がいわば「機械」であり、それが「壊れてしまう」といったような価値観の下で、記憶に関する治療が行われる、という事である。しかし、すでに本研究で抵抗を試みたように、我々が実際に使う記憶の心的述語は、ある行為を構成する単なる言葉である。その意味で、"記憶"に障害を抱える人たち、またその周囲の人に対し、「あなたの海馬に損傷が」というよりは、「彼は突然話題を変えることができない」というような、非医療従事者に対する配慮のある表現を可能にする可能性を持っている、と著者は考えている。

この立場に最も近いものは、ナラティブ・ベイスト・メディスン(以下、NBM)の臨床的研究だろう(斎藤・岸本, 2003)。斎藤・岸本は、患者とやりとりする際、医療従事者に、患者の訴えを聞き取り、理解しようと努める「ナ

第8章　結論　分析と記述からわかる記憶のことばの使い方　303

ラティブ・モード」と、患者の訴えを医学(科学)的な原因−結果関係に還元し(てしまい、)理解しようとする「論理実証モード」があり、前者の重要性を述べている(15-18)。NBM は、このようなナラティブ・モードにより焦点を当てる医療実践を指すが、本研究が認知主義的記憶観に抵抗を試みたこととの動機は類似している[2]。

　また、事故や事件の供述に関する研究もある。Loftus & Zanni(1975)の古典的研究では、警察が目撃者をインタビューする際の語の選択が、記憶に変容を及ぼす場合があること報告している。Loftus & Zanni(1975：88)によれば、警察官が「車が接触したとき時速何マイルぐらい出ていましたか？」という質問と、「車が激突したとき時速何マイルぐらい出ていましたか？」という質問では、その答えが後者が前者よりも平均して時速 10 マイル(約 16 km/h)速くなるという実験結果を示している。越智(2014：30)は、相手が「接触した」というのに対し、"接触した"とカテゴライズできないような速度を言うことは、「[会話上]対立的になってしまう可能性」を示唆している。この対立を避けることを越智は実際の記憶と会話との「妥協」と記述しているが、本研究ではこれを協調的と表現したい。このような"記憶の変容"に関する研究も、記憶の心的述語が会話がうまくいかないことに対して治療的であることと関わりを持つだろう、と考えられる。このような制度的場面の研究も俟たれる。

　4 つ目は、例えばこのような状況を考えてみるとわかりやすい[3]。ある日本語を流ちょうに話すロボット R が、次のように言うとする。「R：この間できた駅前の喫茶店、名前忘れちゃったけど、すごくおいしいよ」。この時、R は、記憶の心的述語の使用を全く問題なく用いている。生身の人間がこのように言っても、違和感を持つことはないことからもわかる。しかし、我々はすぐにこれを"偽り"ととるだろう。というのは、認知主義的記憶観においてロボットは情報を取り出し損ねない＝"忘れない"からである。

　ただし、やはり、述語の使われ方として考えた場合は問題がない。そこでは、あることが再現できないことが問題になっているのであって、そこに本来、情報の「記銘−保持−想起」という認知主義的記憶観はかかわらないは

ずなのだ。しかし、認知主義的記憶観がいわば邪魔をし、本来の述語の使用の見方を曇らせているがために、我々はこのロボットに（不当に）「偽り」のレッテルを貼ってしまうのである。ここでこのロボットは、単に「再現ができない、しかし進行には問題がない」という使われ方をしているにすぎないのだが、それを「偽り」だと理解してしまうことは、記憶の心的述語の使用を認知主義的に考える限り解決しない問題である、と思う。

　5つ目は、他言語での対照・展開である。例えば、英語と日本語で、記憶の心的述語の使用は相当に異なることが考えられる。remember が日本語において「思い出す」「覚える」2つの意味に捉えられることは承知のとおりであろう。また、例えば韓国語では、「記憶」相当の語を、日本語の「思い出す」「覚える」等の意味で用いるという。その意味で、語や表現が異なる事によってまた、様々な使用法/言語ゲームの変更が生じる場合があり、その展開は非常に興味深いと言えるだろう。

　このように、記憶概念に関する課題は多岐に及んでおり、分野を横断した研究も期待される。

注

1) ここで「修正的」というとき、必ずしも会話が「修復の連鎖組織」で用いられるという事を意味しない。

2) ただし、NMB は、対話（談話）分析という方法を用いているために、その立場は言説心理学により近く、管見の限り「語り」と「記憶」を同一視している。

3) これは千々岩（2019b）で行った発表に利用したものである。これとは少し異なるが、しかし記憶概念についてのより詳細な考察が松島（2002：31–50）でなされている。

参考文献

・和文と英文・その他言語を分けて表示する。
・可能な限り原典を挙げ、翻訳がある場合は後に記した。
・原著で引用されているが、翻訳があり、ページ数が記されている場合、
　それは基本的に翻訳書のページ数である。
・共同研究者や編集者が4名以上の者は筆頭著者を記した。

〈和文〉

飯田隆(2007)「IX　日常言語の哲学　分析哲学I」『哲学の歴史　論理・数学・
　　　言語 20 正規 II　科学の世紀と哲学』,中央公論新社：565-606.

飯田隆(2020)『分析哲学　これからとこれまで』,勁草書房

飯野勝巳(2007)『言語行為と発話解釈　コミュニケーションの哲学に向けて』,
　　　勁草書房

市川伸一[他](1994)『認知科学5　記憶と学習』,岩波書店

伊藤翼斗(2018)『発話冒頭における言語要素の語順と相互行為』,大阪大学出版
　　　会

岩田夏穂(2013)「共通性を示すこと」『共感の技法』,勁草書房：141-156

浦野茂(1999)「想起の社会的コンテクスト」,現代社会理論研究(9)：109-121.

浦野茂(2002)「記憶・アイデンティティ・歴史—M.アルヴァックスと視点とし
　　　ての言語(特集　記憶の社会学)」,現代社会理論研究(12)：26-38.

浦野茂(2007)「記憶の科学：イアン・ハッキングの「歴史的存在論」を手がかり
　　　に(記憶の社会学)」,哲学 117：245-266.

太田信夫・厳島行雄[編](2011)『現代の認知心理学2　記憶と日常』,北大路書
　　　房

尾田栄一郎(2017)『ONE PIECE 85』,集英社

越智啓太(2014)『つくられる偽りの記憶　あなたの思い出は本物か?』,化学同
　　　人

加藤尚武(2004)「心の哲学・総覧」,学術の動向,9(2)：12-15.

金瑛(2020)『記憶の社会学とアルヴァックス』,晃洋書房

串田秀也(2006)『相互行為秩序と会話分析—「話し手」と「共-成員性」をめぐ
　　　る参加の組織化』,世界思想社

串田秀也(2008)「指示者が開始する認識探索—認識と進行性のやりくり—」,社
　　　会言語科学,10(2),社会言語科学会：96-108.

串田秀也(2009)「聴き手による語りの進行促進—継続支持・継続催促・継続試行

—」, 認知科学, vol.16 No.1 : 12-23.

串田秀也・平本毅・林誠(2017)『会話分析入門』, 勁草書房

楠見孝[編] (2010)『現代の認知心理学 3　思考と言語』, 北大路書房

熊谷高幸(2018)『「心の理論」テストはほんとうは何を測っているのか?―子ど
　　もが行動シナリオに気づくとき―』, 新曜社

小宮友根(2011)『実践の中のジェンダー――法システムの社会学的記述』, 新曜社

斎藤清二・岸本寛史(2003)『ナラティブ・ベイスト・メディスンの実践』, 金剛
　　出版

椎野信夫(2007)『エスノメソドロジーの可能性』, 春風社

須賀あゆみ(2018)『相互行為における指示表現』, ひつじ書房

鈴木宏昭(2016)『教養としての認知科学』, 東京大学出版会

高木貞敬(1976)『記憶のメカニズム』, 岩波書店

高野陽太郎[編] (1995)『認知心理学 2　記憶』, 東京大学出版会

高橋雅延・北神慎司(2011)「日常記憶」, 太田信夫・厳島行雄[編]『現代の認知
　　心理学 2　日常と記憶』, 北大路書房

田中ゆかり(2019)「情報化時代の言語コミュニケーション:媒体・手段の特性と
　　年代差」『日本語学』, 38(1), 明治書院 : 22-35

田邊尚子(2010)「ディスカーシヴ・サイコロジーにおけるディスコース分析のア
　　イデア―語彙の連関的使用への注目―」, 年報社会学論集, 23 : 83-9

千々岩宏晃(2017)「忘れた」ということの相互行為分析:活動進行に必要かつ充
　　分な情報提供」, 日本語・日本文化研究, 27 : 128-138.

千々岩宏晃(2018a)「不可能への言及:記憶の心的述語の記述的検討」, 日本語・
　　日本文化, 28 : 94-105.

千々岩宏晃(2018b)「「記憶がある」ということについての会話分析」, 間谷論集,
　　日本語日本文化教育研究会, 12 号 : 27-52.

千々岩宏晃(2019a)「想起の心的述語「覚えてる?」の記述的検討」, 間谷論集,
　　日本語日本文化教育研究会, 13 号 : 91-112.

千々岩宏晃(2019b)「雑談データの分析からみた記憶概念と他概念との結びつき」,
　　人工知能学会 言語・音声理解と対話処理研究会(SLUD)第 85 回研究会 発
　　表資料 : 72-77.

月浦崇(2013)「想起・誤記憶(記憶)」,『脳科学辞典』, 日本神経科学学会

辻幸夫(2001)『ことばの認知科学辞典』, 大修館

土屋俊(2009)『心の科学の可能性』, くろしお出版

筒井佐代(2012)『雑談の構造分析』, くろしお出版

寺村秀夫(1992)『寺村秀夫論文集 II―言語学・日本語教育編―』, くろしお出版

戸江哲理(2008)「糸口質問連鎖」, 社会言語科学, 10(2), 社会言語科学会 : 135-145.

参考文献　307

戸江哲理（2013）「晩ごはんのひとり言―相互行為における公私区分とその交渉―」, 家族研究年報 No.38, 家族問題研究学会：109-123.

戸江哲理（2018）「会話分析とフィールドワーク」, 平本毅［他］著『会話分析の広がり』, ひつじ書房：127-162.

西阪仰（1997a）『相互行為分析という視点』, 金子書房

西阪仰（1997b）「間身体的関係のなかの対象」,『対話と知　談話の認知科学入門』, 新曜社：79-100.

西阪仰（1998）「概念分析とエスノメソドロジー「記憶」の用法」, 山田富秋・好井裕明［編］,『エスノメソドロジーの想像力』, せりか書房：204-223.

西阪仰（2000）「相互行為の中の認識」,『文化と社会』, 2, マルジュ社：49-174.

西阪仰（2001a）『心と行為』, 岩波書店

西阪仰（2001b）「心的イメージはどのぐらい「心的」か」, 足立自朗［他］［編］『心とは何か』, 北大路書房

西阪仰（2006）「反応機会場と連続子―文の中の行為連鎖―」, 研究所年報（36）, 57-71.

西阪仰（2008）『分散する身体』, 勁草書房

西阪仰［他］（2013）『共感の技法』, 勁草書房

西阪仰（2018）「会話分析はどこへ向かうのか」, 平本毅［他］［編］『会話分析の広がり』, ひつじ書房：253-279.

野矢茂樹（2011＝2020）『語りえぬものを語る』, 講談社

早野薫（2018）「認識的テリトリー―知識・経験の区分と会話の組織」, 平本毅［他］［編］『会話分析の広がり』, ひつじ書房：193-224.

平沢慎也（2019）『前置詞 by の意味を知っているとは何を知っていることなのか』, くろしお出版

平本毅（2011a）「他者を「わかる」やり方にかんする会話分析的研究」社会学評論, 62（2）, 日本社会学会：153-170.

平本毅（2011b）「話題アイテムの摑み出し」, 現代社会学理論研究, 5, 日本社会学理論学会：101-119.

平本毅（2015）「会話分析の「トピック」としてのゴフマン社会学」, 中河伸俊・渡辺克典［編］『触発するゴフマンやりとりの秩序の社会学』, 新曜社：104-129.

古田徹也（2022）『このゲームにはゴールがない』, 筑摩書房

前田泰樹（2003）「記憶の科学の思考法―失語症研究と想起の論理文法」,『文明』,（3）：45-55.

前田泰樹（2008）『心の文法：医療実践の社会学』, 新曜社

松浦雄介（2005）『記憶の不確定性―社会学的探究』, 東信堂

松島恵介（2002）『記憶の持続　自己の持続』, 金子書房

松島恵介（2005）「「記憶の不在」は「忘却」か？—高次脳機能障害者共同作業所における想起コミュニケーション分析—」, 国際社会文化研究所紀要(7), 龍谷大学：283-303.

マッガウ, J. L., ルポート, A.（2015）「超記憶の人々」, 『心を探る　記憶と近くの脳科学』, 日経サイエンス編集部：9-13.

丸太健（2007）「Ⅴ　ウィトゲンシュタイン　2.後期」, 『哲学の歴史　論理・数学・言語 20 正規Ⅱ　科学の世紀と哲学』, 中央公論新社：382-422

森田和代・井出里咲子[編]（2016）『雑談の美学』, ひつじ書房

森田良行（1996）「意味分析の方法—理論と実践—」, ひつじ書房

やまだようこ[他][編]（2013）『質的心理学ハンドブック』, 新曜社

山鳥重（2002a）『記憶の神経心理学』, 医学書院

山鳥重（2002b）『「わかる」とはどういうことか』, 筑摩書房

山鳥重（2018）『「気づく」とはどういうことか』, 筑摩書房

横山詔一・渡邊正孝（2007）『記憶・思考・脳』, 新曜社

好井裕明（1992）『エスノメソドロジーの現実　せめぎあう〈生〉と〈常〉』, 世界思想社

渡邊福太郎（2017）『ウィトゲンシュタイの教育学—後期哲学と「言語の限界」』, 慶応義塾大学出版会

〈英文・その他言語〉

Anderson, M. C., & Hanslmayr, S.（2014）"Neural mechanisms of motivated forgetting", *Trends in Cognitive Sciences*, 18(6)：279-292.

Arminen, I.（2004）"Second stories：the salience of interpersonal communication for mutual help in Alcoholics Anonymous", *Journal of Pragmatics*, 36：319-347.

Assman, A.（2016）"*Das Neue Unbehagen An Der Erinner Ungskultur*", 2nd ed., Verlag C. H. Beck oHG（=2019, 安川晴基[訳], 『想起の文化—忘却から対話へ—』, 岩波書店）

Austin, J. L.（1962）*How to Do Things with Words*, Oxford University Press（=1978, 坂本百大[訳], 『言語と行為』, 大修館書店）

Ayass, R.（2015）"Doing data：The status of transcripts in Conversation Analysis", *Discourse Studies*, 17(5)：505-528.

Barrouillet, P., & Camos, V（2014）"On the proper reading of the TBRS model：Reply to Oberauer & Lewandowsky（2014）", *Frontiers in Psychology*, 5：1-3.

Beaman, C. P., & Jones, D. M. (2016) "The Item versus the Object in Memory : On the Implausibility of Overwriting As a Mechanism for Forgetting in Short-Term Memory", *Frontiers in Psychology*, 7 : 1–14.

Billig, M. (1999) "Conversation Analysis and the Claims of Naivety", *Discourse & Society*, 10(4) : 572–576.

Bolden, G. B. & Mandelbaum. J. (2017) "The Use of Conversational Co-Remembering to Corroborate Contentious Claims", *Discourse Studies*, 19(1) : 3–29.

Bolden, G. B. (2018) "Speaking 'out of turn' : Epistemics in action in other-initiated repair", *Discourse Studies*, 20(1) : 142–162.

Button, G., & Casey, N. (1984) "Generating topic : the use of topic initial elicitors", In J. Atkinson & J. Heritage (eds.), *Structures of Social Action*, Cambridge University Press : 167–190.

Button, G., & Casey, N. (1985) "Topic nomination and topic pursuit", *Human Studies*, 8(1) : 3–55.

Button, G., Coulter, J., R. E. Lee, J., & Sharrock, W. (1995) "*Computers, Minds and Conduct*", Polity Press

Carr, M. F., Jadhav, S. P., & Frank, L. M. (2011) "Hippocampal replay in the awake state : A potential substrate for memory consolidation and retrieval", *Nature Neuroscience*, 14(2) : 147–153.

Clift, R., & Raymond, C. W. (2018). "Actions in practice : On details in collections.", *Discourse Studies*, 20(1) : 90–119.

Connerton, P. (1989) "How Societies Remember", Cambridge University Press. (=2011, 芦刈美紀子[訳]『社会はいかに記憶するか』, 新曜社)

Coulter, J. (1977) "Transparency of Mind : The Availability of Subjective Phenomena", *Philosophy of the Social Sciences*, 7(4) : 321–350.

Coulter, J. (1979) "*The Social Construction of Mind*", Macmillan(=1998, 西阪仰[訳]『心の社会的構成』, 新曜社)

Coulter, J. (1999) "Discourse and mind", *Human Studies*, 22(2-4) : 163–181. (= 2000, 藤守義光[訳]「談話と心」,『文化と社会』Vol.2, メルジュ社 : 148)

Coulter, J. (2004) "What is "discursive psychology"", *Human Studies*, 27(3) : 335–340.

Coulter, J. (2005) "Language without mind", In H. te Molder and J. Potter(eds.), *Conversation and Cognition. Conversation and Cognition* : 79–92.

Couper-Kuhlen, E. and Selting, M. (2018) *Interactional Linguistics*, Cambridge University Press

Crystal, D. (1987) "*The Cambridge Encyclopedia of Language*", Cambridge University Press (=1992, 風間喜代三 [他] [訳], 「45 言語と脳」, 「言語学百科事典」, 大修館)

De Ruiter, J. P., & Albert, S. (2017) "An Appeal for a Methodological Fusion of Conversation Analysis and Experimental Psychology", *Research on Language and Social Interaction*, 50 (1) : 90-107.

Deppermann, A. (2012) 'How Does "Cognition" Matter to the Analysis of Talk-in-Interaction?', *Language Sciences*, 34 (6) : 746-767.

Drew, P. (1989) "Recalling someone from the past.", In D. Roger & P. Bull (eds.), "*Conver-sation : An interdisciplinary perspective*", Philadelphia : Multilingual Matters. : 96-115

Drew, P. (1992) "Contested Evidence in Courtroom Cross-Examination : The Case of a Trial for Rape", In P. Drew and Heritage (eds.) *Talk At Work : Interaction in Institutional Settings*, Cambridge University Press : 470-520.

Drew, P. (1997) "'Open' Class Repair Initiators in Response to Sequential Sources of Troubles in Conversation.", *Journal of Pragmatics*, 28 : 69-101.

Drew, P. (2005) 'Is Confusion a State of Mind', In H. te Molder and J. Potter (eds.). *Conversation and Cognition*, Cambridge University Press : 161-83.

Drew, P. (2018) "Epistemics - The Rebuttal Special Issue : An introduction.", *Discourse Studies, 20* (1) : 3-13.

Drew, P. (2018) "Epistemics in social interaction", *Discourse Studies*, 20 (1) : 163-187.

Dynel, M. (2014) "Participation framework underlying YouTube interaction", *Journal of Pragmatics*, 73 : 37-52.

Edwards, D., & Potter, J. (1992) *Discursive Psychology*, SAGE Publications

Edwards, D. (1997) *Discourse and Cognition*, SAGE Publications

Edwards, D., & Stokoe, E. H. (2004). Discursive psychology, focus group interviews and participants ' categories. *British Journal of Social Psychology*, 22, 499-507.

Edwards, D., & Potter, J. (2005) "Discursive psychology, mental states and descriptions", In H. te Molder and J. Potter (eds.). *Conversation and Cognition.* : 241-259.

Enfield, N. J. (2013a) "Relationship Thinking : Agency, Enchrony, and Human Sociality", Oxford University Press (=2015, 横森大輔 [他] [訳] 『やりとりの言語学』 大修館書店)

参考文献　311

Enfield, N. J. (2013b) "Chapter21. Reference in Conversation", In Sidnell, J. and Stivers, T. (eds.). *The Handbook of Conversation Analysis*, Wiley-Blackwell : 433-454.

Florès, C. (1970) *"La Memoire"*, Universittaires de France(=1975, 湯川良三［訳］, 『記憶―その心理学的アプローチ―』, 白水社)

Foppa, K. (1990) "Topic Progression and Intention", In I. Markova & K. Foppa (eds.), *The Dynamics of Dialogue*, Hemel Hempsted ; Harvester Wheatsheaf. : 178-200.

Fox, B. (2015) "On the notion of pre-request", *Discourse Studies*, 17(1) : 41-63.

Fox, B., Hayashi, M. and Jasperson, R. (1996) "Resources and repair.", E. Ochs, E. Schegloff and S. Thompson(eds.)*Interaction and Grammar*, Cambridge University Press. : 185-237

Garfinkel, H. (1967) *"Studies in Ethnomethodology"*, Prentice-Hall

Garfinkel, H. (1974) "The Origin of the Term "Ethnomethodology"'", In Roy Turner(ed.), *Ethnomethodology*, Penguin. (=1987, 山田富秋［他］［編訳］, 「エスノメソドロジー命名の由来」, 『エスノメソドロジー：社会学的思考の解体』, せりか書房)

Garfinkel, H. & Sacks, H. (1986) "On formal structures of practical actions", In H. Garfinkel(ed.), *Ethnomethodological studies of work*, Routledge & Kegan Paul. : 160-193.

Garfinkel, H. (1996) "Ethnomethodology's program", *Social Psychology Quarterly*, 59(1) : 5-21.

Garfinkel, H. (2002) "Ethnomethodology's Program", A. W. Rawls(ed.), Rowan& Littlefield Publishers

Gitelman, D. R., Parrish, T. B., Gonsalves, B., Reber, P. J., Paller, K. A., & Mesulam, M.-M. (2004) "Neural Evidence That Vivid Imagining Can Lead to False Remembering", *Psychological Science*, 15(10) : 655-660.

Goffman, E. (1974) *"Frame Analysis : An Essay on the Organization of Experience"*, New York : Harper & Row.

Goffman, E. (1981). *"Forms of Talk."*, University of Pennsylvania Press.

Gonsalves, B., & Paller, K. A. (2000) "Neural events that underlie remembering something that never happened.", *Nature Neuroscience*, 3(12) : 1316-1321.

Goodman, N. (1979=1983)*Fact, Fiction and Forcast*, 4*th* Edition. Harvard University Press.

Goodman, S., & Walker, K. (2016) "Some I dont remember and some I do : Memory talk in accounts of intimate partner violence", *Discourse Studies*,

18(4) : 375–392.

Goodwin, C. (1984) "Notes on Story Structure and the Organization of Participation", In M. Atkinson and J. Heritage (eds.), *Structures of Social Action*, Cambridge University Press : 225–246.

Goodwin, C. (1987) "Forgetfulness as an Interactive Resource"*Social Psychology Quarterly*, 50(2) : 115–131.

Goodwin, C. (2013) "The co-operative, Transformative organization of human action and knowledge", *Journal of Pragmatics*, 46(1) : 8–23.

Goodwin, H.M. and Goodwin, C. (1986). Gesture and coparticipation in the activity of searching for a word. *Semiotica, 62*(1–2), 51–76.

Hacking, I. (1995) *"Rewriting the soul : multiple personality and the sciences of memory"*. Princeton University Press. (=1998, 北沢格 [訳], 『記憶を書きかえる』, 早川書房)

Hacker. P. M. S. (1996) *Wittgenstein's Place in Twentieth-Century Analytic Philosophy*, Basil Blackwell.

Halbwachs. M. (1950) *"La Memoire Collective"* (=1989, 小関藤一郎 [訳], 『集合的記憶』, 行路社)

Harness Goodwin, M. (1997) "Toward Families Stories in Context"., *Journal of Narrative and Life Story*, 15 : 107–112.

Hayano, K. (2011) "Claiming epistemic primacy : yo- marked assessments in Japanese", In T. Stivers, L. Mondada and J. Steensig (eds.), *The Morality of Knowledge in Conversation*, Cambridge University Press : 58–81.

Hayashi, M. (2003) "Language and the Body as Resources for Collaborative Action : A Study of Word Searches.", *Research on Language and Social Interaction*, 36(2) : 109–141.

Hayashi, M. (2005) "Referential problems and turn construction : An exploration of an intersection between grammar and interaction", *Text - Interdisciplinary Journal for the Study of Discourse*, 25(4) : 437–468.

Hayashi, M. (2012) "Claiming Uncertainty in Recollection : A Study of Kke-Marked Utterances in Japanese Conversation", *Discourse Processes*, 49(5) : 391–425.

Heritage, J. (1984) *"Garfinkel and Ethnomethodology"*. Polity Press.

Heritage, J. (2005) "Cognition in discourse", (in.) H. te Molder and J. Potter (eds.), *"Conversation and Cognition"*, Cambridge University Press : 184–202.

Heritage, J. (2007) "Intersubjectivity and progressivity in person (and place) reference", In N. J. Enfield and T. Stivers (eds.) *Person Reference in Interaction : Linguistic, Cultural, and Social Perspectives*, Cambridge Univerisity Press : 255–280.

Heritage, J. (2011) "Territories of knowledge, territories of experience : empathic moments in interaction", In T. Stivers, L. Mondada and J. Steensig (eds.), *The Morality of Knowledge in Conversation :* 159–184.

Heritage, J. (2012a) "The Epistemic Engine : Sequence Organization and Territories of Knowledge"., *Research on Language & Social Interaction*, 45 (1) : 30–52.

Heritage, J. (2012b) "Epistemics in Action : Action Formation and Territories of Knowledge", *Research on Language & Social Interaction*, 45 (1) : 1–29.

Heritage, J. (2013) "Action formation and its epistemic (and other) backgrounds", *Discourse Studies*, 15 (5) : 551–578.

Heritage, J. (2015) "Well-prefaced turns in English conversation : A conversation analytic perspective", *Journal of Pragmatics*, 88 : 88–104.

Heritage, J. (2018). "The ubiquity of epistemics : A rebuttal to the 'epistemics of epistemics' group", *Discourse Studies*, 20 (1) : 14–56.

Jackendoff, R. (1993) *"Patterns in the Mind, Language and Human Nature"*, Harvester Wheatsheaf (= 2004, 水光雅則 [訳],『心のパターン』. 岩波書店)

Jefferson, G. (1978). "Sequential Aspect of Storytelling in Conversation.", In J. Schenkein (eds.), *Studies in the Organization of Conversational Interaction*, Elsevier : 219–248.

Jefferson, G. (1979) "A Technique for Inviting Laughter and its Subsequent Acceptance Declination." (In) G. Psathas (ed.), *Everyday language : Studies in ethnomethodology*, Irvington Publishers : 79–95.

Jefferson G. (1984) "On stepwise transition from talk about a trouble to inappropriately next-positioned matters", In J. Atkinson & J. Heritage (eds.), *Structures of Social Action*, Cambridge University Press : 191–222.

Jefferson, G. (2004) "Glossary of Transcript Symbols with an Introduction." (in.) Lerner, G (eds.), *Conversation Analysis : Studies from the First Generation.*, John Benhamins Publishing Company : 13–31.

Jones, D., Drew, P., Elsey, C., Blackburn, D., Wakefield, S., Harkness, K., & Reuber, M. (2016) "Conversational assessment in memory clinic encounters : Interactional profiling for differentiating dementia from functional memory disorders", *Aging and Mental Health*, 20 (5) : 500–509.

Kecskes, I. (2013) "Why do we say what we say the way we say it?", *Journal of*

Pragmatics 48 : 71–83.

Kitzinger, C. (2006) "After post-cognitivism", *Discourse Studies*, 8(1) : 67–83.

Kitzinger, C. (2013). Repair. In J. Sidnell and T. Stivers. (eds.) *The Handbook of Conversation Analysis*, Blackwell Publishing : 229–256.

Kitzinger, C., & Mandelbaum, J. (2013) "Word Selection and Social Identities in Talk-in-Interaction", *Communication Monographs*, 80(2) : 176–198.

Koopmann-Holm, B., & O'Connor, A. J. (2017) "Working memory", *Working Memory* : 1–82.

Kuusela, O. & McGinn, M. (ed.) (2011) *The Oxford Handbook of Wittgenstein*, Oxford University Press.

Larson, J. (1996) "The Participation Framework as a mediating Tool in Kindergarten Journal Writing Activity." *Issues in Applied Linguistics*, 7(1) : 135–151.

Lee, S. H., & Tanaka, H. (2016) "Affiliation and alignment in responding actions." *Journal of Pragmatics*, 100 : 1–7.

Leiter, K. (1980) "*A Primer on Ethnomethodology*", Oxford University Press (= 1987, 高山眞知子［訳］,『エスノメソドロジーとは何か』, 新曜社)

Lerner, G. H. (1992) "Assisted Storytelling : Deploying Shared Knowledge as a Practical Matter", *Qualitative Sociology*, 15(3) : 247–271

Levinson, S. (2006). "Cognition at the heart of human interaction.", *Discourse Studies*, 8(1) : 85–93.

Levinson, S. C. & Torreira, F. (2015) "Timing in turn-taking and its implications for processing models of language". *Frontiers in Psychology*, 6 : 1–17.

Lindwall, O., Lymer, G., & Ivarsson, J. (2016) "Epistemic status and the recognizability of social actions", *Discourse Studies*, 18(5) : 500–525.

Loftus, E. F., & Zanni, G. (1975) "Eyewitness testimony : The influence of the wording of a question", *Bulletin of the Psychonomic Society*, 5(1) : 86–88.

Lynch, M. (1996) *Scientific Practice and Ordinary Action*, Cambridge University Press (=2012, 水川善文［他］［訳］『エスノメソドロジーと科学実践の社会学』, 勁草書房)

Lynch, M., & Bogen, D. (2005) ""My memory has been shredded" : a non-cognitivist investigation of "mental" phenomena", (in.) H. te Molder and J. Potter (eds.). *Conversation and Cognition.* : 226–240.

Lynch, M. (2006) "Cognitive activities without cognition? ethnomethodological investigations of selected "cognitive" topics", *Discourse Studies*, 8(1) : 95–104.

Lynch, M. & Wong, J. (2016) "'Reverting to a Hidden Interactional Order : Epistemics, Informationism, and Conversation Analysis'". *Discourse Studies*, 18(5) : 526–49.

Lynch, M., & Macbeth, D. (2016) "The epistemics of Epistemics : An introduction", *Discourse Studies*, 18(5) : 493–499.

Lynch, M. (2017) "Garfinkel, Sacks and formal structures : Collaborative origins, divergences and the vexed unity of ethnomethodology and conversation analysis", *IIEMCA 2017 : A Half-Century of Studies* : 1–12.

Macbeth, D., Wong, J., & Lynch, M. (2016) "The story of 'Oh, Part 1 : Indexing structure, animating transcript", *Discourse Studies*, 18(5) : 550–573.

Macbeth, D., & Wong, J. (2016) "The story of 'Oh, Part 2 : Animating transcript", *Discourse Studies*, 18(5) : 574–596.

MacWhinney, B. (2007) "The TalkBank Project", In J. C. Beal, K. P. Corrigan & H. L. Moisl (eds.), *Creating and Digitizing Language Corpora : Synchronic Databases*, Vol.1. Houndmills : Palgrave-Macmillan.

Malcolm, N. (1963) "A definition of factual memory", In *Knowledge and Certainty*. Cornell University Press.

Malcolm, N. (1977) "*Memory and Mind*", Cornell University Press

Malcolm, N. (1983) A Definition of Factual Memory. (In) Davis, S. (ed.) *Causal Theories of Mind:Action, Knowledge, Memory, Perception and Reference*. De Gruyter : 197–212.

Mandelbaum, J. (2012) "Storytelling in Conversation", *The Handbook of Conversation Analysis* : 492–507.

Matthews, B. (2009) "Discerning the Relations Between Conversation and Cognition", *Human Studies*, 32(4) : 487–502.

McHoul, A., & Rapley, M. (2003). What can psychological terms actually do? (Or : If Sigmund calls, tell him it didn't work). *Journal of Pragmatics, 35* (4) : 507–522.

McHoul, A. and Rapley, M. (2006) Clarifying the point : A brief response to Sharrock and Coulter. *Theory & Psychology*, 16(2). : 277–279.

Michaelian, K., & Sutton, J. (2013) "Distributed Cognition and Memory Research : History and Current Directions", *Review of Philosophy of Psychology*, 4 : 1–24.

Middleton, D., & Edwards, D. (1990) "Conversatinal Remembering : a Social Psychological Approach", In D. Middleton and D. Edwards (eds.), *Collective Remembering*, SAGE Publications : 23–45

Mondada, L. (2013) "The Conversation Analytic Approach to Data Collection", In Sidnell, J. and Stivers, T. (eds.), *The Handbook of Conversation Analysis*, Wiley-Blackwell : 32–56.

Mondada, L. (2017) "The management of knowledge discrepancies and of epistemic changes in institutional interactions", (in.) T. Stivers, L. Mondada and J. Steensig(eds.), *The Morality of Knowledge in Conversation*, Cambridge University Press : 27–57.

Mondada, L. (2018) "Multiple Temporalities of Language and Body in Interaction : Challenges for Transcribing Multimodality", *Research on Language and Social Interaction*, 51 : 1 : 85–106.

Moon, A. (2012) "Knowing without evidence." *Mind*, *121*(482) : 309–331.

Moon, A. (2013) "Remembering entails knowing." *Synthese*, 190(14) : 2717–2729.

Muntigl, P., & Kwok, T. C. (2010) "Not remembering as a practical epistemic resource in couples therapy", *Discourse Studies*, 12(3), pp.331–356.

Murakami, K. (2012)*Discursive Psychology of Remembering and Reconcilation*, Nova Publisher

Nishizaka, A. (2013) "Distribution of visual orientations in prenatal ultrasound examinations : When the healthcare provider looks at the pregnant woman's face", *Journal of Pragmatics*, 51, pp.68–86.

Park, I. (2007) "Co-construction of Word Search Activities in Native and Non-native Speaker Interaction", *Teachers College, Columbia University Working Papers in TESOL & Applied Linguistics*, 7(2), pp.1–23.

Poe, G. R. (2017) "Sleep Is for Forgetting", *The Journal of Neuroscience*, 37(3) : 464–473.

Pomerantz, A. (1980). "Telling My Side : "Limited Access" as a "Fishing" Device", *Sociological Inquiry* 50(3–4) : pp.186–198.

Pomerantz, A. (1984). "Agreeing and disagreeing with assessments : some features of preferred/ dispreferred turn shapes", In J. M. Atkinson & J. Heritage (eds.), *Structures of Social Action : Studies in Conversation Analysis*, Cambridge : Cambridge University Press : 57–101.

Pomerantz, A. (1990) "Mental concepts in the analysis of social action", *Research on Language & Social Interaction*, 24(1–4) : 299–310.

Potter, J. (2003) "Discursive Psychology : Between Method and Paradigm", *Discourse & Society*, 14(6) : 783–794.

Potter, J. (2006) "Cognition and Conversation". *Discourse Studies*, 8(1) : 131–140.

Potter, J. (2010) "Contemporary discursive psychology : Issues, prospects, and

Corcoran's awkward ontology", *British Journal of Social Psychology*, 49 (4) : 657–678.

Potter, J. & Edwards, D. (2003) "Rethinking Cognition : On Coulter on Discourse and Mind", *Human Studies*, 26 (2) : 165–181.

Potter, J., & Edwards, D. (2013) "Chapter 35. Conversation Analysis and Psychology", In Sidnell, J. and Stivers, T. (eds.), *The Handbook of Conversation Analysis*, Wiley-Blackwell : 701–725.

Preston, A. R., & Eichenbaum, H. (2013) "Interplay of hippocampus and prefrontal cortex in memory", *Current Biology*, 23 (17) : R764–R773.

Raymond, G. (2003) "Grammar and Social Organization : Yes/No Interrogatives and the Structure of Responding", *American Sociological Review*, Vol.68, No.6 : 939–967.

Raymond, G. (2018). "Which epistemics? Whose conversation analysis?", *Discourse Studies*, 20 (1) : 57–89.

Ryle, G. (1932) "Systematically Misleading Expressions", *Proceedings of Aristotelian Society*, vol.1, XXXII (=1987, 野家啓一 [訳], 『現代哲学基本論集 II』, 勁草書房 : 155–201)

Ryle, G. (1949) "*The Concept of Mind*". Hutchinson. (=1987, 坂本百大 [他] [訳], 『心の概念』, みすず書房)

Ryle, G. (1954) "*Dilemmas*". Cambridge.

Ryle, G. (1979) "*On Thinking*". Basil Blackwell. (=1997, 坂本百大 [他] [訳], 『思考について』, みすず書房)

Sacks, H. (1992=1995) "*Lectures on Conversation, Volume I, II*", G. Jefferson (ed.), Blackwell.

Sacks, H., Schegloff, E., & Jefferson, G. (1974) "A Simplest Systematics for the Organization of Turn-Taking for Conversation", *Language*, 50 (4) : 696–735.

Sacks, H., & Schegloff, E. A. (1979) "Two preferences in the organization of reference to persons in conversation and their interaction", *Everyday Language : Studies in Ethnomethodology* : 15–21.

Saussure, F. (1949) *Cours de Linguistique Generale*, Charles Bally et Albert Sechehaye (=1972, 小林英夫 [訳], 『一般言語学講義　改版』, 岩波書店)

Schegloff, E.A. (1980), Preliminaries to Preliminaries : "Can I Ask You a Question?". *Sociological Inquiry*, 50 : 104–152.

Schegloff, E. A. (1984) "On some questions and ambiguities in conversation", In J. M. Atkinson (ed.), *Structures of Social Action. Studies in Conversation*

Analysis, Cambridge University Press : 28–52.

Schegloff, E. A.（1996）"Confirming allusions : towards an empirical account of action', *American Journal of Sociology*, 104(1) : 161–216.

Schegloff, E. A.（1998）"Reply to Wetherell", *Discourse & Society*, 9(3) : 413–416.

Schegloff, E. A.（2000）"On Granularity", *Annual Review of Sociology*, 26 : 715–720.

Schegloff, E. A.（2001）"Getting serious : joke → serious 'no'", *Journal of Pragmatics*, vol.33, no.12 : 1947–1955.

Schegloff, E. A.（2007）*Sequence Organization in Interaction*, Cambridge University Press

Schegloff, E. A.（2011）"Word repeats as unit ends", *Discourse Studies*, 13(3) : 367–380.

Schutz, A.（1932）*Der sinnhafte Aufbau der sozialen Welt.* Springer（=1982, 佐 藤 嘉一訳『社会的世界の意味構成』木鐸社）

Schutz, A.（1964）*PartII ; Applied Theory Collected Paper II*, Studies in Social Theory,（=1980, 桜井厚［訳］『現象学的社会学の応用』御茶の水書房）

Schutz, A.（1970）On Phenomenology and Social Relations, Helmut R Wagner（ed.）The University of Chicago Press.（=1980, 森川眞規雄・浜日出夫訳『現象学的社会学』紀伊國屋書店）

Schutz, A.（1973）Collected Papers I : The Problem of Social Reality（=1983, 1985 ナタンソン, M. 編　渡部光［他］訳『アルフレッド・シュッツ著作集第 1 巻 社会的現実の問題〔I〕』『第 2 巻　社会的現実の問題〔II〕』マルジュ社）

Searl, J. R.（1969）. *Speech Act, an Eassay in the Philosophy of Language*, Cambridge Univ. Press.（=1986, 坂本百大・土屋俊［訳］『言語行為』, 勁草書房）

Sharrock, W. Coulter, J.（2004）, ToM A Critical Commentary, *Theory and Psychology*, Vol.14(5) : 579–600

Sharrock, W. Coulter, J.（2009）, 'Theory of Mind`: A Critical Commentary Continued,（In）Leuder, C. and Costall, A.（eds.）*Against Theory of Mind*, Palgrave Macmillan : 56–88.

Shaw, R., & Kitzinger, C.（2007）"Memory in interaction : An analysis of repeat calls to a home birth helpline", *Research on Language and Social Interaction*, 40(1) : 117–144.

Shotter, J.（1990）"The Social Construction of Remembering and Forgetting", In D. Middleton and D. Edwards（eds.）, *Collective Remembering*, SAGE Publications : 120–138

Shuman, A.（1986）*"Storytelling rights : the uses of oral and written texts by ur-*

ban adolescents". Cambridge University Press.

Sidnell, J. (2010) "Topic" (In) *Conversation analysis : an introduction*, Wiley-Blackwell : 223–244

Silverman, D. (2013) *A Very Short, Fairly Interesting, Reasonably Cheap Book about Qualitative Research*, SAGE Publications (=2020, 渡辺忠温 [訳],『良質な質的研究のための、かなり挑発的でとても実践的な本』, 新曜社)

Smith, M. S. (2013), '"I Thought" initiated Turns : Addressing Discrepancies in First-Hand and Second-Hand Knowledge', *Journal of Pragmatics*, 57 : 318–330.

Smith, S. W., Pat, H., Andrews, S., & Jucker, A. H. (2005), "Setting the stage : How speakers prepare listeners for the introduction of referents in dialogues and monologues", *Journal of Pragmatics*, 37 : 1865–1895.

Speer, S. A. (2006) "Book Review : Conversation and Cognition", *Discourse Studies*, 8(1) : 199–203.

Steensig, J. (2012) "Conversation Analysis and Affiliation and Alignment", *The Encyclopedia of Applied Linguistics*.

Steinberg, D. D. (1993) *"An Introduction to Psycholinguistics"*, Longman Group UK Limited (=1995, 竹中龍範, 山田純 [訳],『心理言語学への招待』, 大修館書店)

Stivers, T., & Robinson, J. D. (2006) "A preference for progressivity in interaction", *Language in Society*, 35(3) : 367–392.

Stivers, T., Enfield, N. J., & Levinson, S. (2007) "Person reference in interaction.", In N. J. Enfield, T. Stivers (eds.), *Person Reference in Interaction : Linguistic, Cultural and Social Perspectives*, Cambridge University Press : 1–20.

Stivers, T. (2008) "Stance, alignment, and affiliation during storytelling : When nodding is a token of affiliation", *Research on Language and Social Interaction*, 41(1) : 31–57.

Stivers, T., Enfield, N. J., Brown, P., Englert, C., Hayashi, M., Heinemann, T., Levinson, S. C. (2009). "Universals and cultural variation in turn-taking in conversation," PNAS, 106(26), 10587–10592.

Stivers, T., Rossano, F. (2010) "Mobilizing Response", Research on Language & Social Interaction, 43 : 1, 3–31

Stivers, T., Mondada, L., Steensig, J. (2011), "Knowledge, morality, and affiliation in social interaction." In : Stivers, T., Mondada, L., Steensig, J. (eds.), *The Morality of Knowledge in Conversation.* Cambridge University Press,

Cambridge : 3–24.

Stokoe, E.（2012）"Moving forward with membership categorization analysis : Methods for systematic analysis", *Discourse Studies*, 14(3) : 277–303.

Stokoe, E.（2014）"The Conversation Analytic Role-play Method（CARM）: A Method for Training Communication Skills as an Alternative to Simulated Role-play", *Research on Language and Social Interaction*, 47 : 255–265.

Sutton, J（2014）. "Remembering as Public Practice : Wittgenstein, memory, and distributed cognitive ecologies."（in）V. A. Munz, D. Moyal-Sharrock & A. Coliva（eds.）, *Mind, Language, and Action : proceedings of the 36 th Wittgenstein symposium*, De Gruyter. pp.409–444.

Svennevig, J.（2008）"Trying the easiest solution first in other-initiation of repair", *Journal of Pragmatics*, 40(2) : 333–348.

Tanaka, H.（2000）"Turn Projection in Japanese Talk-in-Interaction", *Research on Language and Social Interaction*, 33(1) : 1–38.

Taylor, J. B.（2006）*My Stroke of Insight*, Penguin Books（＝竹内薫［訳］『奇跡の脳―脳科学者の脳が壊れたとき―』, 新潮社）

Tomasello, M.（1998）*The New Psychology of Language : Cognitive and Functional Approaches To Language Structure Vol.1*, Psychology Press（＝大堀壽夫［他］［訳］,『認知・機能言語学 言語構造への 10 のアプローチ』, 研究社）

Tota, A. L. & Hagen, T.（eds.）（2016）*Routledge International Handbook of Memory Studies*, Routledge

Wegner, D. M., Schneider, D. J., Carter, S. R., & White, T. L.（1987）"Paradoxical Effects of Thought Suppression". *Journal of Personality and Social Psychology*, 53(1), 5–13.

Wetherell, M.（1998）. Positioning and interpretative repertoires : conversation analysis and post-structuralism in dialogue. *Discourse & Society*, 9(3), 387–412.

Whitehead, A.（2009）*Memory*, Taylor & Framcis（＝2017, 三村尚央［訳］,『記憶をめぐる人文学』, 彩流社）

Williams, M.（1999）. *Wittgenstein, Mind and Meaning*, Routledge（＝2001, 宍戸通庸［訳］,『ウィトゲンシュタイン、心、意味』, 松柏社）

Wittgenstein, L.（1958＝2010）*TheBlue and Brown Books*, Basil Blackwell（＝2010, 大森荘蔵［訳］『青色本』筑摩書房）

Wittgenstein, L.（1967）*Zettel*, Basil Blackwell（＝1975, 菅豊彦［訳］『確実性の問題・

断片』, 大修館書店 : 171-394)

Wittgenstein, L.（1969）*Philosophsche Grammatik*, Teil I, Basil Blackwell（=1975, 山本信［訳］,『哲学の文法―1』, 大修館書店）

Wittgenstein, L.（1953＝2003）*Philosophische Untersuchungen* : Kritisch-genetischen Edition, von Joachim Schulte（eds.）Suhrkamp Verlag（=2013, 丘沢静也［訳］『哲学探究』岩波書店）

Wittgenstein, L.（1969）, *Über Gewißheit*, Basil Blackwell（=1975, 黒田亘［訳］,『確実性の問題・断片』, 大修館書店 : 1-169）

Wittgenstein, L.（1977）*Vermischte Bemerkungen*, Suhrkamp Verlag.（=1999, 丘沢静也［訳］『反哲学的断章―文化と価値』, 青土社）

Wittgenstein, L.（1980）*Bemerkungen iiber die Philosophieder Psychologie*, Basic Blackwell（=1985, 佐藤徹郎［訳］『ウィトゲンシュタイン全集・補巻 1 心理学の哲学 1』, 大修館書店）

Wittgenstein, L.（1988）*Bemerkungen iiber die Philosophieder Psychologie* BandII", Basic Blackwell（=1988, 野家啓一［訳］『ウィトゲンシュタイン全集・補巻 1 心理学の哲学 2』, 大修館書店）

Wittgenstein, L.（1982）*Last Writings On the Philosophy of Psychology*, Volume 1 and 2, Basil Blackwell（=2016, 古田哲也［訳］,『ラスト・ライティングス』, 講談社）

Wooffitt, R.（2005）"From process to practice : Language, interaction and ' flash-bulb' memories".（in）（in.）H. te Molder and J. Potter（eds.）. *Conversation and Cognition.* : 203-225.

You, H. J.（2015）"Reference to shared past events and memories", *Journal of Pragmatics*, 87 : 238-250.

Zhifang Dong, Huili Han, Y. B.（2015）"The journal of Clinical Investigation Long-termpotentiation decay and memory loss are mediated by AMPAR endocytosis", *The Journal of Clinical Investigation*, 125（1）: 234-247.

〈ウェブサイト〉

"At&T ; Rings In Year With Layoffs 40,000 To Lose Jobs As Corporate Giant Splits Into Three Companies"（The Spokesman Review : 1996 年 1 月 3 日付け Los Angels Times）〈https://www.spokesman.com/stories/1996/jan/03/att-rings-in-year-with-layoffs-40000-to-lose-jobs〉/（最終閲覧: 2019/10/29）

Michaelian, Kourken and Sutton, John, "Memory", The Stanford Encyclopedia of Philosophy（Summer 2017 Edition）, Edward N. Zalta（ed.）, URL ＝〈https:

//plato.stanford.edu／archives／sum 2017／entries／memory／〉．（最終閲覧:
2019/09/21）

デジタル大辞泉（小学館）「goo 辞書　項目：思い出す（おもいだす）」〈URL ＝
https://dictionary.goo.ne.jp/word/%E6%80%9D%E3%81%84%E5%87%BA
%E3%81%99/〉（最終閲覧：2019/11/04）

初出一覧

本稿と初出との関係は以下のとおりである。

第1章　博士論文第1章を大幅に改稿した

第2章　千々岩宏晃(2022)「雑談における学習文脈で用いられる記憶の心的述語の会話分析的研究」，京都橘大学研究紀要，48，pp.59-80. の内容を一部含む

第3章　千々岩宏晃(2017)「「忘れた」ということの相互行為分析：活動進行に必要かつ充分な情報提供」，日本語・日本文化研究，27，pp.128-138. および、千々岩宏晃(2019a)「想起の心的述語「覚えてる？」の記述的検討」，間谷論集，日本語日本文化教育研究会，13号，pp.91-112. の内容を一部含む

第4章　千々岩宏晃(2018b)「「記憶がある」ということについての会話分析」，間谷論集，日本語日本文化教育研究会，12号，pp.27-52. の内容を一部含む

第5章　千々岩宏晃(2019a)「想起の心的述語「覚えてる？」の記述的検討」，間谷論集，日本語日本文化教育研究会，13号，pp.91-112. の内容を一部含む

第6章　千々岩宏晃(2018a)「不可能への言及：記憶の心的述語の記述的検討」，日本語・日本文化研究，28，pp.94-105. の内容を一部含む

第7章　博士論文第7章を大幅に改稿した

第8章　博士論文第8章を大幅に改稿した

謝　辞

　本書は、大阪大学大学院言語文化研究科へ 2020 年に提出した博士論文「日本語の雑談において用いられる記憶の心的述語の相互行為分析」をもとに、さらに議論の整理や研究の進展を踏まえた考察を行い、改稿したものである。本研究は、2021 年度京都橘大学学術研究推進助成費、JSPS 科研費 JP22K 13121、および、京都橘大学学術刊行物出版助成制度から助成を受け、出版が可能になった。

　たくさんの方にお世話になっている。まず、指導教員である筒井佐代先生には、学部生の時から長きにわたって指導していただいた。自信のない私が「私にできるんでしょうか」と尋ねると、「できるかじゃなくて、するかどうかだよ」と、その研究者として、指導者としてのカッコよさに幾度となく刺激をうけた。博士論文にあっても、私の分かりにくい文と主張を察し、根気強くアドバイスをしてくださった。深謝いたします。また、副査の先生方、真嶋潤子先生、中田一志先生、マシュー・バーデルスキー先生、伊藤翼斗先生には本質的な質問を投げかけていただくことが出来た。

　さらに、各種研究会、特に関西会話分析研究会、関西 EMCA 互助会、質的研究会(「しつけん」)の各会のメンバーの方々には、データセッションや、研究方法の面で有益なコメントを数多くいただいた。また、各会に参加する中で、少しずつではあるが確実に、分析の力を身に着けることができたと思う。関西会話分析研究会の串田秀也先生、森本郁代先生、また、関西 EMCA 互助会でいつも「千々岩君の論文は立場が難しい」と激励(？)してくださった平本毅先生と、優しい言葉でデータに興味を示してくださった中川敦先生にも、分析の機会と励ましを与えて下さった。感謝します。

　また、この論文を執筆するために様々な方に抜き刷りや論文を送っていただけないかと依頼した場面があったが、ほとんどの方がその求めに(時には海外から)応じてくださった。重ねて感謝したい。

　個人的に助けて下さった方も多い。学部生の時からお世話になっている京

都精華大学の中岡樹里さんには、投稿論文や博士論文のチェックを、文句の一つも言わずにしていただいた。さらに、本書を執筆中に講師としてルーマニアのブカレスト大学、摂南大学、京都工芸繊維大学、関西学院大学で、また助教、のち専任講師として京都橘大学で、日本語教師として仕事をいただくことができた。その際の経験(そして報酬ももちろん)が、私の研究の糧になったことは言うまでもなく、その機会を与えていただいた方々に感謝したい。ブカレスト大学で教えていた際の学生・大学の持つ学術的雰囲気は、私の視野を広げてくれ、様々な欧文や思想に挑戦する素地を養ってくれた。インドネシアに住んでいた時からたびたび連絡を取っているメラニア・ウィアナスティティさん、また、タマシ・モニカさんには、英語のアブストラクトの作成に提出直前まで付き合っていただいた。感謝したい。

また、帰国後では、特に藤原京佳先生にお会いするたびに様々な愚痴や相談にも乗っていただいた。さらに、京都工芸繊維大学の伊藤翼斗先生からは、学部時代から折に触れて大変参考になるコメント・情報などを教えていただくことができた。また、京都橘大学の野村幸一郎先生には、この出版の機会を与えていただいたり、活発な議論をもとに学術の場へ連れ戻してくださった。各位に深く感謝を表したい。また、廣橋研三さんをはじめ和泉書院と関係各所の皆様から、本書の出版に協力を賜った。感謝申し上げたい。

このほかにも、学会等での発表で話しかけたり、コメントを下さった方々や、大学で励まし、応援して下さった方々、一人一人お名前を挙げることができなくて大変恐縮である。

それから、こちらも一人一人お名前を言えないので残念なのだが、データ収録を快く引き受けてくださった皆さんには、感謝が絶えない。「研究のデータに…」と私が説明した時、怪しいから断ることもできたはずではあるが、それを寛容に許可していただいた。

また、私の学術的試行錯誤に、文句を何一つ言わず、家と食事を提供してくれた両親と、2人の妹たちに感謝したい。2匹の老猫は私の邪魔ばかりしていたように思うが、その姿に癒された。また、妻には、私が混乱した時に話を聞いてもらい、頭を整理させてくれた。データに戻るきっかけを作って

くれたのも、彼女である。息子と娘に関しては、この2人がいなければもっとこの本は早く出版できたかもしれない。ただ、話し始めたばかりの息子が「忘れちゃった」とか「覚えてる」とか言うと、メモを取らずにはいられない（発達上も面白い現象であると個人的には思っている）ので、それはそれで。

いうまでもなく、本書においてのわかりにくさやミス・誤謬・瑕疵の責任はすべて私にある。読者のご指導ご鞭撻を承りたい。

索　引

あ 行

相手の話を「言い換える」‥‥‥‥162
アスペクト表現‥‥‥‥‥‥‥‥‥42
頭の中にパッと起こる pops into your head‥‥‥‥‥‥‥‥‥‥‥‥178
新しい話題を導入する可否確認‥‥133
あながち間違いでなかった/間違っていなかった‥‥‥‥‥‥‥239, 257
あらかじめ計画された行為ではない non-premeditated action‥‥‥‥295
アルヴァックス‥‥‥‥‥‥‥‥‥30
ある種類の in some form 知識‥‥120
"ある程度の"情報‥‥‥‥‥‥‥‥142
安全な指し手‥‥‥‥‥‥‥‥‥‥190
暗黙知 tacit knowledge‥‥‥‥‥‥13
言い換えで補足する‥‥‥‥‥‥‥163
移行を拡張するスペース transition expansion space‥‥‥‥‥‥‥‥118
意識‥‥‥‥‥‥‥‥‥‥‥‥‥‥35
一貫性‥‥‥‥‥‥‥‥‥‥‥‥‥67
いつでも利用可能な装置 omni-relevant device‥‥‥‥‥‥‥‥‥151
一般性への欲望‥‥‥‥‥‥‥‥‥20
意図 intention‥‥‥‥‥‥‥‥‥‥71
意味のあることだけを選択して話す‥‥‥‥‥‥‥‥‥‥‥‥‥‥43
意味論‥‥‥‥‥‥‥‥‥‥‥‥‥76
受け手デザインの選好‥‥‥‥‥‥117
噂話‥‥‥‥‥‥‥‥‥‥‥‥‥‥116
エスノメソッド ethnomethod‥39, 41
エスノメソドロジー ethnomethodology‥‥‥‥‥‥‥‥‥‥‥‥40

エピソード‥‥‥‥‥‥‥‥‥‥‥30
オースティン‐サール派‥‥‥‥‥87
遅れた投射可能性 delayed projectability‥‥‥‥‥‥‥‥‥‥‥‥187
同じクラスのものに属する項目 term‥‥‥‥‥‥‥‥‥‥‥‥‥‥108
オムニレリヴァントな概念‥‥‥‥294
想い起こす‥‥‥‥‥‥‥‥‥‥‥26
穏健派‥‥‥‥‥‥‥‥‥‥‥‥‥66
穏健路線‥‥‥‥‥‥‥‥62, 67, 68

か 行

怪奇現象‥‥‥‥‥‥‥‥‥‥‥196
怪談‥‥‥‥‥‥‥‥‥‥‥‥‥‥3
概念の文法分析‥‥‥‥‥‥‥‥‥38
会話上は協調的な応答‥‥‥‥‥‥197
会話の進行‥‥‥‥‥‥‥‥‥‥104
会話の進行の調整‥‥‥‥‥‥‥147
会話分析 Conversation Analysis‥‥‥‥‥‥‥‥‥‥‥‥‥‥‥56, 90
会話を救う‥‥‥‥‥‥‥‥‥‥293
過激な radical エスノメソドロジー‥‥‥‥‥‥‥‥‥‥‥‥‥‥297
過激 radical な人々‥‥‥‥‥‥‥62
過去に知っていたが、しかし今はそのことが出来ない‥‥‥‥‥‥267
過去の経験‥‥‥‥‥‥‥‥‥‥211
語り‥‥‥‥‥‥‥‥‥‥‥‥‥175
語りの終了を示すオチ punch line‥‥‥‥‥‥‥‥‥‥‥‥‥‥180
活動から離脱 disengage‥‥‥‥‥274
活動進行に必要充分な知識‥‥‥‥145
活動の軌道は失われる‥‥‥‥‥127

過程動詞……………………………59
カテゴリー誤謬 ………………23, 285
過度に洗練された比喩表現…………55
可能－不可能 ………………………233
考えている表情 thinking face ……277
韓国語…………………………………304
観察可能………………………………27
観察不可能……………………………27
観念論…………………………………24
記憶痕跡……………………………21, 29
記憶している…………………………25
記憶と会話組織との関係……………61
記憶にございません…………………37
記憶の在・不在………………………262
記憶の内容物…………………………285
記憶の私秘性…………………………243
「記憶」は「ある種の知識」…………122
記憶標識………………………………52
記憶保持………………………………211
記憶を活性化させている……………94
機械的一元論…………………………11
機械の中の機械………………………11
記述＝再発見…………………………92
期待……………………………………148
機能主義言語学派……………………87
機能主義的意味論……………………13
機能的意味論…………………………38
規範的可能……………………………258
規範的規則性…………………………35
規範の齟齬……………………………126
規約や習慣……………………………89
共－選択 co-selection ………………108
境界付けられた移行 boundaried topic movement/transition…108, 114, 125
境界付けられた移行のマーク ……115
共感の権利……………………………165

共感の根拠、権利、権限…………150
協調性 alignment ……………………196
協調的な行為 ………………………288
共通体験 shared experience ……122
共通の参与フレーム ………………161
共同想起………………………279, 283
局所的な活動…………………………41
極性質問(Yes-No 質問)…………197
ギルバート・ライル Ryle, Gilbert …………………………………………23
切れ目のないトピック移行 stepwise topic transition/movement ……108
緊急の話題の開始…………………114
均衡を取る alignning…………………85
「クイズ」活動 ………………………169
グロテスク……………………………22
経験的手法……………………………45
(経験を)再記述する ………………188
原因過程………………………………22
言語行為論……………………………88
言語構造上の制約 …………………187
言説心理学 Discursive Psychology ……………………………………………55
行為 action－言語形式 formulation の関係が希薄な発話…………181
行為が成り立つ条件 ………………236
行為の軌道上必ずしも必要ではない not sequencially required ……295
行為の乗りもの vehicle…………………86
行為の媒介……………………………177
公共化…………………………………199
公式にする make it official …………90
構造基盤………………………………90
肯定も否定もしない………………156
行動主義者 behaviorist ……………28
後方拡張 post-expantion……………98

心の理論……………………27
故障……………………31
言葉探し word-search………65, 297
語法 use……………………24
固有の経験……………………165
固有名詞……………………201, 216
語用論……………………56, 89
これまでの活動をこれからの活動と分
　割する……………………284
痕跡……………………195

さ　行

再演……………………203
再開……………………275
再現したふり……………………296
再検討を加える……………………294
最小指示の選好……………………117
サイドアクティビティー……………243
作例……………………90
参加フレーム……………………154
参照点 common reference point…130
散弾銃的なアプローチ……………88
参与フレーム……………………151, 154
参与フレームの解消……………………171
参与枠組み participation framework
　……………………154
シークエンス分析……………………87
ジェスチャーの理由説明 account と
　して聞いてもよい位置……………284
資源 resource……………………86
志向 orientation……………………71
指示 reference……………………105
指示表現 person reference………116
辞書的な記述……………………1
実演 enact……………………216
実現……………………20

実験主義心理学……………………55
失語症……………………31
実証……………………45
実践/指し手/やり方/プラクティス
　practice……………………91
質的心理学……………………77
失敗動詞……………………59, 231
失敗への弁解 account……………200
私秘的……………………10
社会的規範……………………45, 222
社会的連帯……………………164, 296
社会的連帯的行為……………………294
社会認知的アプローチ……………76
写真を見たら、だんだん思い出してき
　た……………………193
習得……………………20, 25
修復 repair……………………97, 105
「充分な情報を与えたことを示す」使わ
　れ方……………………137
準備のための準備（プレ・プレ）…111
仕様……………………13
状況的不可能……………………238, 255
状況的不能……………………244
状況不可能……………………233
正気を疑われる……………………22
証拠を出すだけ……………………188
常識（ヒューリスティクス）…………13
情報価値……………………135
情報主義 informationism…………102
情報としての記憶……………………195
「知ること」は、「忘れる」ことへの切符
　……………………219, 228
ジレンマ…118, 164, 212, 218, 288, 291
進行性 progressivity…………104, 273
心象……………………29
心証……………………67

心身二元論……………………………23
心的述語 mental predicate ………2, 84
心的状態 mental state ……………10
心的プロセスが表出した話し方……55
心脳同一説……………………………11
遂行発話行為…………………………88
成員カテゴリー…………………48, 151
生活史の空白………………………147
性急な一般化…………………………89
制度的・儀礼的場面…………………89
制度的場面……………………………52
接近不可能…………………………147
セリフ…………………………………90
前言撤回の弁解……………………271
潜在的、規範的な可能……………257
潜在的可能…………………………233
選択的記憶…………………………190
前提 presuppositions………………235
前提への妥当性を示す……………244
線的特性……………………………113
前方拡張 pre-expantion……………97
戦略的価値…………………………200
（想起の）必要性/緊急性/妥当性……144
想起の不確実性の宣言 claiming uncertainty in recollection…………121
想起標識…………………………154, 297
相互行為 interaction…………………2
相互行為上の課題…………………209
相互行為的相貌論……………………38
相互に排他的ではない……………292
挿入拡張 insert expansion…………97
双方が妥当……………………………272
相貌論…………………………………38
遡及的知識取得 retrospective knowledge gain……………………………121
俗流心理学 folk psychology…………20

その場の活動を救う協調的行為……216
それ以上情報を持ち合わせていないこと………………………………140

た　行

第一連鎖成分を発端とする行為……85
体験を語る権限 entitlement………153
（体験を）再記述する………………188
第三者の人物を参照点として利用可能かの確認………………………134
対象物………………………………187
第2の語り second story……153, 177
第二連鎖成分 Second Pair Part……85
対比の係り助詞「は」………………254
対立構図……………………………229
他者の生活史への接近……………147
達成……………………………………25
達成動詞 achievement verb……59, 231
妥当性のある経験…………………230
知識の社会構成員的前提・規範……48
直接聞いた情報 first-hand information………………………………142
（直接）体験…………………………30
治療的な行為………………………293
使えるがしかし気づかれてはいない seen but unnoticed………………93
次の発話順番での証明手続き next turn proof procedure………………99
「〜っけ」……………………………121
付け足されたことをマークする連続子………………………………226
常に可能 omni-relevant………………52
つねに適用できる…………………151
罪を犯した覚えはありません………37
「強い」理解を示す…………………163
つり出し装置 fishing-device……91, 173

定義づけ無しに……………………40
定型表現 format……………………196
抵抗 resistant responses…………197
ディスコース…………………………17
程度を強める表現……………………218
デカルト主義…………………………23
出来事…………………………………178
できないことを記憶という概念の下で
　忘却と呼んでいる…………………264
撤回可能………………168, 272, 275
手間のかからない方法……………136
デリケートな行為…………………211
添加 increment……………………138
転倒……………………………………30
動機無き検証…………………………57
同調 affiliation……………………164
同調のジレンマ……………………165
同調の判断を委ねる………………176
導入可能か……………………………116
動物的自然……………………………296
遠回り detour………………28, 34

な　行

内的−外的という二元論的理解……63
内的情報貯蔵モデル……………21, 34
「何か/誰かを評価する際に名前を示せ
　るなら示せ」という規範…………227
ナラティブ・ベイスト・メディスン
　Narrative Based Medicine………302
縄張り争い turf war…………………77
二格項…………………………………187
二元論的……………………………298
日常会話（雑談）……………………54
認識 Epistemics……………………101
認識可能子 recognitional…………241
認識チェック recognition checks…68

認識要求………………………………119
「認知を怖がっている」会話分析者…71
脳………………………………………31
能力概念…………………………25, 273
能力不可能……………………………233

は　行

ハエトリ壺……………………………13
博物学的………………………………92
発話者自身の経験…………………190
反対尋問 cross-examination………157
反応への前提…………………………125
反駁可能………………………168, 200
反駁可能性……………201, 217, 229
非協調性を目立たなくする………257
非協調的 disaligning…………196, 232
非選好応答…………………………85, 221
非選好的………………………217, 232
非選好の応答…………………………217
ぴったりした言葉……………………94
非同調 disaffiliative………………195
非特定型の修復開始子 open-class re-
　pair initiator……………………183
一つの出来事…………………………256
非明示的………………………………189
品詞論…………………………………84
フィクション…………………………20
フィルム、ないし入れ物……………19
付加疑問 tag-question……………207
不可能…………………………………233
副産物 side-show……………………27
副詞と共起……………………………214
副詞との共起………………………200
複写……………………………………195
不賛成であることを避ける………217
物的一元論……………………………12

索　引　333

部分的可能 …………239, 248, 252, 255
プライバシー …………………………173
フラッシュバルブ記憶 flashbulb mem-
　ory …………………………………196
（根拠の）プレースホールダー ……219
プロトタイプ的中心義…………………36
"プロトタイプ"の意味…………………95
文脈 context …………………………8
別種の経験………………………………190
別の参与フレームへの移行 ………169
忘却という失敗動詞 …………………228
忘却の規範性……………………………49
補強 enhance…………………………219
保持過程…………………………………21
ほのめかしの確定 ……………………215
本題 main activity …………………105
本来はできるはずだ …………………257

ま　行

またはその逆 vice versa …………57
間違っていない…………………………43
未来志向的不可能 ……………………233
民間心理学 Conventional Psychology
　………………………………………20
無限の解釈と無限の議論後退………47
命題の真偽が決まる条件 …………236

や　行

唯物論……………………………………24
予想 vs. 伝聞 …………………………224
予備的対処………………………………145

ら　行

立証………………………………………188
理論化しようとする強迫観念 compul-
　sion to theorize…………………28
隣接ペア adjacency pair……………96
レリヴァンス（有意性 relevance）…47
レリヴァントな前提 …………………236
連鎖組織…………………………………95
連鎖を終了するに足る情報 ………140
ロボット ………………………………303
論理的カテゴリー………………………23
論理的地図の改訂………………………23

わ　行

忘れる妥当性……………………………49
話題開始の可否と内容の投射 ……115
話題可否確認 …………………………124
話題のオチ ……………………………208
（話題の）種類 class …………………281
話題の適切な移行 ……………………114
話題の破壊的終了 ……………………282
話題を適切に仕立て上げる ………109
「わたしには今それができない」が「あ
　なたの前提は間違っていない」…256
ヲ格………………………………………207

EM-DP 論争 …………………………55
Memory talk（記憶語り）…………157
QAE シークエンス…………………234
X がある ………………………………187

■ **著者紹介**

千々岩 宏晃（ちぢいわ ひろあき）

1988年生まれ。京都橘大学文学部専任講師（日本語教育・会話分析）。
ビナ・ヌサンタラ大学（インドネシア）講師、独立行政法人国際交流
基金日本語指導助手（ブカレスト大学・ルーマニア）、京都橘大学発
達教育学部助教を経て現職。大阪大学大学院言語文化研究科博士後期
課程修了。博士（日本語・日本文化）。論文に「「からかい」の相互行
為的達成—「あなたに関する知識」を用いた発話の一用法—」（日本
語・日本文化研究, 23）、「想起の心的述語「覚えてる？」の記述的検
討」（間谷論集, 13）等。

研 究 叢 書 578

記憶のことばの使い方
　　雑談における記憶の心的述語の相互行為分析的研究

2025年3月20日　初版第一刷発行

著　者　千 々 岩 宏 晃
発 行 者　廣 橋 研 三

〒 543-0037　大阪市天王寺区上之宮町 7-6
発 行 所　有限会社 和 泉 書 院
　　　　　　電話 06-6771-1467
　　　　　　振替 00970-8-15043

印刷／製本　亜細亜印刷

© Chijiiwa Hiroaki　2025 Printed in Japan
本書の無断複製・転載・複写を禁じます

ISBN978-4-7576-1116-0 C3381